군무원 정보직
FINAL 실전동형 봉투모의고사

정답 및 해설

제1회 모의고사 정답 및 해설
제2회 모의고사 정답 및 해설
제3회 모의고사 정답 및 해설
제4회 모의고사 정답 및 해설
제5회 모의고사 정답 및 해설

제1회 모의고사 정답 및 해설

제2과목 국가정보학

01	02	03	04	05	06	07	08	09	10
②	③	④	③	①	④	①	④	①	②
11	12	13	14	15	16	17	18	19	20
③	③	②	①	③	③	①	②	④	③
21	22	23	24	25					
①	②	④	①	③					

01 ✅정답 ②
해설
정책공동체와 정보공동체 사이의 절연과 상호간에 독립성을 주장하는 독립성설이 민주주의 국가에서의 정보와 정책의 관계에 대한 전통적인 입장이다.

02 ✅정답 ③
해설
민주주의국가에서의 의회는 궁극적인 국가정보의 수요자로 미국 의회의 경우에는 국사로 매우 바쁜 대통령 못지않게 정보공동체로부터 많은 보고를 받고 감독의 끈을 행사하는 감독자로도 기능한다.

03 ✅정답 ④
해설
전통적으로 정보와 정책의 분리론자로 소개되는 셔먼 켄트도 언급처럼 양자의 유기적 관계를 주장했던 것으로 정보와 정책의 유대관계를 절연한 것은 아니었다. 마크 M. 로웬탈 또한 정책입안자와 유기적인 협조 없이 생산되는 정보는 의미가 없는 것이라고 주장했다.

04 ✅정답 ③
해설
①과 ②는 모두 정보실패 사례이다.
④는 정보판단에 따른 정책적 결정이었다.
③의 경우에 미국은 이라크 전쟁의 명분으로 이라크 내의 대량살상무기 존재를 삼았지만, 무기는 발견되지 않았다. 정보분석이 결과적으로 입증되지 못했다는 이유로 정보실패로 규정하는 견해가 있다. 그러나 그 경우에 있었다면 그것은 정보실패가 아니라 오히려 중동에서의 지속적인 영향력을 확보하기 위한 의도된 정보조작이 있었다는 것이 다수의 견해이다. 즉 의도된 정보조작으로 중동에서의 안정적인 석유수급권을 확보하기 위하여 이라크 전쟁의 정당한 근거로 삼았다는 것이다.

05 ✅정답 ①
해설
정보실패와 정보조작은 구별된다. 정보실패는 정책실패로 연결되지만, 정보조작은 정책성공을 유도할 수도 있다.

06 ✅정답 ④
해설
국가이익은 정치현실론자(Realism)들의 중요한 정책수단이다. 정치 현실론자들은 무력을 사용하는 한이 있더라도 국가이익을 최우선으로 하는 현실적인 국가정책의 추진과 집행을 주창한다.

07 ✅정답 ①
해설
이들은 모두 역사적인 정보실패 사례이다. 정보실패는 통상 정책실패와 정부실패로 귀결되지만 정보실패와 정책실패는 구별된다. 정책실패는 잘못된 정보에 기초한 경우도 있지만 정책결정권자들의 정책왜곡 때문에 이루어지는 경우도 적지 않다. 물론 국민들 입장에서는 정보실패나 정책실패는 모두 정부실패로 귀결하게 된다.

08 ☑정답 ④
➕해설
정보기구에 대한 민주적 통제의 본질적인 쟁점은 법에 근거한 업무의 순수성을 도모함으로써 전문성을 확보하고 효율성을 증진하려는 것이지 권한남용 사례를 적발하여 그에 대한 처벌을 목적으로 하는 것은 결코 아니다.

09 ☑정답 ①
➕해설
정보기구 업무통제의 효용은 행정의 책임성 도모, 예산남용 방지를 통한 업무의 긴장성과 효율성 도모, 정보기구에 불필요한 정치적 부담 제거 등에 있는 것이지, 정보기구를 잘 통제하여 임의대로 활용할 수 있음을 과시하는 것에 있는 것은 아니다.

10 ☑정답 ②
➕해설
법원 판결에서도 알 수 있는 바와 같이 코인텔프로에 사용된 위장침입·밀고자와 협조자 활용, 불법 수색공작, 혐의조작 공작(Bad-jacket, snitch-jacket), 치명적 타격 등의 활동은 적법한 조직을 분열하고 파괴하려는 의도 또는 조직원들을 이탈시키려는 의도 아래에서 행하여진 공권력 행사로 불법적인 것이고, 암살을 포함하여 외형상으로는 불법성을 가진 것 같은 정보활동이라도, 비밀공작에서와 같이 정당한 국가안보수호 목적인 경우에는 허용되는 경우가 있다.

11 ☑정답 ③
➕해설
레이건 대통령 명령 제12,333호는 국방부 산하 국가안보국(NSA) 등은 민간영역에서 신호정보와 영상정보활동을 수행하고, 수집정보를 정보공동체에 전달할 책임을 규정하고 있다. 이처럼 기술의 영역에서는 평시에도 군정보기구에 의한 정보활동이 가능한 영역이 존재한다.

12 ☑정답 ③
➕해설
법사위원회는 입법부 통제기구이다.

13 ☑정답 ②
➕해설
미국 의회는 1999년도의 개정 정보수권법으로 정보위원회에 정보기구 내부의 문제점을 고발할 수 있는 내부고발자(whistle blowers) 보호 법안을 제정했다. 동 법안은 의회가 정보공동체 내부에 들어가기 위한 현관문이라는 호칭을 받았다.

14 ☑정답 ①
➕해설
〈정식 명칭은 "테러행위에 대하여 요구되는 감청과 수색에 적절한 수단을 부여함으로써 미국을 통합하고 강화하기 위한 2001년의 법(Uniting and Strengthening America by Providing Appropriate Tools Required to Intercept and Obstruct Terrorism Act of 2001)"으로 PATRIOT(애국)는 첫 문자의 조합일 뿐이다. 또한 애국심 고양 입법이 아니라 정보, 수사기관의 원활한 테러범죄 수사를 위한 적법절차의 완화법이다.

15 ☑정답 ③
➕해설
대한민국 국가정보체계는 국가중앙정보기구인 국가정보원이 다른 정보기구들의 업무를 기획, 조종하는 것으로 2004년 정보개혁 및 테러방지법 제정으로 변모되기까지의 미국정보체계의 모습인 중앙정보국장(Director of Central Intelligence) 체계, 즉 중앙정보기구인 CIA 국장이 정보공동체의 수장이 되어 다른 정보기구들도 컨트롤하는 모습이다.

16 ☑정답 ③
➕해설
손자는 무혈승리인 벌모(伐謀)의 비책으로 첩보전을 제시했다. 손자는 첩보전 가운데에서도 가장 중요한 것이 이중스파이를 의미하는 반간(反間)이라고 했다.

17　✅ 정답 ①

해설

미션 크립이란 정보학에서는 국가정보기구가 그 임무를 슬금슬금 확대하여 법에 근거 없는 일에까지 업무범위를 넓혀 가는 현상을 일컫는다. 원래 미션 크립은 한번 임무 성공을 하게 된 연유로 최초의 임무가 아닌 과업에 대해서도 권한을 확대하는 관료주의적 현상이다. 용어 자체는 UN 평화유지군의 소말리아에서의 활동을 보도한 1999년 4월 15일자의 워싱톤 포스트지(Washington Post) 기사에 처음으로 등장했었다.

18　✅ 정답 ②

해설

현재 대한민국 국가정보원법이나 관련 규범에는 비밀공작(Covert Operation)에 대한 근거 규정이 없다.

19　✅ 정답 ④

해설

국내 정치활동은 원칙적으로 금지되어 있으며, 정보기관의 정치활동은 과거 한국정보기관과 제3세계 등 후진국들의 나쁜 선례에 불과하다.

20　✅ 정답 ③

해설

법 규정상으로는 정보분석 업무가 명시되어 있지는 않다. 그러나 정보의 수집은 분석을 하여 정보보고서를 생산하는 것을 전제로 한 활동이다. 그러므로 법문상의 "작성"은 수집한 정보의 정보분석을 바탕으로 한 정보생산 문건의 작성이라고 해석된다.

21　✅ 정답 ①

해설

냉전시대에는 우방국과 적대국이 명확하였고, 동맹의 강화로 안보능력이 강했다. 그러나 탈냉전시대로 접어들면서 적대국의 개념이 모호해지고, 국경을 초월하는 다국적 기업, 비정부기구(NGO), 국제테러 및 범죄단체의 등장, 환경문제 등으로 인하여 국가안보역량이 상대적으로 취약해졌다.

22　✅ 정답 ②

해설

개인이나 단체들이 특정 목적을 가지고 수집한 사실을 첩보라고 한다. 일반인들은 'intelligence'을 '정보'라고 해석하여 사용하고 있으나, 전문정보분야에서는 '첩보'라고 해석한다.

23　✅ 정답 ④

해설

Jeffery T. Richelson은 미국 정보기관에 관한 광범위한 자료를 수집하고 분석하여 「The US Intelligence Community」라는 책을 출간하였다.

24　✅ 정답 ①

해설

경제 및 산업정책의 변화는 현용정보이다. 판단정보는 분석관의 판단이 포함되어 있다.

25　✅ 정답 ③

해설

국가정보기관이 주도적으로 국가정보활동을 하여야 하지만, 국가정보기관만이 수행해야 하는 것은 아니다. 다른 국가기관도 국가부문정보기관으로서 기관의 수요에 부합하는 정보수집과 분석활동을 게을리 해서는 안 된다.

제3과목 정보사회론

01	02	03	04	05	06	07	08	09	10
③	④	③	②	①	④	②	①	②	②
11	12	13	14	15	16	17	18	19	20
③	④	②	②	①	③	④	④	③	①
21	22	23	24	25					
③	③	②	①	②					

01 ✔정답 ③
해설
많은 미디어 연구자들은 가상현실의 개념이 인간의 **경험 관점**에서 설명되어야 한다고 본다. 스튜어(1992)가 대표적인데, 그는 가상현실을 "지각하는 사람이 **원격현전**을 경험하는 실재의 또는 모사된 환경"이라고 정의했다. **원격현전**은 커뮤니케이션 수단에 의해 어떤 환경 안에 '존재한다는 느낌'을 받는 것이다.

02 ✔정답 ④
해설
기계학습 알고리즘에는 지도학습, 비지도학습, 강화학습이 있다.

03 ✔정답 ③
해설
빅데이터는 선거에 이용되기도 했는데, 미국 대통령 선거에서 빅데이터 전문가를 고용해 **분할 테스팅**을 통해 선거자금을 모금한 것은 빅데이터와 실험 방식을 결합한 고전 사례이다. **분할 테스팅**은 동일한 웹사이트의 구성요소만 변경해 상이한 집단에 보여주고 그 효과를 측정하는 방법이다. 2012년 미국 대통령 선거에서 당시 오바마 후보는 웹페이지의 사진 변경과 클릭 버튼 변경을 통해 가장 많은 확률로 뉴스레터를 구독하는 웹페이지를 알아내 이를 수행하여 성공적인 선거 캠페인에 기여했다.

04 ✔정답 ②
해설
화이트박스 암호화는 공격자가 암호화 키를 쉽게 유추할 수 없도록 정보를 저장하는 보안 기술이다. 흔히 정보를 기록하고 저장하는 블랙박스에서 파생된 용어이다. 블랙박스 암호는 공격자가 물리적인 하드웨어인 암호화 장치 내부를 파악할 수 없다는 것을 가정하고 암호키를 장치 내부에 두고 처리하는 방식으로 이는 블랙박스 내부가 공격자에게 공개되는 순간 알고리즘 암호화 키가 노출될 수 있다는 단점을 갖고 있다. 반면, 화이트박스 암호화 기술은 소프트웨어 개념을 도입한 것으로 공격자가 암호화 키를 알아낼 수 있다는 가정에서 시작되었다. 암호화 키 정보를 소프트웨어로 구현한 알고리즘에 섞어 공격자가 알고리즘 내부를 분석해도 암호를 쉽게 유추하기 어렵기 때문에 강력한 보안을 보장한다. 하드웨어 장치에만 국한되지 않기 때문에 유연성 또한 보장할 수 있고, 다른 저장 매체보다 운용체계에 따른 개발과 관리가 자유롭기 때문에 앱 업데이트 등을 통해서 쉽게 수정과 보완이 가능하다.

05 ✔정답 ①
해설
넓은 의미에서 알고리즘을 문제해결기법으로 정의한다면, 해당되는 의사결정문제의 종류에 따라 크게 최적화 알고리즘과 분류형 알고리즘으로 구분할 수 있다. 최적화 알고리즘은 내비게이션에서 최단 경로를 찾거나 최적 재고관리와 생산일정을 결정하고 국가 에너지 수급계획을 마련하는 것과 같은 문제를 해결하는 알고리즘이다. 분류형 알고리즘은 사물이나 여러 대상을 적절하게 분류하는 의사결정에 사용되는 알고리즘이다. 대부분의 이메일 시스템에 구현되어 있는 스팸메일 분류기가 그 예이다. 이는 의사결정문제의 기반이 되는 수리 모형, 구현 전략, 사용 목적에 따라 다양하게 유형화할 수 있다.

06 ✔정답 ④
해설
데이터는 자연과 인간의 다양한 활동에 대한 기록을 모아 둔 것이고, 이를 특정한 목적에 부합하게 정리한 것을 **정보**라고 한다. 또는 데이터에서 추출한 특정한 사실의 총합을 정보라고 하기도 한다. 그런 맥락에서 정보는 **지식**과 동의어로 사용할 수도 있다.

07　　　　　　　　　　　　　　　　　✅ 정답 ②

➕ 해설

베르나르 스티글레르는 기술, 정보, 미디어와 관련된 사회변동을 깊이 있게 분석한 프랑스의 철학자이다. 그는 디지털기술의 발전에 따른 사회적 변화를 철학적으로 그리고 비판적으로 고찰하는 데 가장 큰 영향을 남긴 학자 중 한 명이다.

기술 환경의 철학적 의미와 해석, 그리고 이를 바탕으로 한 문명의 진단과 닥쳐올 미래의 문제에 대한 조명은 이후의 저작들을 관통하는 주제의식이 된다.

현대의 문제들을 바라보는 스티글레르의 해석은 결코 낙관적이거나 낭만적이지 않다. 그만큼 인간의 비참과 고통에 예민한 촉각을 세우고 진단을 내린다. 《상징적 비참》(2004)에서 디지털기술이 발전하고 소비주의적인 자본주의 사회에서 개인들이 더 이상 창의적으로, 비판적으로, 독립적으로 사고하고 행동하기 힘들고, 기술에 의해 주어지는 것만을 소비할 수 밖에 없는 상태에 놓이게 된다고 주장한다.

08　　　　　　　　　　　　　　　　　✅ 정답 ①

➕ 해설

관계적 인간관에 입각하여 인간 행위와 사회 구조의 효과를 설명하려는 시도로, 사회학에서 개인, 집단, 사회의 관계를 네트워크로 파악하는 개념이다. 개인, 집단, 국가가 각각 하나의 노드이며, 사회연결망은 각 노드들 간의 상호의존적인 관계에 의해 만들어지는 사회적 관계 구조를 의미한다. 행위자의 관계는 연결의 강도에 따라 강한 연결과 약한 연결로 구분하며, 강한 연결은 동질적 집단의 구성원 간 상호작용을 통해 '신뢰' 효과를 기대할 수 있고, 이질적 집단의 구성원 간 상호작용인 약한 연결은 '정보'의 효과를 기대할 수 있다.

09　　　　　　　　　　　　　　　　　✅ 정답 ②

➕ 해설

인터넷 중독에 대한 설명이다.

10　　　　　　　　　　　　　　　　　✅ 정답 ②

➕ 해설

- 〈지능정보화기본법〉상 **정보**: 광(光) 또는 전자적 방식으로 처리되는 부호, 문자, 음성, 음향 및 영상 등으로 표현된 모든 종류의 자료 또는 지식.

- 〈공공기관의 정보공개에 관한 법률〉상 **정보**: 공공기관이 직무상 작성 또는 취득하여 관리하고 있는 문서(전자문서 포함)·도면·사진·필름·테이프·슬라이드 및 그 밖에 이에 준하는 매체 등에 기록된 사항.

11　　　　　　　　　　　　　　　　　✅ 정답 ③

➕ 해설

데이터 3번-① 개인정보 보호법, ② 정보통신망법, ④ 신용정보법을 말한다.

③ 지적재산권법은 데이터 3법과 관련이 없으며, 저작권·특허 등 지식재산 보호를 다루는 법이다.

12　　　　　　　　　　　　　　　　　✅ 정답 ④

➕ 해설

권리 주체성: 권리, 의무가 귀속되는 주체를 말하는데, 현행법상 권리주체는 사람인 자연인과 법인에게만 인정된다. 권리주체성 논쟁은 사람이 아닌 인공지능 또는 동물에게 이를 인정할 수 있는가 하는 것으로써, 최근에는 인공지능의 책임 인정과 관련하여 논의가 되고 있다.

13　　　　　　　　　　　　　　　　　✅ 정답 ②

➕ 해설

판옵티콘(Panopticon)은 제레미 벤담이 제안한 감옥 구조로, 중앙 감시탑에서 모든 수감자를 효율적으로 감시할 수 있도록 설계되었다. 이는 감시 사회, 권력 작용의 원리를 설명하는 개념으로도 확장되었다.

14　　　　　　　　　　　　　　　　　✅ 정답 ②

➕ 해설

장면을 만들기 위한 모든 장치와 방법들을 의미한다. 연극, 영화, 공연 등에서 배우들의 연기를 최대한 현실감 있게 하기 위해 동원되는 수많은 장치들과 배우분장 등이 모두 **미쟝센느**에 포함된다. 소셜 미디어에서는 식당에서 음식 사진을 잘 찍기 위해 각도와 조명을 잘 파악하여 음식배치를 하는 것, 여행지 사진을 찍은 전 후에 특정한 앱을 사용하여 더 멋진 모습의 사진으로 만드는 것 모두가 일종의 **미쟝센느**에 해당된다.

15 ✅정답 ①

➕해설

집단지성(Collective Intelligence) 개념은 미국 생물학자 윌리엄 모턴 휠러(William Morton Wheeler)가 처음 제시했다. 그는 흰개미와 개미 군집의 행동을 연구하면서 개체 간 협업이 집단적 지능을 형성한다는 점을 발견했다.

16 ✅정답 ③

➕해설

구글이나 야후 등은 우리에게 익숙한 '포털'이란 표현보다는 '검색엔진'이라는 용어를 사용한다. 웹 포털은 일반적인 검색엔진 기능과는 달리 이메일이나 기상정보, 주식시세 등 각종 데이터베이스로부터 다양한 정보 서비스를 제공하는데, 최근에는 이러한 서비스들을 구글이나 야후와 같은 검색엔진에서도 제공하고 있으므로, '포털'과 '검색엔진' 간에 사실상 서비스의 차이가 없다고 볼 수 있다.

17 ✅정답 ④

➕해설

하버마스(Jürgen Habermas)는 공론장의 3가지 제도적 기준으로 ① 비배제성, ② 동등성, ③ 합리성을 제시했다. 하지만 ④ 참여성은 하버마스가 직접적으로 언급한 기준이 아니다.

18 ✅정답 ④

➕해설

경제학자들은 온라인 시장의 가격 검색 기능으로 가격 분산성은 줄어들거나 소멸할 것이라고 주장했다. 그렇다면 가격 분산성은 사라졌을까? 현재 온라인 시장을 검색해 보면 중고 상품은 물론이고 책과 같은 신상품 역시 다양한 가격으로 판매되고 있다. 상품의 품질이 상대적으로 표준화되어 있는 신상품들에 여전히 가격분산성이 존재하는 이유는 무엇일까? 이에 대한 답변은 온라인 시장 역시 시장 참여자들이 구매하는 과정에서 불확실성의 문제를 경험한다는 점에서 찾을 수 있다. 즉, 상품의 품질에 대한 다양한 측면의 정보들을 구매자들이 쉽게 파악할 수 없고, 이에 따라 판매자와 구매자 간 정보비대칭성이 발생하며, 이런 정보격차를 이용해서 자신의 경제적 이해를 실현하려는 기회주의적 행동의 가능성이 존재함으로써 온라인 시장에서도 불확실성이 존재한다.

19 ✅정답 ③

서비스 규약을 통해 생산자와 소비자 간의 직접 상호작용을 차단하기도 한다.

20 ✅정답 ①

➕해설

과거에는 미디어 이용이 획일적이었지만, 디지털 시대로 접어들면서 미디어 이용이 개인의 관심사에 따라 분산(파편화) 되는 경향을 보인다.
인공지능과 빅데이터 기술이 발전하면서 콘텐츠 소비 방식이 다변화되고, 이용자마다 서로 다른 정보를 접하는 "파편화된 미디어 환경"이 형성되었다.
① 파편화: 이용자마다 서로 다른 정보를 접하면서 미디어 소비가 조각나듯 분산됨
④ 개별화: 맞춤형 추천 서비스로 개인 취향에 맞는 콘텐츠 제공

21 ✅정답 ③

➕해설

저작권은 부동산과 마찬가지로 매매하거나 상속할 수 있고, 다른 사람에게 빌려 줄 수 있다.
④(맞는 선지): 부동산도 공공적 목적 등을 위해서는 일정한 범위 안에서 재산권 행사가 제한되는 것처럼 저작재산권도 일정한 범위 안에서는 저작자가 그 권리를 행사할 수 없다.

22 ✅정답 ③

➕해설

융합화, 글로벌화이다.

23 ✅정답 ②

➕해설

기록의 구성요소는 내용, 구조, 맥락이다.

24 ☑정답 ①

+해설
정보의 비대칭성은 거래 당사자 간 정보의 불균형으로 인해 발생하는 현상. 역차별은 소수자 집단에 대한 차별을 바로잡기 위해 시행한 조치가 오히려 다른 집단에 대한 차별로 이어지는 현상입이다. 이는 정보의 비대칭성과는 관련이 없다.

25 ☑정답 ②

+해설
매클럽이 분류한 정보산업관련 직업군은 6가지로 지식의 운반자, 지식의 변형자, 지식의 처리자, 지식의 해석자, 지식의 분석자, 지식의 창조자이다.

제2회 모의고사 정답 및 해설

제2과목 국가정보학

01	02	03	04	05	06	07	08	09	10
③	④	③	①	④	④	②	②	①	③
11	12	13	14	15	16	17	18	19	20
②	①	③	③	①	④	①	③	②	④
21	22	23	24	25					
③	②	④	④	③					

01 ✅정답 ③
해설
정책판단의 참고자료로 제시되는 정보임.

02 ✅정답 ④
해설
- 인간정보의 유용성: 테러리즘 첩보 75%, 마약관련 50%, 무기확산방지 40%, 국제경제 33%
- ⑤ 기술정보 수집활동 영역이 광범위한 반면, 인간정보의 수집영역은 제한적
- ⑥ 상대의 숨은 의도를 파악하기 위해서는 인간정보 수단이 효과적
- ⑦ 인간정보는 긴급한 정보가 요구될 경우 효과적이며, 기술정보는 사안에 따라 준비기간이 소요
- ⑧ 기술정보는 자산준비 및 개발에 장시간, 고비용이 소요되나 인간정보 수단은 상대적으로 단기간 저비용 소요

03 ✅정답 ③
해설
기타 접촉관(Contacts), 안내자(Couriers)

04 ✅정답 ①
해설
- 일상 업무가운데 해당국 정보원에 접근 가능
- 주재국에 신분노출로 인한 집중감시 대상
- 국가의 민감한 정보에 대한 첩보행위 발각시 외교단절의 위험

05 ✅정답 ④
해설
내부에 별도 통제체제가 갖추어져 있지 않은 것이 문제였음.

06 ✅정답 ④
해설
① 무기실험시 신호데이터
② 양방향 상호교신하여 분석(아측정보 누설가능)

07 ✅정답 ②
해설
비밀생산 전 사전에 배포계획 수립

08 ✅정답 ②

09 ✅정답 ①
해설
영국; SAS / 미국; SWAT / 중국; 인민무장경찰부대 / 러시아; 오몬(검은베레), 비차스

10 ✅정답 ③

11 ✅정답 ②
해설
영향공작은 영향력 있는 지도자를 포섭하여 아국에 유리한 정책을 펴도록 유도하기 위함임.

12 ✅정답 ①
해설
국무총리 산하 대테러활동 관련 실무조정 등을 하는 대테러센터 설치, 국가정보원에 정보수집권과 추적권 부여

13 ✅정답 ③

14 ☑정답 ③

해설
조직원 임무는 서로 알 수 없도록 분업화

15 ☑정답 ①

해설
- 샨연합군; 황금의 삼각지대라고 불리는 타이(태국), 라오스, 미얀마(버마) 3국의 국경이 접한 산악지대에서 헤로인을 생산
- 헤즈볼라; 레바논에 거점을 두고 있는 이슬람 무장단체로 산악지대에서 마약을 생산하고 있는 것으로 파악
- 빛나는 길; 남미 페루의 공산당 조직으로 코카인 생산에 연루된 범죄 및 테러조직

16 ☑정답 ④

해설
정보침해의 용이성

17 ☑정답 ①

해설
금강정찰기를 이용하여 영상정보를 획득 및 지원한다.

18 ☑정답 ③

해설
- 백도어(back door); 시스템 관리자나 개발자가 시스템상 문제 발생에 대비 보안상 허점을 만들어 둔 부분으로 backtrapdoor라 함. 허용불가
- 스니핑(sniffing); 네트워크를 통해 통신하는 두 호스트 간 데이터를 중간에 도청 또는 절취하는 행위
- 스머핑(smurfing); 고성능 PC를 이용, 초당 수십기가바이트의 접속신호를 한 사이트에 보내 정상적인 서비스가 불가하도록 만드는 것

구분	사이버공간을 이용한 전통적 범죄유형	사이버공간에서의 새로운 범죄유형
해킹에 관련된 범죄유형	개인 신용정보 도용, 불법적 개인정보 수집	사이버절도(게임아이템 등), 전자문서 도용, 변조, 파괴
해킹과 무관한 범죄유형	전자상거래 범죄, 인터넷 사기, 사이버 성희롱/성폭행, 스토킹, 허위사실 유포, 명예훼손, 사생활 유포, 인신공격, 언어폭력, 협박	컴퓨터 바이러스 유포, 스팸메일 발송

19 ☑정답 ②

20 ☑정답 ④

해설
국내정보기관 중 정보와 수사기능이 분리된 정보기관; 일. 법무성 공안조사청(PSIA), // 영. 내무부, 보안부(SS, MI5) // 독. 내무부, 헌법보호청(BfV)

21 ☑정답 ③

22 ☑정답 ②

23 ☑정답 ④

24 ☑정답 ④

해설
1946년 겔렌조직이 미국의 승인하 설립되었으며, 이후 1956.4월 겔렌조직에 기초하여 창설.

25 ☑정답 ③

제3과목 정보사회론

01	02	03	04	05	06	07	08	09	10
①	②	①	④	③	①	③	②	②	④
11	12	13	14	15	16	17	18	19	20
②	②	①	④	④	④	②	①	①	①
21	22	23	24	25					
②	①	②	①	③					

01 ✅ 정답 ①
해설
- **하임**: 가상현실은 참여자가 수신한 정상적인 감각 입력을 컴퓨터가 산출한 정보와 대치시킴으로써, 참여자가 실제로 다른 세계에 있다고 확신하게 만드는 것이다.
- **제럴드**: 컴퓨터로 생성된 디지털 환경을 마치 실제인 것처럼 경험하고 상호작용할 수 있는 것이다.
- **피켄텔과 테이셰이라**: 컴퓨터로 생성된 몰입적이고 상호작용적인 경험이다.

02 ✅ 정답 ②
해설
머신 러닝에서 **과적합**은 알고리즘이 학습 데이터에 과하게 적합한 상태이거나 정확하게 일치할 때 발생하며 그 결과 모델이 학습 데이터가 아닌 다른 데이터에서 정확한 예측을 생성하거나 결론을 도출할 수 없게 된다.

03 ✅ 정답 ①
해설
전기전자공학자협회가 2019년 발간한 보고서에서 윤리적 인공지능 구현을 위한 3대 원칙에는 보편적 인간가치 구현, 정치적 자기결정 및 데이터 주권 실현, 믿을 수 있는 기술의 구현이 있다. 이와 함께 '**인간의 권리 존중**','인간의 안녕 증진','데이터 주권 보호','효율성 입증','투명성 보장','설명책무성 보장','오용 및 위험성 인식','이용자 역량 고려'를 8개 세부 원칙으로 제시하였다.

04 ✅ 정답 ④
해설
다니엘 벨은 탈산업사회의 특징으로 다음과 같은 것이 있다고 보았다.
① 서비스 경제: 상품 생산을 기반으로 하는 경제 구조가 서비스 생산을 중심으로 재편된다. 따라서 상품 생산에 종사하는 산업노동자의 수는 감소하고, 서비스를 제공하는 전문가의 비율이 증가한다. 궁극적으로는 극소수의 사람만이 공장에서 일하고, 대부분의 노동은 로봇에 의해 '대체'된다.
② 직업분포: 산업노동자의 감소와 더불어 전문직과 기술직의 비율이 늘어난다. 그리고 이와 함께, 과학자나 전문기술 보유자와 같은 고학력층이 뚜렷이 증가한다.
③ 사회운영의 기본원리: 사회의 의사결정 및 관리가 이론적 지식에 근거해 이루어진다. 이는 탈산업사회에서 사용하는 생산의 재료가 바로 정보와 지식이라는 것과 일맥상통한다.
④ **미래지향**: 이론적 지식을 바탕으로 미래를 예측하고 대비할 수 있게 된다. 이는 인간으로 하여금 시간적 제약에서 벗어나 미래지향적 정향을 갖게 한다.

05 ✅ 정답 ③
해설
닉 쿨드리는 '데이터 식민주의'로 현대 정보사회의 총체적 흐름을 요약한다. 그는 데이터가 현대의 새로운 석유라는 표현과 달리, 데이터는 자연에서 얻는 것이 아니라 인간의 모든 일상을 데이터로 전환시키고 전유하는 과정에서 만들어지며, 이것이 사회적 차별과 행동에 미치는 영향을 해석하기 위해서는 식민주의의 렌즈를 통해 보는 것이 정확하다고 주장한다.

06 ✅ 정답 ①
해설
사회자본의 구성요소는 네트워크, 신뢰, 사회규범이다.

07 ✅ 정답 ③
해설
한국정보화진흥원에서는 디지털 과의존을 "과도한 스마트폰 이용으로 스마트폰에 대한 현저성이 증가하고, 이용 조절력이 감소하여 문제적 결과를 경험하는 상태"로 정의한다. 여기서 현저성이란 개인의 삶에서 스마트폰을 이용하는 생활 패턴이 다른 형태보다 두드러지고 가장 중요한 활동이 되는 것을 의미한다.
조절 실패는 이용자의 주관적 목표 대비 스마트폰 이용에 대한 자율적 조절능력이 떨어지는 것을 의미한다. 문제적 결과는 스마트폰 이용으로 인해 신체적, 심리적, 사회적으로 부정적인 결과를 경험함에도 불구하고 스마트폰을 지속적으로 이용하는 것을 말한다.

08   ☑정답 ②
해설
자유롭게 정보를 수집하거나 정보공개를 청구할 수 있는 권리로서 현행 헌법상 명문 규정은 없지만 일반적으로 인정되고 있었다. 공공기관에 대한 정보공개 청구제도가 이것을 보장하기 위한 대표적 제도이다. 국민은 누구나 국가나 지방자치단체 등 공공기관에 정보를 청구할 수 있는데, 이는 국민주권주의의 실현을 위하여 불가결한 기본권으로 인식되고 있으며, 공개청구를 받은 공공기관은 원칙적으로 정보를 공개하도록 규정되어 있다.

09   ☑정답 ②
해설
소셜 미디어에서 자신의 일상을 공유하는 행위는 자기전시와 관련이 깊다. '과시'는 자신의 능력이나 재산 등을 의도적으로 드러내는 행위인 반면, '전시'는 단순히 자신의 모습을 보여주는 행위에 더 가깝다.

10   ☑정답 ④
해설
사이버 공간은 개별자가 지닌 속성을 구현하는 속성들의 세계이다.

11   ☑정답 ②
해설
1965년에서 1980년 사이에 출생하여 현재 '영 포티'라 불리는 'X세대'는 윗세대와 마찬가지로 인터넷이 부재했던 청소년기를 보내며 아날로그적 취향을 담지하고 있다. 그러나 이 세대는 20대에 한국 사상 처음으로 PC통신을 접하고 인터넷 문화를 형성하기 시작한 세대이다.

12   ☑정답 ③
해설
참여자는 사적 이익을 추구하는 것이 아니라 공공의 이익을 추구하는 능동적 역할을 통해 시민성을 실현한다.

13   ☑정답 ①
해설
빈센트 모스코(Vincent Mosco)는 미디어 정치경제학 분야의 저명한 학자로, 미디어를 통한 자원의 생산, 유통, 소비를 사회적 관계 속에서 분석하며, 특히 권력 관계에 초점을 맞추는 연구를 진행했다.

14   ☑정답 ④
해설
전통 기업에 대한 설명이다.

15   ☑정답 ③
해설
소수취향의 문화콘텐츠는 이용자 사이에서 동질성 인식으로 인한 공감대 형성이 더 중요하므로 네트워크 효과가 더욱 크게 나타난다.

16   ☑정답 ④
해설
유비쿼터스 사회는 미래의 뉴미디어사회이다.

17   ☑정답 ②
해설
경제적 관점은 정보사회를 정보 생산 및 소비의 경제적 가치에 초점을 맞춰 분석합니다. 1차, 2차, 비정보 부문으로의 분류는 정보 관련 활동이 경제에 미치는 영향을 측정하고 분석하는 데 사용됩니다.

18   ☑정답 ①
해설
벨의 사회변화에 기술이 담당한 역할 5가지
① 저비용 **소량**생산
② 새로운 지식 계급 형성

③ 새로운 사회, 경제관계 창출
④ 시공간에 관한 미학적 인식 변화
⑤ 기능적, 정량적 사고방식 초래 (수치화)

19 ✅정답 ①
➕해설
자신을 위해 **외적** 행동 목표 정의이다.

20 ✅정답 ①
➕해설
미국 연방통신위원회의 망 중립성 6원칙
① 합법적인 인터넷 콘텐츠에 자유롭게 접근할 권리
② 합법적인 단말기로 인터넷에 접속할 권리
③ 제공 업체들 간의 경쟁을 보장받을 권리
④ 비차별성 원칙
⑤ 투명성 원칙

21 ✅정답 ②
➕해설
웹 2.0은 인터넷 사용자들이 단순한 정보 소비자를 넘어 콘텐츠 생산과 공유에 적극적으로 참여하는 웹 환경을 의미한다.

22 ✅정답 ①
➕해설
Digital Object Identifier의 약자이다.

23 ✅정답 ②
➕해설
VAN 부가가치 통신망이다.
ISDN은 디지털 통합망, MAN은 대도시 지역 통신망, B-WLL은 고정 무선 접속 서비스

24 ✅정답 ①
➕해설
무어의 법칙은 인텔의 공동 창업자인 고든 무어가 1965년에 발표한 예측으로, 반도체 집적 회로의 트랜지스터 수가 18개월마다 두 배로 증가한다는 이론이다. 이는 기술 발전의 속도를 예측하는 데 중요한 역할을 했다.

25 ✅정답 ③
➕해설
전자 정부는 정보통신기술(ICT)을 활용하여 정부 조직의 효율성을 높이고 국민에게 편리한 행정 서비스를 제공하는 정부 형태를 의미한다.

제3회 모의고사 정답 및 해설

제2과목 국가정보학

01	02	03	04	05	06	07	08	09	10
①	④	②	③	②	②	①	②	③	②
11	12	13	14	15	16	17	18	19	20
①	③	④	④	②	④	①	①	①	④
21	22	23	24	25					
②	①	③	④	④					

01 ✅ 정답 ①
해설
26년간 중앙정보국(CIA)국장 역임한 Robert M. Gates

02 ✅ 정답 ④
해설
정보활동 관련 책임성, 리더십, 효율성, 윤리성 등을 중점적으로 논의는 Wesley Wark; 첩보전에 연구 중 공공정책적 연구에 해당.

03 ✅ 정답 ②
해설
- 슐스키 - 《Silent Warfare》
- 로웬탈 - 《Intelligence ; From Secrets to Policy》

04 ✅ 정답 ③
해설
정보활동 자료에 대한 신빙성에 대한 의문 제기

05 ✅ 정답 ②

06 ✅ 정답 ②

07 ✅ 정답 ①

08 ✅ 정답 ②
해설
①은 사용절차의 선택을. ③은 사용의 순위를. ④는 사용의 시간에 대한 설명이다. 이 외에도 정보소비의 규칙에는 정보 중 사용효력이 없어진 것을 폐기하는 소멸의 원칙이 있다. 기타 사용소멸은 더 이상 사용가치가 없는 정보는 파괴(한순간절차소멸)

09 ✅ 정답 ③
해설
차별성의 원칙은 타 정보와 비교해서 차이가 있는가? 즉 개별성, 독특성을 갖는 정보를 구분한다는 말이다.
기타 비밀성은 비공개인 정보활동을 통해 획득된 정보인가?(비단연공차별)

10 ✅ 정답 ②
해설 전략능력분석정보
- 상대세력의 총체적 전략, 군통수권자의 목표와 실행의지 분석
- 적국의 군사능력에 기초한 공격징후와 조기경 보정보 분석
- 전투정보에서 현재 대적하고 있는 적 부대의 작전/전술 능력

11 ✅ 정답 ①
해설
정치권의 회유와 유혹은 정보기구 외적요인에 의한 정치화 위험성임.

12 ✅ 정답 ③
해설
비밀공작은 입법에 의해 규정됨으로써 비로서 정보기구의 합법적 내용이 되는 입법 창설적 업무내용이라고 봄.

13 ✅ 정답 ④
해설
1907년 헤이그 협정: 스파이는 '교전중인 작전지역에서 가장하는 등, 비밀스런 행동을 하며, 첩보를 획득하거나 첩보를 획득하려고 하는 사람'이라 정의

14 ✅정답 ④
➕해설
첩보처리 및 탐색단계에서의 주요 쟁점은 정보주의력 결핍증(attention deficit syndrome)으로써 쓸모없는 정보를 분리해 내는 능력이 저하되고 있는 현상임.

15 ✅정답 ②

16 ✅정답 ④
➕해설
㉠, ㉢은 방첩의 정보수집활동, ㉥은 역용공작으로 공격적 방첩활동

17 ✅정답 ①
➕해설
상대국의 정보수집 기법을 파악하여 대응방안 강구 가능

18 ✅정답 ①
➕해설
외사와 방첩 모두 외국 또는 외국인, 외국인과 연계된 내국인을 대상으로 한다.

19 ✅정답 ①
➕해설
①은 정보기관의 자발적 정치화 유형으로 협조형임.

20 ✅정답 ④
➕해설
비상설적 정보기구 운용의 저변에는 국가정보기구 운용이 대통령의 고유권한이라는 인식을 갖게함.

21 ✅정답 ②
➕해설
법집행 담당자는 증거수집과 사건재현에 있어서도 사건이나 범인에 대한 모든 자료를 샅샅이 수집하거나 증거로 제출할 필요가 없고, 오직 기소된 사건에 대해 유죄를 인정받기 위해 필요한 한도내에서 수사활동을 전개하고 사건을 종결지을 수 있음.

22 ✅정답 ①
➕해설
2차 대전 이전까지는 정부내 각 정보기관들이 독자적으로 필요한 정보 수집, 부처간 정보공유 제한, 국가정보의 개념 희박, 전쟁에 필요한 정보수집

23 ✅정답 ③
➕해설
직관(Trained Intuition)은 분석관의 순간적 예리한 통찰력으로써 훈련으로도 단련될 수 있으나, 선천적으로 타고난 재능으로써 직관적 추론능력의 중요성을 평가한 것이다.

24 ✅정답 ④
➕해설
최초에 해커는 컴퓨터 시스템의 내부구조와 작동원리 등에 심취하여 이를 알고자 노력하는 사람으로 컴퓨터와 통신에 뛰어난 실력을 가진 사람을 지칭하였다.

25 ✅정답 ④
➕해설
정보분석관과 정보사용자인 정책결정자간의 관계설정에서의 문제점 발생

제3과목 정보사회론

01	02	03	04	05	06	07	08	09	10
②	④	④	①	③	③	③	②	①	①
11	12	13	14	15	16	17	18	19	20
①	②	④	④	②	③	①	②	②	①
21	22	23	24	25					
②	③	④	②	①					

01 ✓정답 ②

해설

대표적인 지도학습 알고리즘의 예로 **선형 회귀모형**과 **로지스틱 회귀모형**이 있다. 선형 회귀모형은 회귀문제, 로지스틱 회귀모형은 분류문제를 풀고자 할 때 적합하다. 사회과학 분야에서도 선형 회귀모형과 로지스틱 회귀모형은 자주 사용되지만, 그 목적은 기계학습에서 사용되는 동일한 모형들과 다르다. 사회과학 분야에서는 특정 독립변수와 종속변수의 관계를 파악하는 것이 주 목적인 반면, 기계 학습에서는 여러 가지의 독립변수를 사용해서 주어진 종속변수의 값을 정확하게 예측하는 데 중점을 둔다.

02 ✓정답 ④

해설

법제도적 관점에서 알고리즘이나 인공지능에 대해 책임성을 보증하기 위한 가장 효율적인 방법은 **투명성**을 확보하는 것이라는 견해가 많다. **투명성**은 공공성, 책무성, 통제성의 바탕이 되기 때문에, 기술적 차원에서 알고리즘의 투명성을 확보하는 해결 방안을 찾으려는 노력이 주목을 받고 있다.

03 ✓정답 ④

해설

보안 전문가 빌 브레너가 인공지능 개인비서를 사용할 때 주의해야 할 점으로 제시한 것은 다음과 같다.
① 인공지능 비서를 사용하지 않을 때는 기기를 끈다.: 인공지능 비서는 상시 녹음 기능이 있으므로 이용하지 않을 때는 끄는 습관을 가진다.
② 인공지능 비서를 자신의 SNS 계정과 연동하여 사용하지 않는다.: SNS 계정을 인공지능 비서와 연동하면 더 많은 개인정보가 노출되어 위험할 수 있다.
③ 오래된 대화 내용은 수시로 지운다.: 아마존의 에코를 사용한다면 아마존 웹 사이트의 '기기 관리' 메뉴에서 나의 대화 내용을 수시로 지운다.
④ **개인정보 설정을 엄격히 한다.**: 구글 홈 이용자는 구글 홈 메뉴에서 개인정보 허용 정도를 엄격히 설정한다.

04 ✓정답 ①

해설

카스텔은 정보기술을 매개로 재편된 새로운 자본주의를 '정보자본주의'라 부른다. 정보자본주의 체제에서 생산의 핵심은 육체노동에서 정보의 수집과 가공 처리로 옮아가게 된다. 따라서 전통적인 노동자 계급이 정보기술과 지식을 창출할 수 있는 고급 지식노동자로 대체되면서 자본가 계급과 전통적인 임금노동자 사이에 형성됐던 **생산관계**와 **권력관계**가 변화한다. 급격하게 변화하는 환경에 대응하기 위해 조직의 유연성이 강조되고, 이와 함께 기업의 네트워크가 더욱더 중요해진다. 이런 상황 속에서 지식 노동자의 창조성, 유연성이 더 강하게 요구된다. 노동자들은 개인화된 프로젝트를 수행하고, 노동 조건은 유연해진다. 이런 정보자본주의의 변화는 노동이 산업화시대의 전통적인 노동과는 현격히 다른 특성을 갖도록 만들고 있다.

05 ✓정답 ③

해설

디지털 격차(Digital Divide)는 디지털 기술에 대한 접근성, 활용 능력, 정보 습득 능력 등의 차이로 인해 발생하는 사회적 불평등을 의미한다.

06 ✓정답 ③

해설

디지털 미디어와 소셜 미디어의 발전으로 인해 우리가 사는 세상의 연결성은 20세기의 정보사회와는 비교할 수 없이 달라졌다.
미디어를 통해 개인들의 사회성은 플랫폼상에서 이루어지고, 사회적 연결에 대한 욕구를 바탕으로 여기에 참여하는 개인은 점차 자동화된 연결과, 이용자들이 생산해 내는 데이터와 콘텐츠를 상업적으로 활용하는 플랫폼기업들의 사업 생태계에 깊숙이 포섭된다. 이러한 과정을

판 데이크는 행위자-연결망 이론과 정치 경제학적 논의를 바탕으로 서술해 낸다. 그는 흔히 '소셜 미디어'라고 부르는 것들을 그것들이 기초해 있는, 그것을 제공하는 기업들의 상업적 목적을 좀더 분명히 드러내기 위해 연결 미디어로 명명한다.

07 ✅정답 ③
➕해설
디지털 소외에 대한 설명이다.

08 ✅정답 ②
➕해설
사람과 사물의 연결 사례는 돌봄 서비스에서 찾을 수 있다. 사물인터넷 센서를 활용하는 헝겊인형 형태의 **효돌**은 인간을 대신해 고령층의 심리적 고독감을 덜어준다. 인공지능 스피커는 음성인식을 기반으로 대화나 음악 감상 등의 기능을 통해 적적함을 달랜다. 이처럼 사람과 사물의 연결은 인간의 심리적 안녕감 향상에 도움을 주기도 하고, 복약시간 알림이나 병원 가는 날짜 알림 등 맞춤형 정보 제공으로 도움을 줄 것이다.

09 ✅정답 ①
➕해설
개인정보 자기결정권에 대한 설명이다.

10 ✅정답 ①
➕해설
준프라이버시는 완전히 개인적인 프라이버시와 완전히 공개된 정보의 중간 영역에 존재하는 정보를 의미한다. 이는 개인의 프라이버시이지만, 동시에 어느 정도 공개되거나 공유될 수 있는 정보를 나타낸다.

11 ✅정답 ①
➕해설
어빙 고프먼은 사회적 상호작용을 연극에 비유하며, 사람들이 일상생활에서 각자에게 주어진 역할을 수행하며 타인을 만족시키기 위해 노력한다고 설명했다.

12 ✅정답 ①
➕해설
순간적인 피드백 증가는 집단지성의 긍정적인 측면이다. 나머지 선택지는 집단지성의 부정적인 측면을 설명한다.

13 ✅정답 ④
➕해설
네트워크 효과는 동일 제품을 소비하는 사용자가 늘어날수록 그 제품의 효용이 증가하는 현상을 의미한다.

14 ✅정답 ④
➕해설
지능정보사회는 지식과 정보가 최고의 가치이며 최대의 권력인 지식 기반 사회를 의미한다. 모든 영역의 요소를 최대한 디지털 데이터화하고, 자동화 프로그램을 활용해 처리하는 방식으로 구현하여 실수의 요인과 비효율성을 제거하는 등 빅데이터 분석, 디지털화, 즉시성, 상시 연결성, 알고리즘 등의 수단을 이용하여 고도의 효율화가 나타난다. 또한 '지능을 갖춘 비인격적 존재'인 인공지능이 새로운 행동주체로 등장하게 된다. 인공지능이란, 기계 혹은 시스템이 만들어 낸 지능을 뜻하며, 인간처럼 이상적으로 사고하고 행동하는 시스템으로 분류된다.

15 ✅정답 ②
➕해설
가상현실은 입력, 애플리케이션, 렌더링, 출력의 네 가지 요소로 구성된다.

16 ✅정답 ③
➕해설
단시간근로이다.
단기근로(Short-term Work)는 일정 기간 동안 임시로 일하거나, 일시적으로 근무시간이 짧은 형태로 근무형태의 구분(상시 vs 비상시, 정규직 vs 비정규직)이지, 근무시간·장소를 조절하는 유연근무제에는 해당되지 않는다.

17 ✅정답 ①
➕해설
정보사회의 운영원리에는 질적 사회, 거리의 소멸, 경계의 모호화, 소프트화, 네트워크화, 자동화가 있다.

18 ☑정답 ②
➕해설
연속론이다.

19 ☑정답 ②
➕해설
ISP는 인터넷 서비스 제공자(Internet Service Provider)를 말한다.
- ICANN는 전 세계 도메인 이름과 IP 주소의 배분을 총괄하는 국제 인터넷 관리 기구
- NIC는 각국 또는 지역에서 인터넷 도메인과 IP 주소를 등록·관리하는 정보센터
- IANA는 IP 주소, 포트 번호, 루트 DNS 등 인터넷 핵심 자원을 기술적으로 관리하는 기구

20 ☑정답 ①
➕해설
비선형성이다.

21 ☑정답 ②
➕해설
온톨로지는 사람들이 세상에 대해 보고, 듣고, 느끼고, 생각하는 것을 컴퓨터가 이해할 수 있는 형태로 표현한 모델. 개념의 타입이나 제약 조건을 명시적으로 정의하여 컴퓨터가 지식 처리를 할 수 있도록 돕는다.

22 ☑정답 ③
➕해설
파킨슨 법칙은 업무량과 관계없이 공무원 수가 증가하는 현상을 설명. 이는 조직의 비효율성을 나타내는 대표적인 법칙 중 하나이다.

23 ☑정답 ④
➕해설
깨끗한 정부이다.

24 ☑정답 ②
➕해설
비용(Cost)
인터넷 마케팅의 4가지 특징은 고객 가치(Customer value), 의사소통(Communication), 편리함(Convenience), 개인화(Customization)이다.
변화(Change)는 인터넷 마케팅의 특징에 해당하지 않는다.

25 ☑정답 ①
➕해설
보보스는 부르주아와 보헤미안의 합성어로, 디지털 시대의 엘리트 계층을 의미. 이들은 지식과 정보, 아이디어를 중요하게 생각하며, 자유분방한 문화와 경제적 성공을 동시에 추구하는 특징을 보인다.
- 모비즈족은 모바일 기기를 활용해 언제 어디서나 일하고 소통하는 유목형 정보근로자
- 웹버족은 웹(Web)과 노동자(Worker)의 합성어로, 인터넷을 기반으로 자유롭게 일하는 디지털 프리랜서 계층
- 아나디지족은 아날로그적 감성과 디지털 기술을 동시에 추구하는 세대 또는 소비자층

제4회 모의고사 정답 및 해설

제2과목 국가정보학

01	02	03	04	05	06	07	08	09	10
③	①	③	④	④	②	④	④	①	③
11	12	13	14	15	16	17	18	19	20
①	②	③	②	②	②	④	④	②	①
21	22	23	24	25					
②	③	②	②	②					

01 ✅ 정답 ③
해설
소련은 여객기를 이용하여 정찰활동을 했지만 통상적으로 여객기는 신호정보수단은 아니다. 그러나 KAL기 폭파 사건(1983.9)은 소련이 여객기를 이용하여 정찰활동을 해왔기 때문에 벌어진 사건으로 추정된다.

02 ✅ 정답 ①
해설
대테러, 전복, 방첩, 국제범죄 등에 대한 정보수집 외에 수사권은 없음

03 ✅ 정답 ③
해설
최근 각국은 산업정보활동간 분쟁에 대하여 과거에 비해 공개적으로 문제화하여 엄격히 대처하고 있다. 경제안보 = 국가안보적 차원, 국력과 관계

04 ✅ 정답 ④
해설
조직이 방대하여 국가정보원장이 위임G한 3대 기관
- 국방부; 안보지원사령관, 경찰; 경찰청장, 해양경찰청; 해양경찰청장

05 ✅ 정답 ④
해설
총리실 주관 국가테러대책위원회(위원장; 국무총리), 대테러센터, 테러사건대책본부(5개 기관장)를 설치 운영
- 5개 테러사건대책본부; 테러사건 대책본부장은 해당부서 장관이나 기관장이 담당, 다만 대책본부를 설치하고 그 사실을 즉시 테러대책위원장(국무총리)에게 보고
- 외교부(국외), 국방부(군사시설), 국토교통부(항공), 해양경찰청(해양), 경찰청(국내 일반)

06 ✅ 정답 ②
해설
민간차원에서의 사이버범죄 수사는 경찰청 사이버안전국에서 담당한다.

07 ✅ 정답 ④
해설
방첩사는 군방첩(간첩 및 군사기밀 유출)과 방위산업기술 유출 등 군방첩 및 보안 분야에 대해서만 수사실시, 기타 군내 일반범죄에 대한 수사는 군헌병 및 군 검찰이 담당

08 ✅ 정답 ④
해설
당 중앙군사위원회 위원장; 국방사업 전반지도

09 ✅ 정답 ①
해설
미국 국무부장관이 법무부장관과 협의하여 테러단체 및 테러지원국을 1년에 한번씩 지정한다. 정보기구가 아닌 정책부서인 국무부가 테러단체 지정권을 갖는 것은 외교 안보정책적 차원으로 보기 때문임.

10 ✅ 정답 ③
해설
대통령 명령 제12,333호에 따라 국내 방첩활동은 FBI와 협력하여 수행. 정보개혁테러방지법(2004)에 의해 대통령 및 DNI 지시에 의거 국가안보에 영향을 미치는 정보업무 수행

11 ✅정답 ①

해설

- Oprichina(오프리치나) 비밀경찰; 1565년 짜르 이반 4세에 의해 설립되었으며, 1572년에 폐지, 반역자나 부정행위자에 대한 특별 처벌권을 보유, 사적 영토 관리 목적 Third Section(제3국)은 1826년 니콜라스 1세에 의해 설립, 정치범죄에 대한 규정과 조직운영의 제도화로 소련의 정보기관의 기원이 되었고, 이후 오흐르나(Okharana)로 발전.
- Okhrana: 알렉산더2세 국가주도로 설치된 비밀정보조직

12 ✅정답 ②

해설

그리핀(Griffin) 공작은 독일의 신무기 제조저지를 위한 공작 // 울트라작전은 독일 암호체계를 탐지하기 위한 작전 // 거너스 공작은 독일이 구축한 노르웨이 비밀 핵 개발 시설을 파괴하기 위한 작전

13 ✅정답 ③

해설

중앙정보활동국(BCRA) 이후 1944년 연구조사총국(DGER), 1946년 해외정보 및 방첩국(SDECE), 이후 1982년 DGSE(해외안보총국)으로 개칭

14 ✅정답 ②

해설

하가나(Hagana, 자위대)는 1912년 각 촌락별로 비밀군사조직체로 자위대 조직이었음.

15 ✅정답 ②

해설

당시 부시행정부의 이라크 침공의 명분을 제시해 주기 위한 정보의 정치화현상 기인한정보보고 형식이었음.

16 ✅정답 ②

해설

목적성을 갖고 의도적으로 수집된 사실은 첩보이다.

17 ✅정답 ④

해설

① 취약점 지적이나 정보생산 지침 제공 x
② 미래 비밀활동 연구 등 직접적인 관여 x
③ 정보기관의 임무와 역할 조정 o, 비판기능 o 및 통제 x

18 ✅정답 ④

해설

공개자료 수집 또는 비밀공작 등 다양한 방법을 통해 쉽게 입수하기 어려운 정보를 수집하여 정책결정자에게 제공해 줌으로써 정책판단에 도움을 준다.

19 ✅정답 ②

해설

국가안보능력은 정보활동영역이 확대됨에 따라 오히려 분산화되고 약화되는 경향이 있음.

20 ✅정답 ①

해설

미국 학자인 David Ronfeldt에 의하면 ②, ③, ④는 사이버전쟁(cyber war)이다.

21 ✅정답 ②

해설

정보전략의 평준화

22 ✅정답 ③

해설

테러정보인식프로그램(TIA); 총체적정보인식프로그램에 대한 위화감으로 개칭, 테러감시프로그램

- 탈론(TALON); 요주의 인물이나 의심스런 활동가들에 대한 현장 모니터링 활동으로 요의자를 자동적으로 지목 및 색출
- 노스콤(NORTHCOM); 국방부는 평시 테러와의 전쟁 수행을 위해 노스콤이라는 테러인식프로그램 총괄 부서 신설

23 ☑정답 ②
해설
공작의 의도와 목표가 충분히 나타나야 하고 합리적이며 정당할 것.

24 ☑정답 ②
해설
- 사활적 이익: 국가존립 위협사태, 전쟁과 같은 상황에서 주요 결심과 신속한 조치필요
- 중요한 이익: 적절한 대응조치 없을 경우, 심각한 손실이 예상되는 사항, 지속적 대책 강구 필요
- 지역적 이익: 방치하더라도 비교적 손실이 적은 사항, 주의깊은 관망

25 ☑정답 ②
해설
- 행정수반 직속 정보기구: 대통령, 수상에 직접 소속되어 있는 조직구조

EX) 미. 대통령 직속 중앙정보국(CIA)
  중. 국무원 산하, 국가안전부(MSS)
  러. 대통령 직속 해외정보부(SVR), 대통령 직속 연방보안부(FSB)
  일. 총리직속, 내각정보조사실(CIRO)
  한. 대통령 직속 국가정보원(NIS)
  북. 국무위원회 산하, 국가보위성
  이란. 국왕직속, 첩보안보부(VEVAK)
  이스라엘. 수상직속 해외정보(Mossad), 수상직속 국내/방첩(Shin Beth)

제3과목 정보사회론

01	02	03	04	05	06	07	08	09	10
③	③	②	①	④	②	④	①	①	④
11	12	13	14	15	16	17	18	19	20
③	①	③	④	④	③	④	④	②	①
21	22	23	24	25					
③	②	①	④	④					

01 ✅ 정답 ③

해설

하나의 신경망은 3개의 서로 다른 종류의 층들로 이루어졌다. 가장 첫 부분에 있는 층이 입력층이고, 마지막에 있는 층이 출력층이다. 그리고 입력층과 출력층 사이에 존재하는 층을 은닉층이라 한다. 입력층과 출력층은 1개씩만 존재하지만, 은닉층은 사용자의 목적에 따라서 여러 개가 존재할 수 있다. 보통 은닉층의 개수가 많은 신경망을 **다층 신경망**이라고 하며, 이를 **딥러닝 알고리즘**이라고 부른다. 그와 반대로 은닉층의 수가 적은 신경망을 **얕은 신경망**이라고 한다.

02 ✅ 정답 ③

해설

기본 신경망 구조를 이용해 구현된 다양한 형태의 딥러닝 알고리즘이 있다. 가장 대표적인 것이 합성곱 신경망 CNN, 순환 신경망 RNN, 생성적 적대 신경망 GAN이다. **합성곱 신경망**은 이미지 데이터에 주로 적용해 이미지 분류, 이미지에 있는 물체 인식 등의 목적으로 사용하고, 이러한 알고리즘을 이용해 자율주행 자동차와 같은 기술이 구현된다. **순환 신경망 기반 모형**은 텍스트 데이터에 적용해 번역, 감성분석 등에 사용하며, 생성적 적대 신경망은 이미지나 텍스트를 생성하는 목적으로 사용한다.

03 ✅ 정답 ②

해설

인공지능이 직면하게 될 윤리 딜레마에 대하여 최초로 제시된 원칙은 러시아 출신의 미국 작가인 **아시모프**의 로봇 3원칙이다.

1. 로봇은 인간을 해쳐서는 안 되며 또한 해야 할 행동을 하지 않음으로써 인간에게 해를 초래해서는 안 된다.
2. 첫 번째 원칙과 충돌하지 않는 한 로봇은 인간의 명령에 따라야 한다.
3. 로봇은 첫째 원칙과 두 번째 원칙과 충돌하지 않는 한 자신을 보호해야 한다.

04 ✅ 정답 ①

해설

비판이론이란 1920년대에서 1940년대까지 독일 프랑크푸르트와 미국 뉴욕에서 활동했던 일군의 학자들이 견지한 이론적 관점이자 경향성으로, 프랑크푸르트학파의 사상으로도 불린다. 양차 세계대전을 낳은 서구 합리성에 대한 반성, 자본주의의 병폐와 자본주의적 문화에 대한 비판, 맑시즘과 정신분석학에 영향을 받은 모습을 보인다. 대표적 학자로 호르크하이머, 아도르노, 마르쿠제 등이 있다. 인간을 제약하는 총체적·사회적 조건들을 변화시킬 수 있는 지식과 비판, 변화를 추구한다.
배리 웰먼(Barry Wellman)은 네트워크 사회 이론을 발전시킨 사회학자로, 개인이 소속된 공동체보다 다양한 사회적 네트워크 속에서 관계를 형성하는 '네트워크 개인주의' 개념을 제시한 인물이다.

05 ✅ 정답 ④

해설

개인이 속한 준거집단이나 공통의 관심사를 매개로 개인 간의 사회적 관계를 유지하고 확장시키는 것을 용이하게 하는 서비스. 2010년 이후로는 사회적 관계망 유지 및 확장의 기능에서 나아가 이용자가 스스로 콘텐츠를 생산하고 공유하여 공론화되는 미디어로서 역할이 조망받으며 소셜 미디어와 혼용되어 사용한다. 페이스북, 트위터, 인스타그램 등이 대표적이다.

06 ✅ 정답 ②

해설

정보격차에 대한 설명이다.

07 ✅ 정답 ④

해설

확증편향에 대한 설명이다.

08 ✅ 정답 ①
해설
정보통신망법에 대한 설명이다.

09 ✅ 정답 ①
해설
이 법은 지능정보화 관련 정책의 수립, 추진에 필요한 사항을 규정한 법률로, 2020년 6월 9일 개정에서 현재의 제명으로 변경되었다. 원래 1995년 〈**정보화**촉진기본법〉으로 최초 제정되었다가, 2009년 〈**국가**정보화 기본법〉으로 변경되고, 다시 지능정보사회를 맞이하여 〈**지능정보화 기본법**〉으로 변경된 것이다. 이 법은 지능정보사회의 구현과 관련하여 일반법의 성격을 가지므로 지능정보사회에서 정부 정책의 기본방향을 담고 있다.

10 ✅ 정답 ④
해설
온라인 공간에 대한 **모니터링**은 온라인 감시의 대표적 방식이다. 온라인 감시는 국가가 직접적으로 수행하기도 하지만, 간접적 방식을 통하기도 한다.

11 ✅ 정답 ③
해설
온라인에서 특정인을 집요하게 괴롭히는 행위를 뜻한다.

12 ✅ 정답 ①
해설
팩트체크라는 행위 자체는 새롭지 않다.
④번 부연설명: 우리나라는 2012년 〈오마이뉴스〉가 선보인 대통령 선거공약 검증코너 '오마이팩트'를 팩트체크 저널리즘의 시초로 보고 있다.

13 ✅ 정답 ③
해설
마이크로소프트, 오라클, SAP는 혁신 플랫폼의 예이다. 통합 플랫폼의 대표적인 사례는 구글, 애플, 페이스북, 아마존 등이 있다.

14 ✅ 정답 ④
해설
많은 기업이 소비자와 소통을 위해 블로그를 운영하지만 대부분 일방향적으로 정보를 제공하고 있다.

15 ✅ 정답 ④
해설
가상현실은 환경을 100% 가상의 이미지로 채운다는 점에서 환경의 일부만을 가상이미지로 교체하는 증강현실과 구분된다. 가상현실 최초 사용(1938년, 앙토냉아르토, 프랑스 극작가)

16 ✅ 정답 ③
해설
EDI네트워크이다.

17 ✅ 정답 ④
해설
- 기술적 관점-정보사회를 기술 발전 중심으로 바라보는 관점
- 경제적 관점-정보가 경제 성장 및 산업 변화에 미치는 영향을 중점적으로 보는 관점
- 직업적 관점-정보화로 인해 직업 구조와 노동 형태가 변화하는 측면을 강조
- 문화적 관점-정보가 일상생활, 가치관, 사회적 관계 등에 미치는 영향을 분석하는 관점

18 ✅ 정답 ④
해설
개인의 욕구가 기술의 발전방향을 유도하는 것으로 **기술적 변인**보다는 **사회적 수요** 측면이 강조된다.

19 ✅ 정답 ②
해설
선진사회는 분절적이다. 사회구조, 정치, 문화 등 독립적인 영역들이 존재한다. 자율성을 가지고 있어서 한 영역에서 발생하는 것이 다른 것에 영향을 주지 않는다.

20　　　✅정답 ①

+해설

한국인터넷진흥원(KISA)이 공인인증기관 및 IP 주소 할당을 담당한다.
- KAPF는 1920~30년대 한국의 사회주의 계열 문예운동 단체로, IT와 무관함
- KCL는 건설·생활·환경 제품의 안전성과 품질을 시험·인증하는 국가기관
- KTL는 산업제품의 성능과 신뢰성을 시험·평가하는 산업기술 전문기관

21　　　✅정답 ③

+해설

총 4가지이며 콘텍스트 링크가 아닌 딥 링크이다.

22　　　✅정답 ②

+해설

모든 노드가 서로 연결된 형태의 네트워크 구조를 의미한다.

23　　　✅정답 ①

+해설

신호를 증폭하여 전송 거리를 늘리는 역할을 한다.
- 라우터(Router)는 서로 다른 네트워크 간에 데이터를 전송하고 최적의 경로를 찾아주는 장치
- 게이트웨이(Gateway)는 서로 다른 프로토콜을 사용하는 네트워크 간의 데이터 통신을 가능하게 해주는 장치
- 허브(Hub)는 네트워크에서 여러 장치를 물리적으로 연결하고 데이터를 모든 포트로 전달하는 기본 장비

24　　　✅정답 ④

+해설

하나의 물건을 구매한 후, 그와 어울리는 다른 물건을 연쇄적으로 구매하는 현상을 뜻한다.
- 펭귄 효과는 다른 사람의 행동을 보고 나서야 움직이는 현상으로, 타인의 선택을 따라 행동하는 소비 패턴
- 트윈 효과는 동일하거나 유사한 상품·콘텐츠를 동시에 소비하며 쌍둥이처럼 행동하는 사회적 모방 효과
- 에펠탑 효과는 실물보다 이미지나 상징성이 훨씬 크게 인식되는 현상으로, 특정 사물이나 장소의 과잉 인지도 현상

25　　　✅정답 ④

+해설

직접적인 대가나 보상을 기대하지 않는 선물을 증여함.

제5회 모의고사 정답 및 해설

제2과목 국가정보학

01	02	03	04	05	06	07	08	09	10
①	③	③	②	②	①	④	④	④	③
11	12	13	14	15	16	17	18	19	20
②	③	④	②	①	①	①	④	④	③
21	22	23	24	25					
④	④	②	③	④					

01　　　　　　　　　　　　　　　　✅정답 ①
해설
미국 CIA를 포함한 미국의 정보기관이 채택하고 있다.

02　　　　　　　　　　　　　　　　✅정답 ③
해설
지속적이고 장기적인 기만책은 오판을 유도하지만, 일시적인 기만책은 적에게 의도가 파악되기 쉽다. 따라서 고도로 정교하게 조직된 기만정보만이 효과를 발휘하게 된다.

03　　　　　　　　　　　　　　　　✅정답 ③
해설
독재국가나 권위주의 정부는 평시에도 자국민을 대상으로 하는 공작활동을 하며, 전시의 경우는 대부분 국가가 자국민을 대상으로 선전활동 등을 수행한다.

04　　　　　　　　　　　　　　　　✅정답 ②
해설
미국은 현재 중국, 북한, 베트남, 라오스, 캄보디아 등의 공산국가를 대상으로 선전공작을 강화하고 있다. 정권의 교체를 통해 자유 민주주의를 확산시키기 위한 목적이다.

05　　　　　　　　　　　　　　　　✅정답 ②
해설
Mark M. Lowenthal은 정책결정자들이 가장 효과적인 방법으로 비밀공작활동을 선호하게 된다고 하였다.

06　　　　　　　　　　　　　　　　✅정답 ①
해설
짐머만 사건은 독일 제국 외무상인 짐머만의 전신·전보를 영국 당국이 비밀리에 감청하여 미국에 건네준 역사적인 통신정보 감청사건이다. 궁극적으로 미국이 제1차 세계대전에 참가하게 된 계기가 되었다.

07　　　　　　　　　　　　　　　　✅정답 ④
해설
정보수요를 제기한 정보소비자의 지침을 파악하고, 파급영향, 사태의 추이를 예측하여 선택 가능한 대안을 제시하도록 해야 한다. 정책결정자의 선호와 요구를 무시한 정보제공은 정보의 실패사유에 해당된다.

08　　　　　　　　　　　　　　　　✅정답 ④
해설
방첩활동(counterintelligence)은 적성국과 우방국의 정보기관이 자국의 민감한 정보를 수집하거나 적대적인 공작활동을 수행하는 것을 사전에 탐지하여 방해하는 것을 말한다.

09　　　　　　　　　　　　　　　　✅정답 ④
해설
설문의 내용은 기회분석(Opportunity-Oriented analysis) 학파의 주장이다. 기회분석학파를 일명 켄달(Wilmore Kendall) 분석학파라고 한다.
• 사회과학예측학파: Sherman Kent, William Cloby

10　　　　　　　　　　　　　　　　✅정답 ③
해설
손자병법의 용간편에서 역용공작에 활용하는 공작원을 반간(反間)이라고 하였다.

11　　　　　　　　　　　　　　　　✅정답 ②
해설
통제구역, 제한구역이나 제한지역을 설정하여 관리하는 것을 시설보안이라고 한다.

12 ☑ 정답 ③

해설

글로벌 트랜드는 미국 정보공동체의 최장기 미래예측보고서로 전세계 상황에 대한 미래 예언서이다. 1979년 창간되어 현재는 국가정보국장(DNI) 산하에 있는 국가정보위원회(NIC)가 생산한다. 매 5년마다 향후 세계 제반 상황에 대한 15년 후의 변화를 분석한 미래예측보고서이다. 2004년에 생산한 2020년의 세계 미래상황인 "세계 미래 그려보기(Mapping the Global Future)"와, 2008년에 생산한 Global Trends 2024가 있다.

13 ☑ 정답 ④

해설

민간기업의 우수한 기술에 대한 산업스파이 활동을 방어하기 위해 국가정보기관이 방첩활동의 일환으로 산업보안을 지원하고 있다.

14 ☑ 정답 ②

해설

내부자를 활용하는 것은 기업 간 거래가 아니라 기업이 개인을 포섭하여 활용하는 정보수집활동이다.

15 ☑ 정답 ①

해설

2005년 4월 1일 개소되어. 국내외 테러관련 정보를 수집·배포하며, 테러관련 위기평가와 경보를 발령하게 된다. 국가적인 테러종합 대책기구에 해당된다. 대테러센터는 경찰청 경비국에 소속된 기구이다. 경비국은 테러의 종합적인 예방과 처리대책을 수립한다.

16 ☑ 정답 ①

해설

하마스는 이슬람 저항운동이라는 아랍어 첫 글자이며. 2006년 1월 총선에서 조직원들이 대거 당선되어 제도권으로 진입하게 되었다. 빈민구호 교육사업 등을 전개하여 국민들의 광범위한 지지를 받고 있는 것으로 알려지고 있다.

17 ☑ 정답 ①

해설

테러조직은 수평적 네트워크(network) 조직으로 다수의 지휘부로 구성돼 있어 발본색원이 어렵다.

18 ☑ 정답 ④

해설

사이버 불링(bullying)은 특정인을 사이버상에서 집단적으로 따돌리거나 집요하게 괴롭히는 것을 말한다. 정보접근의 거부는 'DoS(Denial of Service)'를 말한다.

19 ☑ 정답 ④

해설

James Robinson은 위기 정의 시 3가지 요소를 제시하였으며, 위기를 정의한 후에 위기를 수습하기 위한 해결책을 고민하는 것으로 ④는 이 정의와 연관성이 없다.

20 ☑ 정답 ③

해설

청와대 기습사건과 푸에블로호 납치사건은 1968년, 판문점 도끼만행은 1976년. 아웅산국립묘지 폭파사건은 1983년에 발생했다.

21 ☑ 정답 ④

해설

마약과의 전쟁은 소위 승리할 수 없는 전쟁이라고 말해진다. 일찍이 런던대학 경제학 교수인 리처드 하이네스(Richard Davenport-Hines)는 "마약 밀거래자들의 이득에 타격을 주려면 최소 75% 이상의 마약을 입수해야 하는데 그것은 불가능하다"고 지적하면서 마약과의 전쟁의 비현실성을 비판했다. 그는 마약과의 전쟁은 끝이 있을 수 없는 무한정의 단지 "일상적인 새로운 환경"이라고 주장한다.

22 ☑ 정답 ④

해설

중국이 미국의 MD가 중국을 직접 겨냥한다고 판단할 경우 근거리에 있는 주한미군 시설을 공격할 수도 있어 한반도가 미중의 전장이 될 수도 있다.

23 ✅ 정답 ②

해설

아무리 미국과 러시아와 같은 강대국이라고 해도 다양한 국제적 이슈에 대해 혼자서 대처할 수 없다. 따라서 경제나 안보측면에서 다양한 다자협력 구도를 만들어 운용한다.

24 ✅ 정답 ③

해설

현재 필요한 수량만 생산하고, 미래의 수요에 대비하여 생산을 한다고 여분을 만들어서는 안 된다. 여분을 생산할 경우 보관이나 보안유지가 어렵기 때문이다.

25 ✅ 정답 ④

해설

대개 불법적인 활동을 하게 되며, 이로 인하여 공작활동이나 고용계약이 종료된 후. 여러 문제점이 발생하기도 한다. 공작원과 협조자의 처리. 수집된 정보의 불법적인 활용 가능성 등이 있다.

제3과목 정보사회론

01	02	03	04	05	06	07	08	09	10
③	④	④	④	③	③	③	③	③	②
11	12	13	14	15	16	17	18	19	20
②	①	②	③	④	③	②	④	④	④
21	22	23	24	25					
②	③	③	④	①					

01　　　　　　　　　　　　　　　✅정답 ③

해설

탈근대주의는 재현적 문화에 대한 거부를 핵심 특징으로 하며, 모든 의미가 언어와 기호의 체계를 통해 구성된다 (3번 정답)고 본다. 또한, 보편적 진리를 거부하고, 대서사(meta-narrative)를 의심하며, 진리는 단지 사회적·언어적 구성물일 뿐이라고 주장한다.

02　　　　　　　　　　　　　　　✅정답 ④

해설

'이용가능성'은 물리적 보존 상태와 관련된 개념이 아니라, 이해관계자들이 합리적 시간 안에 기록을 검색, 재현, 해석할 수 있는 상태를 의미한다.

03　　　　　　　　　　　　　　　✅정답 ④

해설

경제적 관점은 정보사회가 되기 위한 조건으로 무료 정보 이용 환경을 요구하지 않는다. 대신, GNP에서 정보활동 비율 증가와 같은 경제적 지표를 활용하여 정보사회를 정의한다.

04　　　　　　　　　　　　　　　✅정답 ④

해설

토플러의 '제3의 물결'에서 1물결은 농업혁명, 2물결은 산업혁명, 3물결은 정보혁명을 나타낸다. 정보혁명은 소규모화, 분권화, 분산화(탈집중화), 탈대중화, 비표준화, 다양성의 가치를 중심으로 정보사회로 전환을 이끈다.

05　　　　　　　　　　　　　　　✅정답 ③

해설

어젠다 세팅 이론은 미디어가 대중의 의견을 직접적으로 통제하는 것이 아니라, 특정 이슈를 강조함으로써 그 이슈가 더 중요한 것처럼 인식되도록 유도하는 개념이다. 즉, 어젠다 세팅은 '무엇에 대해 생각하게 만들 것인가'를 결정하는 것이지, '어떻게 생각할 것인가'를 강제하는 것이 아니다. 따라서 ③의 설명은 어젠다 세팅 이론의 원래 개념을 잘못 해석한 것이다.

06　　　　　　　　　　　　　　　✅정답 ③

해설

탈포드주의에서는 유연전문화(flexible specialization)가 핵심 개념으로, 노동자들은 평생 동일한 업무를 수행하는 것이 아니라 다양한 기술을 습득하고 적응력을 갖추는 것이 중요하다. 따라서 ③번은 탈포드주의의 특징과 맞지 않는다.

07　　　　　　　　　　　　　　　✅정답 ③

해설

정보 리터러시는 정보를 단순히 수집하거나 저장하는 데 그치지 않고, 정보의 출처와 신뢰성을 분석하여 신뢰도 높은 정보를 선택하는 비판적 사고와 문제 해결 능력을 포함한다.

08　　　　　　　　　　　　　　　✅정답 ③

해설

전통적 노동계급은 자동화로 인해 감소하는 경향이 있지만, 완전히 사라지지는 않는다. 여전히 생산·물류·서비스 분야에서 노동력이 필요하며, 정보사회에서도 특정 분야의 블루칼라 노동자들은 필수적이다. 정보노동자의 부상이 전통적 노동계급의 완전한 소멸을 의미하는 것은 아니다

09　　　　　　　　　　　　　　　✅정답 ③

해설

공공영역에서 정보는 시민들이 정책 논의에 참여하고, 민주적 절차를 수행하는 데 필수적인 요소이다. 하버마스(Habermas)의 이론에 따르면, 공공영역은 정보의 개방성과 투명성을 보장하는 공간이며, 정보 접근권이 보장될 때 민주주의가 원활하게 작동할 수 있다.

10 ✅ 정답 ②
해설
위험사회의 갈등 원인은 물질적 재화의 불평등한 분배가 아니라, 그 부정적 결과에서 비롯된 위험 생산 논리와 관련이 있다.

11 ✅ 정답 ②
해설
다니엘 벨의 탈산업사회론에 대한 정확한 설명이다. 그는 서비스 고용이 지배적이며, 지식과 정보가 새로운 사회의 핵심 자원이 된다고 보았다.

12 ✅ 정답 ①
해설
단절론적 입장에서 정보사회의 경제적 특징을 설명한 것이다. 정보 관련 산업과 정보서비스의 생산이 경제의 주요 축이 된다.

13 ✅ 정답 ②
해설
기든스의 주장을 명확히 반영한다. 그는 정보사회가 근대 사회의 출발과 함께 형성되었으며, 정보통신혁명이 새롭게 등장시킨 것이 아니라고 주장했다.

14 ✅ 정답 ③
해설
미디어 생태학 이론은 미디어 환경이 인간의 사고와 행동을 형성하는 중요한 요소라는 점을 강조하지만, 인간과 기술 간의 상호작용을 고려하는 개념이다. 미디어 환경이 인간 행동을 직접적으로 결정하는 일방향적 인과 관계를 강조하는 것이 아니라, 인간이 새로운 미디어 환경에 적응하는 과정에서 사고와 행동이 변화한다고 본다. 따라서 ③의 설명은 미디어 생태학 이론의 핵심 개념을 잘못 이해한 것이다.

15 ✅ 정답 ④
해설
서비스 노동은 후기산업사회에서 지식과 정보에 기반하며, 기계 기술의 보조 역할에 머물지 않는다. 특히 전문직과 기술직의 증가가 후기산업사회의 핵심적 특징이다.

16 ✅ 정답 ③
해설
정보 격차는 국가별 경제적 상황, 사회적 환경, 정부 정책 등에 따라 다른 형태로 나타날 수 있으며, 보편적이고 획일적인 현상이 아니다. 따라서 ③번은 정보 격차 문제의 사회적·정책적 맥락을 무시한 잘못된 설명이다.

17 ✅ 정답 ②
해설
AI 기반 자동 기사 작성 시스템이 완전한 객관성을 유지할 수 있다는 주장은 잘못되었다. 알고리즘은 학습 데이터에 의해 영향을 받으며, 데이터 편향(Bias)이 내재할 가능성이 있다. 따라서 ②번은 알고리즘 저널리즘의 한계를 고려하지 않은 잘못된 설명이다.

18 ✅ 정답 ④
해설
필터 버블과 에코 챔버 현상은 사용자가 기존에 선호하는 정보만을 접하게 만들어 정보 다양성을 제한하는 부작용을 초래한다. ①, ②, ③은 정보사회에서 미디어 환경이 변화하는 주요 특징을 설명하는 내용이다.

19 ✅ 정답 ④
해설
가트너(Gartner)는 단기적인 기술 변화뿐만 아니라, 장기적인 기술 혁신과 시장 변화에 대한 예측을 제공한다. 특히, 전략적 기술 트렌드(Strategic Technology Trends)와 하이프 사이클(Hype Cycle) 분석을 통해 기술의 초기 개발, 시장 도입, 성숙 단계까지의 영향을 장기적으로 전망한다.

20 ✅ 정답 ④
해설
제로데이 공격(Zero-Day Attack)은 소프트웨어 개발사조차 인지하지 못한 보안 취약점이 존재하는 경우, 공격자가 이를 악용하는 기법이다. 따라서 보안 패치가 적용된 소프트웨어가 아닌, 패치가 제공되기 전의 취약점을 노리는 것이 특징이다. 오래된 시스템을 대상으로 하는 일반적인 해킹 기법과는 다르며, 최신 소프트웨어에서도 발생할 수 있다.

21 ✅정답 ②

해설

사이버 커뮤니케이션은 시공간의 제약 없이 이루어지며, 인터넷을 통해 언제 어디서나 정보 교류가 가능하다. 하지만 2번은 사이버 커뮤니케이션의 특성과 반대되는 내용이므로 오답이다.

22 ✅정답 ③

해설

빅데이터 분석에서는 개인 정보 보호 및 프라이버시 문제가 매우 중요한 요소이며, 무분별한 데이터 활용은 법적·윤리적 논란을 초래할 수 있다. ①, ②, ④는 빅데이터의 핵심 개념을 적절히 설명한다.

23 ✅정답 ③

해설

4차 산업혁명 시대에는 다양한 기술을 융합적으로 활용할 수 있는 능력과 지속적인 학습 능력이 중요한 역량으로 평가된다. 하나의 기술에만 의존하는 것은 불확실한 미래 환경에서 취약할 수 있다.

24 ✅정답 ③

해설

4차 산업혁명은 단순한 자동화의 확장이 아니라, 초연결성(Hyperconnectivity)초지능성(Superintelligence)을 기반으로 한 산업·사회 구조의 근본적 변화를 의미한다. 단순히 인간 노동을 대체하는 것이 아니라, 새로운 가치 창출과 협업 모델을 구축하는 것이 핵심이다.

25 ✅정답 ①

해설

플랫폼 자본주의는 구글, 페이스북, 아마존과 같은 대형 IT 기업이 디지털 플랫폼을 통해 경제적 가치와 데이터를 독점하며, 사용자의 참여를 통해 수익을 창출하는 경제 모델을 의미한다. ②, ③, ④는 플랫폼 자본주의의 핵심 개념과 맞지 않는다.

군무원 정보직
FINAL
실전동형 봉투모의고사
[국어]

정답 및 해설

군무원 정보직
FINAL 실전동형 봉투모의고사

정답 및 해설

제1회 모의고사 정답 및 해설
제2회 모의고사 정답 및 해설
제3회 모의고사 정답 및 해설
제4회 모의고사 정답 및 해설
제5회 모의고사 정답 및 해설

제1회 모의고사 정답 및 해설

제1과목 국어

01	02	03	04	05	06	07	08	09	10
③	②	④	③	④	③	③	③	③	④
11	12	13	14	15	16	17	18	19	20
③	①	④	④	②	①	①	①	①	②
21	22	23	24	25					
②	①	②	③	②					

01　✅ 정답 ③

➕ 해설 문법-단어의 구조

'날고기'에서 '날'은 '말리거나 익히거나 가공하지 않은'의 뜻을 더하는 접두사이므로 '날고기'는 형식 형태소와 실질 형태소가 결합한 단어로 ㉠에 해당한다.

✅ 오답풀이

① '들-'은 '무리하게 힘을 들여' 또는 '마구', '몹시'의 뜻을 더하는 접두사이다.
② '-하다'는 일부 명사 뒤에 붙어 동사를 만드는 접미사이므로 적절하다.
④ '풋-'은 '덜 익은'이나 '미숙한'의 뜻을 더하는 접두사이고, '-내기'는 '그런 특성을 지닌 사람'의 뜻을 더하는 접미사이다.

02　✅ 정답 ②

➕ 해설 문법-중세 국어에 대한 이해

중세 국어 '곱다'는 현대 국어로 와서 'ㅂ불규칙 활용'을 하지만 '엷다'는 '엷은, 엷어'처럼 규칙적인 활용을 한다.

✅ 오답풀이

① 중세 국어에서 '곱다', '엷다'는 모음으로 시작하는 어미가 오면 어간이 변하는 활용을 한다.
③ 'ᄇᆞ슨다', '그스다'는 뒤에 모음 어미가 오면 어간만 변하는 활용을 한다.
④ 중세 국어의 '다ᄅᆞ다'와 '모ᄅᆞ다'는 각각 '달아'와 '몰라'로 활용되어 활용 방식이 다르지만, 현대 국어의 '다르다'와 '모르다'는 각각 '달라', '몰라'로 활용되므로 활용 방식이 같다.

03　✅ 정답 ④

➕ 해설 문법-어문 규정-로마자 표기법

다만, 체언에서 'ㄱ, ㄷ, ㅂ' 뒤에 'ㅎ'이 따를 때에는 'ㅎ'을 밝혀 적는다. 묵호(Mukho), 집현전(Jiphyeonjeon)

04　✅ 정답 ③

➕ 해설 법-어문규정-띄어쓰기

비싼지. -ㄴ지: 뒤에 오는 말의 내용에 대한 막연한 이유나 판단을 나타내는 연결 어미.

✅ 오답풀이

① 번: 의존 명사. 일의 횟수를 세는 단위. 만: 의존 명사. 횟수를 나타내는 말 뒤에 쓴다.
② 한번: 명사. ((주로 '한번은' 꼴로 쓰여)) 지난 어느 때나 기회.
④ 지: 의존 명사. 어떤 일이 일어났던 때부터 지금까지의 동안을 나타내는 말. 만: 의존 명사. 시간이나 거리를 나타내는 말 뒤에 쓴다.

05　✅ 정답 ④

➕ 해설 문학-고전시-시조

(라)는 유교적 이념을 바탕으로 굳은 절개를 노래한 절의가(節義歌)로, 의(義)가 아니면 따르지 않겠다는 선비의 지조와 충절을 노래하고 있다.

06　✅ 정답 ③

➕ 해설 문학-현대시

[A]는 '당신'을 묻고 돌아온 '이 날'의 정서가 드러나 있는 반면에, [B]는 '당신'이 부재한 '이 밤'에 앞으로 살아갈 삶의 태도를 설정해 나가는 모습이 드러나고 있다. 이를 바탕으로 볼 때, [A]는 '당신'을 사별한 '나'의 현재 모습을 '돌아오네'를 통해 반복적으로 드러냄으로써 상실감을 표현하고 있는 것으로 볼 수 있으나, '알게 하네'라는 표현이 이러한 상실감이 좌절감 등으로 심화된 표현이라고 보기는 어렵다. 오히려 '알게 하네'는 재회에의 소망을 이끌어 내는 화자의 내적 성찰의 다짐으로 보는 것이 적절하다.

◆ 오답풀이
② 시적 화자는 불교적 윤회사상을 기반으로 시상을 전개하고 있는 것으로 볼 수 있다. 시적 화자는 앞으로의 자신의 삶을 '당신'과 '다시 만나지는 길' 혹은 '당신 만나는 길'로 삼고자 함을 드러내고 있다. 이는 '당신'과 재회하고자 하는 화자의 소망이 직접적으로 드러난 것으로 볼 수 있다.
④ [A]는 '칠석날'이라는 헤어진 연인의 재회를 의미하는 시간적 배경 속에서 오히려 자신은 사랑하는 이와 사별한 아이러니한 상황을 제시하고 있다. 이는 [B]에서 시적 화자의 삶의 태도와 방향성을 결정하는 데 있어 '은하 건너 구름 건너 한 해 한 번 만나게 하는 이 밤'이라는 표현과 직접적으로 관련되며, 이후 시적 화자의 삶의 태도를 드러내는 시발점이 되고 있다.

07 ☑정답 ③

➕해설 문학-현대 소설- 서술상의 특징
지문은 작품 안에 위치한 서술자인 '나'가 등장인물인 '몽달 씨'와 '김 반장'의 행위를 관찰하고 있다. 따라서 정답은 ③번이다.

08 ☑정답 ③

➕해설 문학-고전 소설
이 글에서 허생은 북벌(北伐)을 추진하는 위정자들이 실제 북벌을 위한 일은 하나도 하지 않으면서 명분만을 내세우고 있는 현실을 비판하고, 그 허구성을 지적하고 있다. 그러므로 당시 조정에서 치밀하게 북벌 정책을 추진하였다는 추측은 적절하지 않다.

09 ☑정답 ③

➕해설 문법-문장에 대한 이해
③의 문장에서 '도둑을 잡은'이 안긴문장이다. '도둑을 잡은'은 '(경찰이) 도둑을 잡다.'라는 문장에 관형사형 어미 '-은'이 결합되어 관형절이 되었는데, 이 관형절에서 주어인 '경찰이'가 생략되어 있다. '경찰이'가 생략된 이유는 이것이 문장 전체의 목적어인 '경찰을'과 중복되기 때문이다.

◆ 오답풀이
① 이 문장의 경우 문장 전체의 서술어는 '밝혀졌다'이고, '밝혀졌다'의 주어는 '그녀가 회원임이'이다. 그런데 '그녀가 회원임이'는 '그녀가 회원이다.'라는 문장에 명사형 어미 '-ㅁ'이 붙은 명사절에 주격 조사 '이'가 결합한 것이다. 따라서 '그녀가'는 명사절의 주어, 즉 '회원이다'의 주어이지 문장 전체의 주어는 아니다.
② '소리도 없이'는 '소리도 없다.'는 문장에 부사 파생 접미사 '-이'가 결합된 부사절로 문장 전체에서는 주어가 아니라 부사어로 쓰였다.
④ '되다/아니다' 앞에 나오는 주어를 제외한 나머지 필수 성분은 서술절의 주어가 아니라 보어이다. 따라서 이 문장은 '주어(내가), 보어(수험생이), 서술어(되었다)'로 이루어진 홑문장이다.

10 ☑정답 ④

➕해설 문법-어문 규정-한글 맞춤법
한글 맞춤법 조항 제39항에 따르면 '그렇지 않은'에서 어미 '-지' 뒤에 '않-'이 어울려 '-잖-'으로 줄어 '그렇잖은'이 되고, '남부럽지 않다'에서 어미 '-지' 뒤에 '않-'이 어울려 '-잖-'으로 줄어 '남부럽잖다'가 된다.

◆ 오답풀이
① '보이다'의 준말은 '뵈다'이고, '누이고'의 준말은 '뉘고'이다. 이는 한글 맞춤법 조항 제37항에 따른 것으로 'ㅗ/ㅜ'로 끝난 어간에 '-이-'가 와서 'ㅚ/ㅟ'로 줄어든 경우이다.
② '트이어'의 준말로 '틔어'이고, '쓰이어'의 준말은 '씌어'이다. 이는 한글 맞춤법 조항 제38항에 따른 것으로, 'ㅡ' 뒤에 '-이어'가 와서 'ㅢ어'로 줄어든 경우이다.
③ '가지고'의 준말은 '갖고'이고, '어제저녁'의 준말은 '엊저녁'이다. 이는 한글 맞춤법 조항 제32항에 따른 것으로 '가지-'의 끝모음인 'ㅣ'가 줄고 'ㅈ'이 남아 '가'에 붙은 것이며, '어제'의 끝모음인 'ㅔ'가 줄고 'ㅈ'이 남아 '어'에 붙은 것이다.

11 ☑정답 ③

➕해설 문법-음운의 변동
ⓒ의 '놓는'과 '쌓네'와 같이 받침 'ㅎ' 뒤에 'ㄴ'이 결합하면 'ㅎ'이 'ㄴ'으로 교체되어 발음된다. 즉, '놓는 〉[녿는] 〉[논는]'에서 보듯이 음절의 끝소리 규칙에 의해 받침 'ㅎ'이 [ㄷ]으로, 다시 비음화에 의해 [ㄷ]이 [ㄴ]으로 발음된다.

오답풀이

① ㉠: 'ㅎ' 뒤에 있는 예사소리 'ㄱ'과 'ㅈ'은 'ㅎ'과 결합하여 각각 'ㅋ'과 'ㅊ'으로 축약된다.
② ㉡: 'ㅎ' 뒤에 '-은'과 '-아'라는 어미가 결합되어 있으며 모두 'ㅎ'이 탈락된다.
④ ㉣: 'ㅎ' 뒤에 'ㅅ'이 결합되는 경우 'ㅎ'이 탈락되고 'ㅅ'이 'ㅆ'으로 교체된다.

12 ☑ 정답 ①

해설 비문학-세부 내용 파악

첫 문단: 과학 기술의 발달은 인류의 삶을 편리하고 풍요롭게 하였지만 환경 오염 문제를 야기하였다. 둘째 문단: (1) 지금까지 과학 기술이 물질 문명의 발달만을 추구하였기 때문에 환경 파괴의 위기를 초래하였다. (2) 그러나 환경 오염의 실상을 밝힌 것도 과학 기술자들이었으므로 환경 문제의 해결 방안도 책임이 있는 과학 기술자들이 찾아야 한다.

13 ☑ 정답 ④

해설 비문학-예술-글의 전체적인 내용 이해

이 글은 미래주의 회화의 정의와 등장 배경, 활용 기법, 미의식 등을 설명하고 있다. 그러나 이 글에서는 ④처럼 미래주의 회화가 어떤 과정으로 발전해 왔는지에 관한 언급은 찾아볼 수 없다.

오답풀이

① 1문단에서 발라, 보치오니, 상텔리아, 루솔로 등이 미래주의에 참여했음을 제시하고 있다.
② 1문단에서 미래주의는 산업화에 뒤처진 이탈리아의 현실에서 산업화에 대한 열망과 민족적 자존감을 고양시키기 위해 등장했다고 언급하고 있다.
③ 2, 3 문단에서 미래주의 화가들은 분할주의 기법을 활용했다고 언급하고 있다.

박홍순,「미래주의 회화 운동」20세기 초 이탈리아에서 시작된 미래주의 운동을 소개한 글이다. 이 글은 미래주의 회화가 운동과 속도를 특성으로 하는 산업화에 대한 낙관적 전망을 토대로 민족적 자존감을 고양시킬 수 있는 새로운 예술 운동으로 등장하였음을 소개하고 있다. 특히 미래주의 회화에서는 연속 사진의 촬영 기법에 영향을 받은 분할주의 기법을 통해 대상의 역동성을 지향하고자 했다. 즉, 이미지의 겹침, 역선, 상호 침투의 방법을 활용해 움직이는 대상의 속도와 운동을 효과적으로 나타내었다. 이미지의 겹침은 화면에 하나의 대상을 여러 개의 이미지로 중첩시켜서 표현하는 방식이고, 역선은 힘의 선을 나타내며 대상의 움직임의 궤적을 나타낸다. 상호 침투는 대상과 대상이 겹쳐 보이게 하는 방법으로, 대상의 사실적인 형태보다는 왜곡된 형태로 표현된다는 특징이 있다. 이러한 미래주의 회화는 비례, 통일, 조화 등의 아름다움을 추구한 전통적인 서양 회화와 달리 대상의 속도와 운동이라는 미적 가치에 주목해서 새로운 미의식을 제시했다.

04 ☑ 정답 ④

해설 비문학-문법-선어말 어미에 대한 이해

'그런 것은 삼척동자도 알겠다.'의 '알겠다'에는 미래 시제를 나타내는 선어말 어미가 아니라, '가능성이나 능력' 같은 의미를 나타내는 선어말 어미 '-겠-'이 쓰였다.

15 ☑ 정답 ②

해설 문법-어문 규정-외래어 표기법

ㄴ. navigation 내비게이션 / ㄷ. doughnut 도넛 /
ㄹ. recreation 레크리에이션

16 ☑ 정답 ①

해설 문법-단어의 의미

㉠은 '소금과 같은 맛이 있다'이므로 미각과 관련된 중심적 의미이고, ㉡은 '인색하다'의 의미이므로 추상화되어 주변적 의미를 지니게 된 경우이다.

오답풀이

② ㉠: 소리가 듣기에 맑고 부드럽다. → 주변적 의미,
   ㉡: 색깔이 밝고 산뜻하여 보기 좋은 상태에 있다. → 중심적 의미
③ ㉠: 달갑지 않고 싫거나 괴롭다. → 주변적 의미,
   ㉡: 혀로 느끼는 맛이 한약이나 소태 씀바귀의 맛과 같다. → 중심적 의미
④ ㉠: 마음이 여리거나 힘이 약하다. → 주변적 의미,
   ㉡: 물기가 많아서 단단하지 않다. → 중심적 의미

17 ☑ 정답 ①

해설 비문학-세부 내용 추론

평장은 암장 후 봉토를 하지 않고 평지인 것처럼 위장하는 경우를 말하며, 공장은 암장한 후 봉토를 한 곳에 허수아비 등을 묻어 두는 경우이다.

오답풀이
② 암장은 금장 구역에 묘를 쓰는 경우를 말하며, 공장은 암장을 전제로 이루어지는 것이므로 암장과 공장 모두 금장 구역에 시신을 매장하는 행위라고 할 수 있다.
③ 투장은 흰 옹기에 '아무개가 아무 날 이곳을 점하였다.'라는 글을 적어 땅속에 묻었다가 파내어 타인의 묘지를 교활하게 침탈하는 것이며, 늑장은 권세를 이용하여 땅을 강제로 빼앗는 것이므로 투장은 늑장과 달리 증거물을 조작하여 묘지를 빼앗는 행위라고 할 수 있다.
④ 평장은 암장 후 봉토를 하지 않고 평지인 것처럼 위장하는 행위이므로 토지의 주인이 묘지를 빼앗겼다는 사실을 인식하기 어려울 것이라고 할 수 있다.

18   ✅ 정답 ①
➕ 해설 한자-한자어
批判(비평할 비, 판단할 판): 잘못된 점을 지적하여 부정적으로 말함. / 批評(비평할 비, 평할 평) 어떤 대상에 대하여, 미추(美醜), 선악, 장단, 시비, 우열 등을 평가하여 논함.

✔ 오답풀이
碑版(비석 비, 版 판목 판): 비석에 새긴 글. / 批准(비평할 비, 준할 준): [법률] 전권을 위임받은 이가 서명한 국가 간의 조약 따위에 대해 대통령 또는 헌법상의 조약 체결권자가 최종적으로 확인하는 절차. 우리나라에서는 대통령이 국회의 동의를 얻어 행한다.

19   ✅ 정답 ①
➕ 해설 문법-어문 규정-표준어 규정
'해님'은 명사 '해'에 접미사 '-님'이 결합하여 만들어진 말이다. 지역이나 사람에 따라서 '해님[핸님]'으로 발음되는 일이 있으나 이 단어의 표준 발음은 [해님]이므로 '해님'이 맞다.

✔ 오답풀이
② '이쁘다'는 본래 '예쁘다'의 비표준어였으나 2015년 12월 국립국어원에서 표준어로 인정하였다.
③ 콧망울: '콧방울'의 비표준어
④ '잎새'는 '잎사귀'의 방언이었으나 2015년 12월 국립국어원에서 의미가 다른 것으로 보고 별도 표준어로 인정하였다.

20   ✅ 정답 ②
➕ 해설 한자성어
㉮는 도적들이 해인사의 재물을 훔쳐 가는 상황에서, 중들이 결박되어 아무 것도 할 수 없는 상황을 나타낸다. 따라서 ㉮는 '손을 묶인 것처럼 어찌할 도리가 없어 꼼짝 못함.'의 의미인 '속수무책(束手無策)'이 가장 적절하다.

✔ 오답풀이
① 적수공권(赤手空拳): 맨손과 맨주먹이라는 뜻으로, 가진 것이 아무 것도 없음을 이르는 말.
③ 수주대토(守株待兔): 한 가지 일에만 얽매여 발전을 모르는 어리석은 사람을 비유적으로 이르는 말.
④ 와신상담(臥薪嘗膽): 불편한 섶에 몸을 눕히고 쓸개를 맛본다는 뜻으로, 원수를 갚거나 마음먹은 일을 이루기 위하여 온갖 어려움과 괴로움을 참고 견딤을 비유적으로 이르는 말.

21   ✅ 정답 ②
➕ 해설 비문학-세부 정보의 비교 이해
예송 논쟁이 문제가 된 이유는 왕가에서 따르는 국조오례의에 이와 유사한 사례가 없었기 때문이었다. 이 때문에 1차 예송에서 서인은 장자가 죽었을 때는 삼년상이고 둘째 이하의 아들일 경우에는 기년상을 하는 주자가례에 따라 장자가 아닌 아들일 경우 기년상을 해야 한다고 주장하였다. 따라서 남인은 서인과 달리 주자가례에 근거하여 주장을 전개하였다고 이해하는 것은 적절하지 않다.

✔ 오답풀이
①, ③ 3문단에서 1차 예송에서는 서인의 주장에 따라 기년복으로 일단락되었다고 하였고, 4문단에서 2차 예송 논쟁에서는 남인의 주장에 따라 복제는 기년상으로 정해졌다고 하였다.
④ 1차 예송과 2차 예송 모두 자의 대비의 복상 기간에 대한 의견 차이로 발생한 논쟁이다.

22   ✅ 정답 ①
➕ 해설 비문학-작문-조건에 맞는 글쓰기
조건에 맞게 글을 쓰는 문제에서는 일단 조건이 무엇인지 정확히 파악해야 한다. 이 문제에서는 '비유', '대구법', '불편함에 대한 내용'이라는 세 가지 조건을 만족시켜야 한다. '이용자 수 많고, 좌석 수 부족하고'에서는 대구법이 활용되었고 도서관 이용에 대한 불편 사항이 들어 있다. 또 '도서관은 몸살 중'이라는 표현은 도서관을 사람에 비유하여 드러내고 있다.

오답풀이
② 개방 시간과 대출 시간을 연장해 달라는 의미를 포함하고 있으므로 '불편 사항'이 언급되어 있지만 대구법과 비유가 드러나지 않았다.
③ 불편 사항이 드러나 있고 대구법도 드러나지만 비유는 드러나지 않았다.
④ 기다리고 있다는 표현을 통해 '동화책, 사전' 등을 사람에 비유하고 있다. 그러나 대구법과 '불편 사항'은 드러나지 않았다.

오답풀이
① ㄱ은 앞 절과 뒤 절이 '좋아한다.'와 '싫어한다.'의 대조의 의미 관계로 대등하게 이어진문장이다.
③ 반복되는 문장 성분인 ㄴ의 '영희는', ㅁ의 '나는'이 앞 절과 뒤 절이 이어질 때 생략되었다.
④ ㄹ에서 앞 절과 뒤 절의 순서를 바꾸게 되면, '세상이 하얗다.'와 '눈이 내린다.'의 연결이 어색해 의미도 불분명해지거나 달라지게 된다.

23 정답 ②

해설 비문학-글의 순서

(마) 광고는 광고주인 판매자의 이윤 추구 수단으로 기획되지만, 그러한 광고가 광고주의 의도와 상관없이 시장에 영향을 끼치기도 한다. → (가) 우선 광고가 독점적 경쟁 시장의 판매자 간 경쟁을 촉진할 수 있다. 이러한 효과는 광고를 통해 상품 정보에 노출된 구매자가 상품의 품질이나 가격에 예민해질 때 발생한다. → (다) 특히 구매자가 가격에 민감하게 수요량을 바꾼다면, 판매자는 경쟁 상품의 가격을 더욱 고려하게 되어 가격 경쟁에 돌입하게 된다. → (나) 또한 경쟁은 신규 판매자가 광고를 통해 신상품을 쉽게 홍보하고 시장에 진입할 수 있게 됨으로써 촉진된다. (라) 더 많은 판매자가 시장에서 경쟁하게 되면 각 판매자의 독점적 지위는 약화되고, 구매자는 더 다양한 상품을 높지 않은 가격에 구매할 수 있게 된다.

24 정답 ③

해설 비문학-화법

이 대담에서 사회자는 계속해서 평론가의 의견에 의문을 제기하고 있다. 즉 영화는 오락이 아니냐, 대중들은 오락 영화를 즐기려고 한다 등의 평론가와 상반되는 의문을 제기함으로써 평론가가 자연스럽게 자신의 생각을 말할 수 있도록 유도하고 있다.

25 정답 ②

해설 문법-문장의 짜임-이어진 문장

ㄴ의 '-으나'는 앞 절과 뒤 절을 대조의 의미로 이어 주는 연결 어미라는 점에서 ㄴ은 대등하게 이어진 문장이라고 할 수 있다. ㄷ의 '-지만'도 앞 절과 뒤 절을 대조의 의미로 이어 주는 연결 어미라는 점에서 ㄷ은 대등하게 이어진 문장이라고 할 수 있다. 따라서 ②는 적절하지 않다.

제2회 모의고사 정답 및 해설

제1과목 국어

01	02	03	04	05	06	07	08	09	10
③	②	③	②	②	③	④	④	④	④
11	12	13	14	15	16	17	18	19	20
①	②	①	③	③	③	①	②	②	①
21	22	23	24	25					
②	③	①	②	④					

01 ✅정답 ③

➕해설 문법-로마자 표기법

'울산'을 'ulsan'에서 'Ulsan'으로 수정한 것은 국어의 로마자 표기법 제3항 '고유 명사는 첫 글자를 대문자로 적는다.'라는 규정에 따른 것이므로 ⓒ은 적절한 근거가 될 수 없다.

✅오답풀이

① '같이'는 구개음화가 일어나 '가치' 곧 'gachi'로 발음되므로 변화의 결과에 따라 적는다는 근거가 적절하다.
② '해운대'를 'Haeundae'로 쓰지 않고 'Hae-undae'로 쓴 것을 통해 볼 때, 발음상 혼동의 우려가 있어 음절 사이에 붙임표(-)를 썼음을 짐작할 수 있다.'
④ '경희궁'은 '경히궁'으로 소리 나지만 'Gyeonghigung'으로 쓰지 않고 'Gyeonghuigung'으로 쓴 데서 'ㅢ'는 'ㅣ'로 소리 나더라도 'ui'로 적는다는 근거를 추론할 수 있다.

02 ✅정답 ②

➕해설 문법-외래어 표기법

ㄴ. 비젼(vision)→비전, ㄷ. 스윗치(switch)→스위치

03 ✅정답 ③

➕해설 문법-어문규정-표준 발음법

공권력[공꿘녁]. 표준발음법 제20항 다만, 대체로 '의견-란, 생산-량' 등과 같이 'ㄴ'으로 끝나는 2음절 한자어 뒤에 'ㄹ'로 시작하는 한자가 결합할 때에는 'ㄹ'이 'ㄴ'으로 바뀌는 경향이 강하다. 반면 '난로, 신라' 등과 같이 단어의 자격을 가지지 않는 한자들이 결합하여 한 단어를 이루는 경우에는 'ㄴ'이 'ㄹ'로 바뀌는 경향이 매우 강하다.

04 ✅정답 ②

➕해설 문법-표준어

수퇘지. 〈한글 맞춤법〉 제4장 제4절 제31항에서는 옛말에서 'ㅎ'곡용어였던 '머리(頭), 살(肌), 수(雄), 암(雌), 안(內)' 등에 다른 단어가 결합하여 이루어진 합성어 중에서, [ㅎ]음이 첨가되어 발음되는 단어는 소리 나는 대로 '머리카락, 살코기, 안팎'으로 적도록 하였다. 아울러 접두사 '암, 수'와 결합하여 이와 같은 단어를 이루는 '암캉아지, 암캐, 암컷, 암키와, 암탉, 암탕나귀, 암톨쩌귀, 암퇘지, 암평아리'와 '수캉아지, 수캐, 수컷, 수키와, 수탉, 수탕나귀, 수톨쩌귀, 수퇘지, 수평아리'의 다음 18개의 단어도 이에 포함하였다.

✅오답풀이

① 까탈스럽다: (사람이나 그 성격이) 이런저런 트집을 잡아 따지는 것이 많고 별스러운 데가 꽤 있다. '까탈스럽다'는 본래 '까다롭다'의 비표준어였으나 2017년 1월 국립국어원에서 '까다롭다'와 뜻에 차이가 있는 것으로 판단하여 표준어로 인정하였다.
③ 잎새: 나무의 잎사귀. 주로 문학적 표현에 쓰인다. '잎새'는 '잎사귀'의 방언이었으나 2015년 12월 국립국어원에서 의미가 다른 것으로 보고 별도 표준어로 인정하였다.
④ '푸르르다'는 '푸르다'의 비표준어였으나 2015년 12월 국립국어원에서 의미가 다른 것으로 보고 별도 표준어로 인정하였다.

05 ✅정답 ②

➕해설 문법-한글 맞춤법-띄어쓰기

목석같다: (사람이나 그 감정이) 웬만한 일에 꿈쩍하지 않을 만큼 무디고 무뚝뚝하다.

✅오답풀이

① 이야말로: 조사. 자음으로 끝나는 체언의 뒤에 붙어, '그것이 과연' 또는 '그것이 참말로'의 뜻으로 확인하여 강조하는 뜻을 나타내는 보조사.
③ 라고: 모음으로 끝나는 말 뒤에 붙어, 다른 사람의 말을 그대로 가져와 직접 인용함을 나타내는 부사격 조사. '말하다', '묻다', '생각하다' 따위의 인용 동사와 함께 쓰인다.
④ 이야말로[+이+야말로]: 부사. 바로 앞에서 이야기한 사실을 강조하면서 다시 언급하여 앞뒤 어구나 문장을 이어 주는 말.

06　　정답 ③

➕ 해설 문법-한글 맞춤법

'갑자기'는 두 모음 사이에서 된소리가 나는 것이 아니라 'ㅂ' 받침 뒤에서 된소리가 나는 것이다. 그러므로 '갑자기'로 적는 것이 옳다.

07　　정답 ④

➕ 해설 문법-고전 문법

중세 국어의 성조는 소리의 높낮이를 나타내는 것이었는데, 이것이 소리의 길이로 바뀌면서 평성과 거성은 짧은 소리로, 상성은 긴소리로 바뀌었다. 즉 단어의 의미를 변별하는 역할을 했던 소리의 높이가 소리의 길이로 바뀌어 현대 국어까지 이어져 온 것이다.

08　　정답 ④

➕ 해설 문법-단어의 의미 관계

높다: (꿈이나 이상, 지조가) 크고 원대하다. 낮다: (무엇이) 아래에서 위까지의 길이가 짧다.

09　　정답 ④

➕ 해설 문법-피동·사동 표현

④에서 '-리-'와 '-게 하다' 중 한 가지만 사용하면, 청자로 하여금 친구들에게 정보를 전달하라는 명령의 의미를 갖는다. 그런데 이를 함께 사용했을 경우에는 청자가 아니라 또 다른 누군가로 하여금 정보를 전달하도록 시키라는 의미를 갖게 된다.

✅ 오답풀이

① '세우다, 재우다, 채우다'에서 나타나는 중첩 사동은 불가피한 경우로, 이 중에 하나를 누락하면 단어가 성립되지 않는다.
② '잊혀지다'는 '잊-+-히-+-어지-+-다'로 분석할 수 있는데 파생적 피동과 통사적 피동이 이중으로 쓰여 현재 학교 문법에서는 지양해야 할 표현으로 논하고 있다. 그러나 언중(言衆)이 자연스럽게 두루 쓰고 있는 말이기 때문에 이 또한 규정에 맞는다고 인정해 주어야 한다는 의견이 있어, 논란이 되고 있는 부분이다.
③ '밝히다'는 '드러나지 않거나 알려지지 않은 사실, 내용, 생각 따위를 드러내 알리다'라는 의미를 지닌 하나의 동사 어간이며, 여기에 통사적 피동 표현 '-어지다'가 결합한 형태이다.

10　　정답 ④

➕ 해설 문법-문장의 짜임

〈보기〉는 홑문장과 겹문장의 개념과 겹문장의 종류인 안은문장과 이어진문장을 설명하고 있다. ④는 '어머니의 손등이 부르트다'라는 절을 안고 있는 관형절을 안은문장이다. 나머지는 모두 이어진문장에 해당한다.

✅ 오답풀이

① 대등하게 이어진 문장, ② 종속적으로 이어진 문장, ③ 대등하게 이어진 문장이다.

11　　정답 ①

➕ 해설 문법-어법에 맞는 문장

② 선생님께서 보고 싶어 하시는 학생이 많다. 선생님을 보고 싶어 하는 학생이 많다.
③ 그는 철수가 영희를 좋아하는 것보다 더 영희를 좋아한다. 그는 철수와 영희 중에서 영희를 더 좋아한다.
④ 아름다운, 그녀의 목소리를 듣고 싶다. 아름다운 그녀의, 목소리를 듣고 싶다.

12　　정답 ②

➕ 해설 문법-언어의 특성-역사성

언어의 역사성: 언어가 시간이 흐름에 따라 음운이나 어휘 등의 측면에서 생성, 성장, 소멸하며 변화하는 특성.

13　　정답 ①

➕ 해설 문법-합성어

'쌀밥'은 '쌀로 지은 밥'이라는 뜻으로 앞 단어가 뒤의 단어를 수식하는 기능을 하므로 종속 합성어이다.

14　　정답 ③

➕ 해설 문학-고전소설

'활빈당'의 상석에 앉은 인물은 홍길동에게 글을 보여 주며 이 글에 적힌 내용을 행하면 홍길동에게 지략과 술법을 배우고 이후에 '상장군 자리'에 모시겠다고 하였다. 따라서 '상장군 자리'는 길동이 활빈당에서 '글'에 제시된 세 가지 과제를 통과하면 차지하게 될 지위라고 할 수 있다.

오답풀이

① ⓐ는 길동이 용력을 발휘할 수 있는 계기를 제공하여 활빈당의 우두머리가 되도록 해 주고 있다. 따라서 ⓐ가 길동이 활빈당 무리와 한편이 될 수 없음을 보여 준다는 설명은 적절하지 않다.
② ⓑ에 활빈당이 세워진 이유와 같은 내용은 적혀 있지 않다.
④ ⓐ는 길동이 활빈당에서 무리들과 화합하게 되는 계기가 된다. 따라서 ⓐ가 활빈당에서 길동이 무리들과 갈등하게 되는 계기가 된다는 설명은 적절하지 않다.

15 　　　　　　　　　　　　　정답 ③

해설 문학-고전시가

(가)의 화자는 자신의 결백함을 주장하면서, 임께서 다시금 자신을 불러 사랑해 주실 것을 간곡하게 하소연하고 있다. (나)의 화자는 임과 이별한 상황에서 '천 리에 외로운 꿈'만 오락가락 한다고 하였는데, '외로운 꿈'이란 임에 대한 그리움을 의미한다. 따라서, (나)의 화자 역시 임과의 재회를 간절히 바라고 있는 것이다. (다)의 화자는 임을 그리워한 나머지 꿈 속에서 임을 만날 정도이므로 (다)의 화자 역시 임과의 재회를 소망한다고 볼 수 있다.

오답풀이

① (가),(나) 모두 대조적 이미지와 무관하다. (나)의 '이화우', '추풍 낙엽'은 하강의 이미지를 지닌 시어들이다.
④ (나)에는 '이화우'와 '추풍 낙엽'을 통해 늦봄과 가을이라는 계절감이 드러나고 있지만, (다)에는 계절감이 드러나 있지 않다.

16 　　　　　　　　　　　　　정답 ③

해설 문학-현대소설

ⓒ는 전통적 속성을, ⓐ, ⓑ, ⓓ는 문명의 속성을 나타낸다. '왕소나무'는 사백여 년에 걸친 풍상에도 어느 솔보다 푸르게 십장생의 으뜸다운 풍모로 마을을 지켜온 전통과 역사를 의미한다. 나머지는 산업화로 인해 전통적인 삶의 양식이 사라진 모습을 보여준다.

17 　　　　　　　　　　　　　정답 ①

해설 문학-현대시

다양한 감각적 이미지를 구사하고, 청각적 이미지를 통해서 쓸쓸한 분위기를 묘사하고는 있지만 공감각적 이미지는 나타나 있지 않다.

18 　　　　　　　　　　　　　정답 ②

해설 비문학-사실적 이해

지시 표현은 화자와의 거리뿐만 아니라 청자와의 거리도 중요한 변수로 작용한다.

19 　　　　　　　　　　　　　정답 ②

해설 비문학-사실적 이해

언어와 사고가 밀접한 관련을 맺는다는 관점을 설명하고 있다. 이와 관련이 가장 적은 것은 말을 배운 적 없는 영아가 울음으로 의사를 표현한다는 사례이다. 울음을 통한 영아의 의사 표현은 언어와 무관하게 기본적인 사고 기능이 작동한다는 증거가 된다.

20 　　　　　　　　　　　　　정답 ①

해설 비문학-글의 주제 파악

이 글은 독서의 과정에서 나타나는 사고의 모습을 말하고 있다.

21 　　　　　　　　　　　　　정답 ②

해설 비문학-글의 내용 파악

(가)와 (나)는 모두 우리나라와 서양의 문화적 특징이 언어에 반영된 예를 보여 주고 있다. (가)는 우리나라가 농경 사회였기 때문에 농사 관련 어휘가 발달되어 있음을 보여 주는 예이고, (나)는 우리나라 사람들이 '우리'라는 표현을 잘 쓰는 것은 개인보다는 전체를 중시하는 우리 민족의 사고가 언어에 반영된 예이다.

22 　　　　　　　　　　　　　정답 ③

해설 비문학-글의 순서

(다) 1993년 노벨 화학상은 중합 효소 연쇄 반응(PCR)을 개발한 멀리스에게 수여된다. 염기 서열을 아는 DNA가 한 분자라도 있으면 이를 다량으로 증폭할 수 있는 길을 열었기 때문이다. → (가) PCR는 주형 DNA, 프라이머, DNA 중합 효소, 4종의 뉴클레오타이드가 필요하다. → (라) 주형 DNA란 시료로부터 추출하여 PCR에서 DNA 증폭의 바탕이 되는 이중 가닥 DNA를 말하며, 주형 DNA에서 증폭하고자 하는 부위를 표적 DNA라 한다. → (나) 프라이머는 표적 DNA의 일부분과 동일한 염기 서열로 이루어진 짧은 단일 가닥 DNA로, 2종의 프라이머가 표적 DNA의 시작과 끝에 각각 결합한다. → (마) DNA 중합 효소는 DNA를 복제하는데, 단일 가닥 DNA

의 각 염기 서열에 대응하는 뉴클레오타이드를 순서대로 결합시켜 이중 가닥 DNA를 생성한다.

23 ☑ 정답 ①

➕ 해설 어휘-한자성어

橘化爲枳(귤 귤, 될 화, 할 위, 탱자 지): 강남(江南)의 귤을 강북(江北)에 심으면 탱자가 된다는 뜻으로, 사람도 환경(環境)에 따라 기질(氣質)이 변한다는 말.

✔ 오답풀이

② 牽強附會(이끌 견, 강할 강, 붙을 부, 모일 회): 이치(理致)에 맞지 않는 말을 억지로 끌어 붙여 자기(自己) 주장(主張)의 조건(條件)에 맞도록 함.
③ 巧言令色(공교할 교, 말씀 언, 하여금 영, 빛 색): 남의 환심(歡心)을 사기 위(爲)해 교묘(巧妙)히 꾸며서 하는 말과 아첨(阿諂)하는 얼굴빛.
④ 靑出於藍(푸를 청, 날 출, 어조사 어, 쪽 람): 푸른 색이 쪽에서 나왔으나 쪽보다 더 푸르다는 뜻으로, 제자(弟子)가 스승보다 나은 것을 비유(比喩·譬喩)하는 말.

24 ☑ 정답 ②

➕ 해설 비문학-화법-토론

교차 조사 단계에서 질문자에게 발언의 우선권이 있는 것은 사실이다. 그러나 위 글의 반대 측 토론자는 찬성 측의 응답을 듣지 않고 질문만을 계속하고 있어 오히려 역효과를 불러일으키고 있다. 토론 역시 다른 의사소통과 마찬가지로 다른 사람의 말을 잘 듣는 것으로부터 시작한다.

✔ 오답풀이

① 입증의 부담은 찬성 측에서 가진다.
③ 토론의 전략을 악용하여 오히려 역효과를 불러 일으킨다.
④ 무조건적으로 말을 끊고 있으므로 논리성이 결여되어 있다.

📝 교차 조사란?

1) 교차조사는 상대방이 주장한 것 중에서 허점이 보이거나 잘못하는 것을 질문을 통해 드러내는 것이다.
2) 교차조사를 할 때는 질문하는 사람이 주어진 시간 안에서 대화를 이끌어갈 수 있다. 상대에게 '예, 아니오'로 답하게 한다든지, 상대가 말하는 바를 중간에 중단시켜 버릴 수도 있다.
3) 교차조사할 때 주의할 점
   ① 질문하는 사람은 스스로도 모르는 것을 질문하면 오히려 상대에게 당하는 수가 있다. 그러니까 미리 상대방의 대답을 예상하는 경우에만 질문하는 것이 좋다. 즉 '이렇게 물으면 이런 식으로 답할 것이다. 그러면 나는 이렇게 대응할 것이다.'라는 작전이 서야 한다.
   ② 상대방이 꼼짝 못할 결정타를 날렸다고 해도 상대방에게 이를 가르쳐줄 필요는 없다. 계속하여 침착하게 질문을 더하거나 마지막에 청중이나 심사위원에게 상대의 잘못을 종합하여 알려주는 것이 좋다.
4) 교차조사에서 던지는 모든 질문은 다음 차례에서 말할 때 자신에게 유리한 정보를 얻기 위한 것이다.

25 ☑ 정답 ④

➕ 해설 어휘-한자어

缺乏(이지러질 결, 모자랄 핍): 있어야 할 것이 없어지거나 모자람. ↔ 豊富(풍년 풍, 부유할 부): 넉넉하고 많음.
缺如(이지러질 결, 같을 여): 갖추어져야 할 것이 빠져서 없거나 모자람.

✔ 오답풀이

① 加入(더할 가, 들 입): 조직이나 단체 따위에 들어감. ↔ 脫退(벗을 탈, 물러날 퇴): 관계하고 있던 조직이나 단체 따위에서 관계를 끊고 물러남.
② 拒絶(막을 거, 끊을 절): 상대편의 요구나 제안 따위를 받아들이지 않고 물리침. ↔ 承諾(이을 승, 허락할 낙): 청하는 바를 들어줌.
③ 儉約(검소할 검, 맺을 약): 돈이나, 물건, 자원 따위를 낭비하지 않고 아껴 씀. ↔ 浪費(물결 낭, 쓸 비): 시간이나 재물 따위를 헛되이 헤프게 씀.

제3회 모의고사 정답 및 해설

제1과목 국어

01	02	03	04	05	06	07	08	09	10
①	④	②	④	②	③	④	③	④	④
11	12	13	14	15	16	17	18	19	20
③	③	③	②	②	②	④	②	④	③
21	22	23	24	25					
①	③	③	④	③					

01 ✅정답 ①
➕해설 **문법-음운 변동**
② 핥아[할타]: 변동 없음.
③ 훗일[훈닐]: 교체, 첨가
④ 닫혀[다쳐]: 축약

02 ✅정답 ④
➕해설 **문법-품사**
둘째: 명사. 형제자매 가운데에서 두 번째로 태어난 사람.

03 ✅정답 ②
➕해설 **문법-단어**
공무원 / 이 / 깨끗해야 / 나라 / 가 / 깨끗하다 → 모두 6개이다.
✅오답풀이
단어는 자립성을 가진 가장 작은 단위이다. 어절+조사= 단어의 개수

04 ✅정답 ④
➕해설 **비문학-내용 파악**
경찰이 안전을 강조하며 법규 위반자를 단속하는 것은 올바른 것으로서 허위 의식과는 거리가 멀다.
✅오답풀이
①, ②, ③은 모두 겉으로는 그럴듯한 명분을 내세우지만 실제는 더럽고 잘못된 허위 의식에 해당한다.

05 ✅정답 ②
➕해설 **비문학-화법**
이 뉴스에서 기자는 외모 중시와 관련해 설문 조사 결과 인용과 인터뷰를 통해 겉모습만 중시하는 우리 사회의 풍조를 비판적 시각에서 보도하고 있다. 그러므로 이 뉴스는 외모 중시 풍조의 문제점을 환기하고 그것을 시정해야 함을 일깨우고자 하는 의도가 있음을 알 수 있다.

06 ✅정답 ③
➕해설 **문학-현대시**
과거와 현재의 대비도 없으며, 문제 의식 또한 없다. 이 시는 성인이 된 화자가 유년기의 기억을 떠올리고 자신의 어머니에게 고백하듯이 이야기하며 시상을 전개하는 작품이다. 1연에서는 화자가 어렸을 때 춥고 힘들었던 가정 형편에 대해서 떠올린다. 하지만 그 시절에는 아들의 시린 발을 위해 기꺼이 자신의 가랑이를 내어주시던 아버지의 사랑이 있었다. 2연에서는 그런 아버지를 떠올리며 그리워하는 화자의 마음이 잘 드러난다. 3연에서 성인이 된 화자는 한강 다리를 건너면서 꽁꽁 얼어붙은 강물을 본다. 화자는 이 강물을 보며 아버지를 떠올리는데, 물이 잘 흐를 수 있도록 단단하게 얼어붙어 표면을 이루고 있는 얼음이 마치 아버지와 같다는 인상을 받은 것이다. 자식들이 잘 성장할 수 있도록 자식들에게 닥친 어려움을 모두 자신이 덮어주고 품었던 아버지의 모습과 얼음의 공통점을 찾은 것이다.

07 ✅정답 ④
➕해설 **비문학-작문**
'마른잎'으로 비유된 건조함, '이슬비'로 비유된 촉촉함이 대조적인 이미지를 형성한다.

08 ✅정답 ③
➕해설 **문법-용언의 활용**
생선을 굽다, 굽고, 구워: 'ㅂ' 불규칙. / 허리가 굽다, 굽고, 굽어: 규칙

09 ✅정답 ④
➕해설 **문법-외래어 표기법**
coffeeshop: 커피숍, supermarket: 슈퍼마켓, jazz: 재즈

10 ✅ 정답 ④

➕ 해설 문법-띄어쓰기

한글 맞춤법 제43항 단위를 나타내는 명사는 띄어쓴다. 다만, 순서를 나타내는 경우나 숫자와 어울리어 쓰이는 경우에는 붙여 쓸 수 있다.

✅ 오답풀이
① 그때: 명사. 과거나 미래의 특정한 시기나 순간.
② 한∨손: 의존 명사. 물건을 한 차례, 한 손으로 집을 수 있는 분량. 조기, 통배추 따위는 크고 작은 것을 끼어 두 개씩을, 미역, 미나리, 파 따위는 한줌씩을 한 손이라고 한다.
③ 문학가∨겸∨수필가: 의존 명사. 둘 이상의 명사 사이에 쓰여, 두 명사가 나타내는 의미를 동시에 가지고 있음을 나타내는 말.

11 ✅ 정답 ③

➕ 해설 문학-고전시가-연시조

'漁어翁옹을 욷디 마라, 그림마다 그렷더라' → 화자는 어옹이 그려진 그림들을 언급하며 자신의 생활에 대한 자부심을 표현하고 있다.

✅ 오답풀이
① 우는 거시 벅구기가 프른 거시 버들숩가
② 漁어村촌 두어 집이 닛 속의 나락들락 ~ 말가흔 기픈 소희 온갇 고기 뛰노ᄂᆞ다
④ 仙션界계ㄴ가 佛블界계ㄴ가 人인間간이 아니로다

12 ✅ 정답 ③

➕ 해설 비문학-세부 내용 파악

셋째 문단 '물론, 해당 어휘가 있는 것이 없는 것보다 인식하기에 빠르고 또 오래 기억할 수 있는 것이지만 해당 어휘가 없다고 해서 인식이 불가능한 것은 아니다.'

✅ 오답풀이
① 그것은 우리가 실세계를 있는 그대로 보고 경험하는 것이 아니라 언어를 통해서 비로소 인식한다는 뜻이다.
② 음악가는 언어라는 매개를 통하지 않고 작곡을 하여 어떤 생각이나 사상을 표현하며, 조각가는 언어 없이 조형을 한다.
④ 분명히 다른 색인데도 한 가지 말을 쓰기 때문에 그 구별이 잘 안 된다는 것은, 말이 우리의 사고를 지배한다는 뜻이 된다.

13 ✅ 정답 ③

➕ 해설 비문학-내용 파악

마지막 문단에서 글쓴이는 고전 예술과 현대 예술의 차이를 밝히면서, 현대 예술은 의미 정보를 단순화하고 미적 정보를 강화하는 추세라고 말하고 있다.

14 ✅ 정답 ②

➕ 해설 어휘-호칭어와 지칭어

• 올케: 여자가 자신의 오빠나 남동생의 아내를 가리키거나 부르는 말.
• 고모: 아버지의 여자 형제를 가리키거나 부르는 말.

15 ✅ 정답 ②

➕ 해설 문법-높임법

'어려운 일을 아버지께서 직접 처리하셨습니다.'에는 '께서'와 '-시-'를 통해 서술의 주체를 높이는 표현이 드러난다.

16 ✅ 정답 ②

➕ 해설 어휘-한자

公布(공평할 공, 베 포): 이미 확정된 법률, 조약, 명령 따위를 일반 국민에게 널리 알림. 보통 관보(官報) 따위의 정부의 정기 간행물에 게재된다. 恐怖(두려울 공, 두려워할 포): 두렵고 무서움. 죽음의 공포(恐怖)가 엄습하다.

✅ 오답풀이
① 過去(지날 과, 갈 거): 지나간 일이나 때.
③ 管理(피리 관, 다스릴 리): 사람을 통솔하고 지휘 감독함. 課程(매길 과, 단위 정): 일정 기간 중에 교육하거나 학습해야 할 과목의 내용과 분량.

17 ✅ 정답 ④

➕ 해설 비문학-글의 순서 배열

(라) 신화란 ~ 의미한다. 다시 말해 모든 신화는 상상력에 ~ (다) 그런데, 신화는 단순한 상상력으로 이루어지는 것이 아니라 창조적 상상력으로 이루어지는 것이며 ~ (나) 그래서 인류 역사에서 풍부한 신화적 유산을 계승(繼承)한 민족이 찬란한 문화를 이룬 ~ (가) 또한 신화는 ~ 그 구체적인 내용은 각 민족마다 다르게 나타난다.

18 ✅정답 ②

해설 비문학-세부 내용 파악

둘째 문단 → 곧 변화가 심하고 위급한 상황에서는 통찰에 의한 의사 소통이 발달되기 어려웠다.

오답풀이

① 둘째 문단 → 농경은 파란이 없는 규칙적인 작업을 요구하기에 사람끼리 서로 말이 없어도 영위할 수가 있었다.
③ 둘째 문단 → 그런데 유럽은 정착보다는 이동이, 안정보다는 전쟁이 많았던 생활 환경 때문에 정확한 의사의 교환이 필요했다.
④ 셋째 문단 → 따라서 우리는 통찰이라는 의사 소통의 문화를 살려 나가되, 때에 따라서는 정확한 의사 전달을 해야 할 필요가 있다.

19 ✅정답 ④

해설 어휘-한자성어와 속담

堂狗風月(집 당, 개 구, 바람 풍, 달 월): 그 분야에 대하여 경험과 지식이 전혀 없는 사람이라도 오래 있으면 얼마간의 경험과 지식을 가짐을 이르는 말. 騎虎之勢(말 탈 기, 범 호, 갈 지, 형세 세): 호랑이를 타고 달리는 형세라는 뜻으로, 이미 시작한 일을 중도에서 그만둘 수 없는 형세를 비유적으로 이르는 말.

오답풀이

① 渴而穿井(목마를 갈, 말 이을 이, 뚫을 천, 우물 정): 제 일 급하고 일이 필요한 사람이 그 일을 서둘러 하게 되어 있다.
② 見蚊拔劍(볼 견, 모기 문, 뽑을 발, 칼 검): 시시한 일로 소란을 피움.
③ 鯨戰蝦死(고래 경, 싸움 전, 새우 하, 죽을 사): 강한 자들끼리 싸우는 통에 약한 자가 중간에 끼어 피해를 본다.

20 ✅정답 ③

해설 한글 맞춤법

'추스리고'가 아니라, '추스르고'라고 해야 맞다.

21 ✅정답 ①

해설 비문학-구체적 상황에 적용하기

㉠은 어떤 대상이 가지고 있는 문제에 대처하기 위해 그 대상의 실체를 정확히 인식하는 방법을 취하고 있다. 해충이 야기하는 문제를 막기 위해 해충의 습성을 파악한다는 ①도 이와 같은 문제 해결 방법을 보여준다.

오답풀이

② 문제가 발생하기 쉬운 환경을 제거함으로써 문제를 원천적으로 막는 방법이다.
③ 상대의 악의에 직접 부딪치기보다는 상대를 포용함으로써 태도를 변화시키는 방법이다.
④ 욕구를 억누름으로써 그 욕구가 일으키는 문제의 발생을 억제하는 방법이다.

22 ✅정답 ③

해설 비문학-내용 이해

이 글에서 동물의 의사 표현 방법으로 제시한 것은 색깔이나 모습, 행동을 통한 시각적 방법이나 소리를 이용하는 방법, 냄새를 이용하는 방법이다. 그 중에서도 소리를 이용하는 방법은 경보음에 대해서만 언급하고 있다. 그러나 보호색과 관련한 내용은 제시되어 있지 않다.

23 ✅정답 ③

해설 문학-현대소설

다른 사람들이 모두 각자의 목적지로 떠난 후, 구보는 자신은 어디로 가야할지 모르고 외로움과 애달픔을 맛보고 있다. 이와 가장 유사한 정서를 담고 있는 것은 ③이다. ③은 김광균의 '와사등'의 일부로서, 도시 한 복판에서 방향성을 상실하고 외로움과 쓸쓸함을 느끼고 있는 화자의 모습이 형상화된 것이다.

오답풀이

①는 김남조의 '설일'이다. 이 작품은 인생에 대한 성찰을 통해 삶에 대해 긍정적으로 인식하게 되는 변화를 그린 작품이다.
②는 김종길의 '성탄제'이다. 이 작품은 성탄일 무렵의 각박한 도시에서 옛날과 다름없이 내리는 눈을 바라보며, 어린 시절 '붉은 산수유 열매'에서 느꼈던 아버지의 사랑에 대한 그리움을 노래하고 있다.
④는 박용철의 '떠나가는 배'의 일부이다. 이 시는 젊은이가 암울한 일제 식민지 현실을 눈물로만 보낼 수 없다는 강변(强辯)을 담은 것으로 고향과 정든 사람들을 두고 떠나는 서글픈 심정을 표현한 작품이다.

24 ✅ 정답 ④

해설 비문학-작문-개요 작성하기

①번은 해결 방안에, ②번은 문제점에, ③번은 해결 방안에, 정답은 ④번이다.

25 ✅ 정답 ③

해설 비문학-내용 이해

이 글의 처음 두 문단에서 한글의 형태주의 표기와 모아쓰기 표기법이 문자의 독립성을 반영한 표기법임을 밝힌 뒤 마지막 문단에서는 문자가 독자성을 지니고 있으므로 그에 합당한 표기법을 택하는 것이 이상적인 문자 표기법이라는 점을 밝히고 있다. 따라서 이 글은 한글을 예로 들어서 문자의 이상적인 표기 방향이 무엇인가를 고찰한 글이라고 볼 수 있다.

제4회 모의고사 정답 및 해설

제1과목 국어

01	02	03	04	05	06	07	08	09	10
③	①	④	④	③	④	②	①	③	③
11	12	13	14	15	16	17	18	19	20
①	①	④	②	①	③	②	①	③	④
21	22	23	24	25					
④	①	③	③	①					

01 ☑정답 ③

해설 문법-어문 규정-한글 맞춤법
① 담가(담그다)
② 꼬리말: 책의 끝에 그 책의 내용을 간추리거나 관계되는 사항을 적어 놓은 글
④ 똬리

02 ☑정답 ①

해설 어휘-속담
추하고 보잘것없는 가겟집 기둥에 '입춘대길(立春大吉)'이라 써 붙인다는 뜻으로, 제격에 맞지 않음을 비유적으로 이르는 말.

오답풀이
② 주(主)가 되는 것과 그에 따르는 것이 뒤바뀌어 사리에 어긋남을 비유적으로 이르는 말.
③ 바로 제 눈앞에 가까이 있는 것은 오히려 더 못 본다는 말.
④ 가난한 양반은 내세울 것이 없기 때문에 자기 조상 자랑만 늘어놓는다는 뜻으로, 실속은 없으면서 허세만 부림을 비꼬아 이르는 말.

03 ☑정답 ④

해설 문법-어문규정-띄어쓰기
조사는 붙여 쓰고, 의존명사는 띄어쓴다.
으로부터: 부사격 조사, 년: 의존명사, 전: 의존명사

오답풀이
① 우천V시: 어떤 조건에 이르는 경우나 때를 나타내는 말로 '시'는 의존명사이다.
② 마음마저: '마저'는 보조사이므로 붙여 쓴다.
③ 설V대로: '대로' 앞에 용언의 관형사형이 왔기 때문에 '대로'는 의존명사이다.

04 ☑정답 ④

해설 비문학-중심 내용 파악
(라)는 적정기술의 특성과 한계에 대한 것이지 전망이라고 보기 힘들다.

05 ☑정답 ③

해설 비문학-구체적 사례에 적용하기
항아리 냉장고는 가난한 지역 사람들의 삶을 개선하기 위해 나온 것으로, 그들이 이용할 수 있도록 간단한 원리를 적용해 쉽게 만들었다는 특징이 있다. ③에 나오는 물통은 차량이 없는 사람들을 위해 나온 것으로, 굴리는 것이 들고 다니는 것보다 편하며, 드럼통에 줄만 매달면 쉽게 만들 수 있다는 점에서 항아리 냉장고와 가장 유사하다.

오답풀이
①, ②, ④는 모두 가난한 사람들의 삶을 개선하기 위해 만든 것이 아니고, 원리나 방법도 가난한 사람들이 사용하기에는 복잡하다.

06 ☑정답 ④

해설 문학-현대 소설-표현상 특징
이 작품은 1인칭 시점으로 작품 속 서술자인 '나'가 등장인물들의 대화와 행동에서 느낀 감정들을 서술하고 있다. 이 작품은 작가 지망생인 '나'와 아내의 가정에서의 일상적인 모습이 주요한 배경을 이루고 있다. 현실은 주식 투자, 투기 등으로 이익을 추구하는 세상이지만 '나'는 그러한 현실에서도 정신적 가치를 추구한다. 가난한 부부의 일상적인 삶을 보여주면서 가난이라는 현실과 갈등하는 지식인의 내면적인 심리를 사실적으로 표현하고 있다. 가난한 부부의 행복과 부유한 부부의 불행을 대조시키면서 당시의 궁핍상과 식민지 사회의 모습을 반영한 작품이다.

07 ☑정답 ②

해설 문학-현대 소설-소재의 기능
이 작품에서 '동서'가 자신의 아내인 '처형'을 사랑하여 신발을 사주었다는 정보는 확인할 수 없다. 또한 '처형'은 자신의 남편인 '동서'의 흉을 보고 있고, 그저 물질적 행복에만 만족하고 있을 뿐이다.

08 ☑ 정답 ①

➕ 해설 문학-현대시-주제 파악

시적화자는 오지 않는 너를 간절한 마음으로 기다리고 있다. 기다림 없는 사랑은 있을 수 없는 것이다. 이 시는 누군가를 기다리는 심정을 표현한 작품이다. 이 시의 화자가 기다리는 것은 '오지 않는 너'이지만, 화자는 오히려 '너'에 대한 기다림을 설레는 기대감과 행복하고 충만한 심정으로 표현하고 있다. 이 작품은 이렇게 만남의 시간이 될 미래와, 기다림의 시간인 현재에 대하여 다 같이 축복을 내리고 있다.

09 ☑ 정답 ③

➕ 해설 현대시-표현상 특징

이 작품은 시의 화자가 혼자서 사랑하는 '너'를 기다리면서 자신의 내면 정서를 노래하고 있으므로 시적 대상과 대화하는 방식이라 할 수 없다.

✅ 오답풀이

① '가슴 애리는 일 있을까'는 설의적 표현으로 기다림의 정서를 독자에게 효과적으로 드러내고 있다.
④ '다가오는 모든 발자국은 내 가슴에 쿵쿵거린다'에서 '쿵쿵'은 의성어로써 시의 화자의 간절한 기다림의 정서를 효과적으로 드러내고 있다.

10 ☑ 정답 ③

➕ 해설 문법-어문 규정-표준 발음법

'ㄴ'은 'ㄹ'의 앞이나 뒤에서 [ㄹ]로 발음하지만 'ㄴ'과 'ㄹ'이 결합하면서도 [ㄹㄹ]로 발음되지 않고 [ㄴㄴ]으로 발음되는 경우가 있다. 상견례는 [상견녜]로 발음된다.

11 ☑ 정답 ①

➕ 해설 어휘-한자어

- 受容(받을 수, 얼굴 용): 남의 요청이나 제안 따위를 받아들여서 자기 것으로 삼음.
- 收容(거둘 수, 얼굴 용): 특정한 부류의 사람이나 물품을 일정한 장소에 모아 넣음.

✅ 오답풀이

- 收用(거둘 수, 쓸 용): 물건을 거두어들여 씀. 예 부족한 재원은 이 일대의 논밭의 수용으로 해결할 수 있을 것으로 본다.

12 ☑ 정답 ①

➕ 해설 어휘-한자성어

- 언중유골(言中有骨): 말 속에 뼈가 있다는 뜻으로, 예사로운 말 속에 깊은 속뜻이 숨어 있음을 비유적으로 이르는 말.
- 유구무언(有口無言): 입은 있으나 할말이 없다는 뜻으로, 변명할 말이 없음을 이르는 말.

✅ 오답풀이

② 부화뇌동(附和雷同): 아무런 주관이 없이 남의 의견을 맹목적으로 좇아 함께 어울림.
③ 상전벽해(桑田碧海): 뽕나무밭이 변하여 푸른 바다가 된다는 뜻으로, 세상일의 변천이 심함을 비유적으로 이르는 말.
④ 후생가외(後生可畏): 뒤에 난 사람은 두려워할 만하다는 뜻으로, 부지런히 갈고닦은 후배는 선배를 능가할 수 있음을 이르는 말.

13 ☑ 정답 ④

➕ 해설 문법-높임 표현

주격 조사 '께서'를 사용하여 문장의 주체인 '아버지'를 높이고 있다.

14 ☑ 정답 ②

➕ 해설 문법-외래어 표기법

① 바비큐, ③ 주스, ④ 파이팅

15 ☑ 정답 ①

➕ 해설 비문학-세부 내용 파악

대외적자가 이어지면 국제유동성이 계속 줄어들고, 마이너스로 떨어질 수도 있는데, 이를 해결하려고 자국화폐를 평가절하해 외자유입을 촉진시키는 방법을 쓸 수도 있다.

✅ 오답풀이

② 금은 세계적으로 통용되는 유동자산이지만 경제 규모에 비해 세계적으로 생산량이나 재고 자체가 많지 않아 ~
③ 준비금이 수입액이나 대외채무 결제액 등에 필요한 것보다 많다면 국제유동성이 원활하기에, 대외교역 촉진이나 경기부양 등 필요에 따라 경기를 활성화할 여유가 있다.
④ 미국은 과거 국제수지적자가 심각해지자 1971년에 달러의 금태환을 정지하고 달러를 평가절하한 바 있다.

16 ✅정답 ③

➕해설 문법-음운 체계

이중 모음이 단모음으로 바뀌어가는 추세라는 근거가 없기 때문에 적절하지 않다.

✅ 오답풀이
① 모음은 자음과 달리 소리마디(음절)을 이루는 데 반드시 필요한 요소이다. 만약 모음이 없다면 음절은 성립하지 않는다.
② 단모음은 10개, 이중 모음은 11개이다.
④ 모든 모음은 울림소리이다.

17 ✅정답 ②

➕해설 문법-음운 체계

전설 모음이 후설 모음보다 소리가 가볍다는 근거가 없고, 반대로 후설 모음이 전설 모음보다 가볍다는 근거도 없다.

✅ 오답풀이
① 단모음은 혀의 앞뒤 위치, 입술 모양, 혀의 높낮이 세 가지 기준으로 분류한다.
③ 'ㅣ'가 입을 가장 작게 벌리고, 'ㅔ'는 중간, 'ㅐ'는 입을 가장 많이 벌린다.
④ 원순 모음은 'ㅟ, ㅚ, ㅜ, ㅗ' 4가지이다.

18 ✅정답 ①

➕해설 문학-고전시-시조

(가) 이 작품은 유교적 이념을 바탕으로 굳은 절개를 노래한 절의가(節義歌)로, 의(義)가 아니면 따르지 않겠다는 선비의 지조와 충절을 노래하고 있다. (나) 이 작품은 자연을 삶의 일부로 여기고 자연과 조화를 이루며 살고자 한 모습을 담고 있다. 자연은 생활 공간이자 삶의 여유를 주는 곳, 합일을 이루며 살고 싶은 곳이다. (다) 이 작품은 임을 기다리고 그리워하는 진솔한 마음을 노래한 사설시조이다. 임에 대한 마음은 간절하나 그 마음을 표현하는 방식은 해학적이고 과장이 많아 웃음을 유발한다.

19 ✅정답 ③

➕해설 문학-고전 소설

토끼는 자신이 금수의 으뜸일 뿐 아니라 선천적으로 특수하므로 간을 출입하는 곳이 따로 있다는 논리를 내세워 대왕이 자신의 말을 믿기를 바라고 있다.

20 ✅정답 ④

➕해설 문법-시간 표현

① ㉠은 현재 시제, ② ㉡은 과거 시제, ③ ㉢은 미래 시제이다.

21 ✅정답 ④

➕해설 비문학-내용 파악

경찰이 안전을 강조하며 법규 위반자를 단속하는 것은 올바른 것으로서 허위 의식과는 거리가 멀다.

✅ 오답풀이
①, ②, ③은 모두 겉으로는 그럴듯한 명분을 내세우지만 실제는 더럽고 잘못된 허위 의식에 해당한다.

22 ✅정답 ①

➕해설 비문학-작문

글의 첫머리를 속담이나 격언으로 시작하는 것은 글에 대한 흥미를 불러일으키는 매우 유용한 방법이다. 그러나 이럴 경우 주의할 점은 그 속담이나 격언이 글의 내용과 잘 부합해야 한다는 것이다. 그런데 ①의 '닭 쫓던 개 지붕 쳐다본다.'라는 속담은 뒤에서 말하고 있는 세대 갈등의 경우와 어울리는 속담으로 보기 어렵다. 닭을 쫓던 개가 닭이 지붕으로 올라가자 쫓아 올라가지 못하고 지붕만 쳐다본다는 말로 애쓰던 일이 실패로 돌아가거나 남보다 뒤떨어져 어찌할 도리가 없다는 뜻이다.

23 ✅정답 ③

➕해설 비문학-화법

이 대담에서 사회자는 계속해서 평론가의 의견에 의문을 제기하고 있다. 즉 영화는 오락이 아니냐, 대중들은 오락 영화를 즐기려고 한다 등의 평론가와 상반되는 의문을 제기함으로써 평론가가 자연스럽게 자신의 생각을 말할 수 있도록 유도하고 있다.

24 ✅정답 ③

➕해설 문법-어법에 맞는 문장

'환기(換氣)'가 '탁한 공기를 바꾼다'는 뜻이므로, '공기를'과 의미가 중복된다는 점에서 어법에 어긋나는 문장이다. 또한 '환기시키다'도 불필요한 사동 표현이 쓰였기 때문에 '환기시켜야'를 '환기하여야'로 바꾸어야 한다.

◆ 오답풀이
① '문학을 즐길 예술적 본능을 지닌다'의 주어가 나타나 있지 않다. '예술적 장르로서'와 '문학을 즐길' 사이에 '인간은'을 넣어야 맞는 문장이 된다.
② '순응하면서'의 대상은 '환경'이다. 그런데 다른 문장 성분인 '환경을'을 공유하고 있으므로 어법에 어긋난다. '때로는'과 '순응하면서' 사이에 '환경에'를 넣어야 한다.
④ 문장 전체의 주어인 '이 글을 읽는 여러분에게 먼저 당부하고 싶은 것'과 서술어 '버리시길 바랍니다'가 호응하지 않는다. '버리시길 바랍니다'를 '버려야 한다는 것입니다.'로 바꾸어야 한다.

25 　　정답 ①

해설 비문학-글의 순서
(가) 화제 제시 - (라) 대중 매체의 긍정적 영향 - (마) 부정적 영향 - (다) 부정적 영향에 대한 우려 - (나) 대중 매체 수용의 올바른 태도

제5회 모의고사 정답 및 해설

제1과목 국어

01	02	03	04	05	06	07	08	09	10
②	②	④	②	②	④	④	④	③	①
11	12	13	14	15	16	17	18	19	20
③	③	③	④	①	③	①	④	③	①
21	22	23	24	25					
④	②	④	①	②					

01 ✅정답 ②

➕해설 문법-외래어 표기법

✅오답풀이
①은 '파이팅', ③은 '탤런트', ④는 '피자'로 적는다.

02 ✅정답 ②

➕해설 어휘-한자성어

숭어가 뛰니까 망둥이도 뛴다: 남이 한다고 하니까 무작정 따라나섬을 비유적으로 이르는 말. 부화뇌동(附和雷同): 아무런 주관이 없이 남의 의견을 맹목적으로 좇아 함께 어울림.

✅오답풀이
① 양두구육(羊頭狗肉): 겉으로는 훌륭한 듯이 내세우지만 속은 보잘것없음을 이르는 말. 양의 머리를 걸어 놓고 실제로는 개고기를 판다는 뜻.
③ 명약관화(明若觀火): 불을 보는 것처럼 분명하고 뻔함.
④ 목불인견(目不忍見): 눈으로 차마 볼 수 없음.

03 ✅정답 ④

➕해설 문법-어문규정-로마자 표기법

ㄴ에서 된소리되기는 표기에 반영하지 않는다고 했으므로, ④ '합정'은 [합쩡]으로 발음되더라도 'Hapjeong'로 표기해야 올바르다.

04 ✅정답 ②

➕해설 문법-어문 규정-표준 발음법

'ㄶ'은 'ㄴ' 앞에서 'ㄹ'로 발음되므로 '끓나'는 [끌라]라고 발음해야 한다.

05 ✅정답 ②

➕해설 문법-표준어 규정

으레 → 으레: 두말할 것 없이 마땅히.

✅오답풀이
① 케케묵다: (일이나 생각, 이야기 따위가) 시대에 뒤떨어져 새로울 것이 없거나 쓸모가 없다.
④ 부조(扶助): 잔칫집이나 상가(喪家) 등 남의 큰일에 돈이나 물건을 보내 도와줌. 또는 그 돈이나 물건.

06 ✅정답 ④

➕해설 문법-한글 맞춤법

'솔직하다'의 어근으로 이루어졌으므로 '-히'로 적는다.

✅오답풀이
① 접어 명사 뒤, ② 부사 뒤, ③ 'ㅅ' 받침 뒤

07 ✅정답 ④

➕해설 비문학-세부 내용 파악

㉠은 범죄를 가로막는 방벽으로서의 형벌을 의미한다. 그런데 형벌의 목적은 범죄로 얻을 이득, 곧 공익이 입게 되는 그만큼의 손실보다 형벌이 가하는 손해가 조금이라도 크기만 하면 달성된다고 하였다. 지키려는 공익보다 형벌이 가하는 손해가 조금이라도 크기만 하면 형벌의 범죄에 대한 방어 효과가 달성되므로, 형벌이 높게 설정될수록 방어 효과가 증가하는 것은 아니다.

✅오답풀이
① 2문단을 통해, 범죄와 형벌 사이의 손익 관계를 누구나 알 수 있도록 처벌 체계는 명확히 성문법으로 규정되어야 하고, 그 집행의 확실성도 갖추어져야 한다는 것을 확인할 수 있다.
② 범죄를 가로막는 방벽으로서 형벌이 설정한 울타리의 높이는 살인인지 절도인지 등에 따라 달리해야 한다는 것, 즉 공익을 훼손한 정도에 비례해야 한다는 것을 확인할 수 있다.
③ 1문단을 통해, 베카리아는 이성적인 인간을 상정하는 당시 계몽주의 사조에 호응하여 이익을 저울질할 줄 아는 존재로서 인간을 전제하였다는 점을 확인할 수 있다. 또한 2문단을 통해 형벌의 목적은 범죄와 형벌 사이의 손익 관계에 따라 그 달성이 좌우된다는 것을 확인할 수 있다. 따라서 형벌의 목적 달성에 손익을 저울질하는 인간의 이성이 활용된다는 것을 알 수 있다.

08 ✅정답 ④

➕해설 비문학-글의 순서

(나) 자연 현상과 인간사를 인과 관계로 설명하는 동아시아의 대표적 논의는 재이론(災異論)이다. → (가) 한대(漢代)의 동중서는 하늘이 덕을 잃은 군주에게 재이를 내려 견책한다는 천견설과, 인간과 하늘에 공통된 음양의 기(氣)를 통해 하늘과 인간이 서로 감응한다는 천인감응론을 결합하여 재이론을 체계화하였다. → (다) 그에 따르면, 군주가 실정(失政)을 저지르면 그로 말미암아 변화된 음양의 기를 통해 감응한 하늘이 가뭄과 홍수, 일식과 월식 등 재이를 통해 경고를 내린다. → (라) 이때 재이는 군주권이 하늘로부터 비롯된 것임을 입증하는 것이자 군주의 실정에 대한 경고였다.

09 ✅정답 ③

➕해설 비문학-논지 전개 방식

자연 현상에 대해 인류는 의인화 신격화하며 그 능력을 숭배한다. 그러나 때로는 자연의 이상 현상을 인류의 힘으로 극복하고자 하는 의지를 드러내기도 한다. 그렇지만 그것이 시대에 따라 모습을 달리한다고 하지는 않았다.

✅오답풀이

① 원시 인류는 자연과 인간을 동일시하여 인간을 자연의 일부로 보며 자연의 질서를 따르는 삶을 살고자 하였다. 그리고 자연이 인간으로 변하는 그 반대의 경우도 자연과 인간의 동일시 관점에서 그리 이상한 것은 아니었다.
④ 동아시아뿐만 아니라 그리스 신화에도 사일 신화가 등장하는 것을 보면(그에 따라 해석상 의미 차이는 있지만) 인류 보편의 인식으로 보아도 무방하다.

10 ✅정답 ①

➕해설 비문학-설명 방식

이 글에서는 한국의 선과 형태를 특징적으로 드러내고 있는 '초가집 지붕', '조선 백자', 생활 문화 등을 예시하고 있다. 또 '조선 백자'의 선과 형태를 언급하면서 우리 나라 백자의 선과 형태가 중국, 일본 자기의 선과 형태와 어떻게 다른지 대조적으로 서술하고 있다. 또 예시된 각각의 대상을 세부적으로 진술한 부분에서는 '초가집의 지붕이 주변의 야산을 옮겨 놓은 모양', '보름달을 닮은 달항아리' 등의 묘사적 진술 방법이 나타나고 있다.

11 ✅정답 ③

➕해설 문법-어문 규정-한글 맞춤법-띄어쓰기

돌아가신∨지도: 의존명사 '지'는 용언의 관형사형 어미 '-은' 뒤에 쓰여, 어떤 동작이 있었던 때로부터 지금까지의 동안을 나타내는 말.

✅오답풀이

② 커녕: 모음으로 끝나는 체언이나 부사어의 뒤에 붙어, '그것은 말할 것도 없거니와 도리어'의 뜻을 나타내는 보조사.

12 ✅정답 ③

➕해설 문법-중세 국어

이어쓰기(연서법)는 순경음을 만드는 방법이다.

13 ✅정답 ③

➕해설 문학-고전 소설

집주인은 처음에는 광문을 도적이라 생각하였으나 광문의 말이 순박하여 그가 도적이 아닌 것을 알고 새벽녘에 풀어주었다. 또한 광문의 요구에 의구심을 가졌으나 그의 요구를 들어주었다. [주제] ① 정직하고 신의 있는 삶에 대한 예찬 ② 권모술수가 판을 치는 사회에 대한 풍자 [줄거리] 종루 저잣거리 걸인들의 우두머리인 광문은, 어느 날 돌보던 병든 거지 아이를 죽였다는 누명을 쓰고 동료들에게 내쫓긴다. 광문은 어느 집으로 피신하게 되는데, 도둑으로 오인받아 주인에게 붙잡힌다. 주인이 그가 도둑이 아님을 알고 풀어 주자, 광문은 거적을 얻어 버려진 죽은 아이의 시신을 잘 묻어 준다. 이를 목격한 집주인은 그를 의롭게 여겨 약국을 운영하는 부자에게 천거하고, 광문은 약국 점원이 된다. 어느 날 부자의 돈이 없어져 광문이 의심을 받는데, 며칠 후 주인의 처조카에 의해 오해가 풀린다. 부자는 광문에게 사죄하고 그의 인품을 칭찬하여 광문의 이름이 널리 알려진다. 광문은 40세가 넘도록 장가도 가지 않고 분수를 지키면서 물욕 없는 생활을 한다. 이러한 광문이기에, 세도가 앞에서도 도도한 기생 운심마저 광문의 장단에 맞춰 춤을 추면서 함께 어울린다.

14 ✅정답 ④

➕해설 문법-단어의 의미-유의 관계

ㄹ의 '철회(撤回)하다'는 '이미 제출하였던 것이나 주장하였던 것을 다시 회수하거나 번복함'을 의미하는 단어로 '거두다', '취소하다'와 유사한 의미를 지닌다.

15 ✅정답 ①

해설 비문학-중심 내용 파악

이 글은 칸트가 생각하는 자유의 의미에 대해 설명하고 있는 글이다. 글쓴이는 칸트의 자유 개념을 설명하기 위해 생활 속의 다양한 사례와 가상적 상황을 제시하여 독자의 이해를 돕고 있다.

오답풀이
② 이 글은 진정한 자유의 의미를 소재로 한 것이 아니라, 칸트가 생각하는 자유의 개념을 설명한 글이다.
③ 이 글은 칸트의 도덕 철학 전반을 설명하는 글로 볼 수 없다. 칸트의 도덕철학을 이해하기 위한 전제로 칸트의 자유 개념에 대해 설명하고 있다.
④ 동물과 인간의 자유 개념을 구분하는 내용이 매우 짧게 언급되어 있으나, 글의 핵심 소재나 내용으로 볼 수 없다.

16 ✅정답 ③

해설 문학-고전시

(다)에서 자연에서 사는 즐거움을 표현하지만 자연의 속성을 예찬하고 있지는 않다.

오답풀이
① (가)는 '백이'와 '숙제'의 고사를 인용하여 자신이 백이와 숙제보다 더 큰 지조를 지녔음을 강조하고 있다.
② (나)에서 '이화우'와 '추풍낙엽'은 하강의 이미지를 지닌 시어로 볼 수 있는데, 이와 같은 시어를 활용하여 이별의 상황과 정서를 효과적으로 드러내고 있다.
④ (라)는 화자가 느끼는 비애와 고통을 어둡게 그리지 않고 해학적으로 표현함으로써 웃음을 유발하고 있다.

17 ✅정답 ①

해설 문학-현대소설

조상훈은 신문물을 받아들인 기독교인이면서 사회 문제에도 관심이 많은 인물이다. 하지만 3·1 운동이 실패로 돌아가면서 허무주의에 물들어 축첩과 노름, 술로 얼룩진 퇴폐적인 생활에 빠지게 된다. 이처럼 조상훈은 당시 목적의식을 잃고 타락해 버린 당시 지식인의 일면을 보여주고 있다.

18 ✅정답 ④

해설 문법-문법 요소

주어인 '저(혜수)'가 '할머니'가 옷을 입도록 만드는 것이므로 사동문이다. ㉣은 '입- + -히- + -어'로 이루어져 있다.

오답풀이
① 동작이 일어난 시점이 말하는 시점보다 앞선 과거 시제의 문장이다.
② 객체인 '할머니'와 청자인 '선생님'을 모두 높이고 있다.
③ '할머니'를 높이고 있으므로 주체 높임법이 나타난다.

19 ✅정답 ③

해설 문학-현대시

〈보기〉에서 이 시가 광복 이전에 쓰였다는 것을 알 수 있으므로, ㉢이 남북한 사이의 이념 갈등으로 인한 분단을 의미한다는 것은 잘못된 해석이다. ㉢은 광복 이전 일제의 탄압으로 인해 우리 민족이 뿔뿔이 흩어진 상황을 의미한다.

20 ✅정답 ①

해설 문법-문장의 짜임

'비 오듯이'가 부사어 역할을 하는 부사절이다.

오답풀이
나머지는 모두 명사절이다.

21 ✅정답 ④

해설 문법-어법에 맞는 문장

④ '그 계획은 가능한 한 빨리 실행되어야 한다.' 1) '가능한' 뒤에 의존명사 '한'이 붙어 조사 결합의 제약에도 걸리지 않는다. 2) 부사어 '빨리'와 서술어 '실행되어야 한다.'의 문장 성분 간 호응이 맞으므로 옳은 선택지가 된다.

오답풀이
① 내가 너에게 하고 싶은 이야기는 힘든 일이 있더라도 잘 극복하길 바란다. → 주어와 서술어의 호응이 어색한 경우에 해당한다. '주어'자리에 ~것/점/사실은(는)라는 말이 오게되는 경우 서술어자리에도 '~는 것/점/사실이다.' 등이 와야 한다. 따라서 '내가 너에게 하고 싶은 이야기는 힘든 일이 있더라도 잘 극복하길 바란다는 것이다.' 등으로 고쳐 볼 수 있다.

② 민수는 영재와 싸운 뒤로 일체 대화를 하지 않는다. → '일체' 다음에는 긍정이 와야 옳다. 선택지에는 부정의 말이 오고 있으므로 '일절'이 와야 한다. '一切'은 부인하거나 금지하는 말과 어울려, '아주', '도무지', '전혀', '절대로'의 뜻으로 쓰일 때는 '일절', '모든 것' 또는 '모든 것을 다'의 의미로 쓰일 때는 '일체'로 읽힌다. 따라서 '어떤 일을 절대로 금지한다'는 의미로 쓰이는 말은 '일절 금지'가 맞고 '일체 금지'는 틀리며 반대로 '안줏감 전체'를 의미하는 말은 '안주 일체'가 맞고 '안주 일절'은 틀리다.
③ 나래는 근거 없는 낭설에 휘말려 곤혹스러웠다. → '근거 없는'과 '낭설늑(헛소문: 근거 없이 떠도는 소문)'의 의미가 중복되었다.

22 ☑ 정답 ②

➕ 해설 문법-언어의 특성-사회성

추상성이란 대상들 사이의 공통된 성질을 뽑아서 음성과 의미를 연결하는 언어의 특성이다. 언어는 같은 부류의 사물들에서 공통적 속성을 뽑아내는 추상화의 과정을 통해 개념을 만든다.

23 ☑ 정답 ④

➕ 해설 비문학-내용 이해

모더니즘은 객관적인 합리성을 추구한다고 하였으므로 인간 관계와 같은 주관적인 요소들을 중요시하는 것은 모더니즘적 사고라고 보기 어렵다.

✅ 오답풀이

모더니즘적 사고는 역사 발전과 과학의 발전을 신뢰한다. 그러므로 ①과 ②는 이런 사고와 관련이 있으며, 개별적 효율성보다 집단의 효율성을 중요시하는 점으로 미루어 ③도 이런 사고와 관련이 있다.

24 ☑ 정답 ①

➕ 해설 문법-음운의 변동

ㄱ은 자음군 단순화로 탈락에 해당한다. 그러나 ①은 음절의 끝소리 규칙으로 교체에 해당한다.

25 ☑ 정답 ②

➕ 해설 문법-품사-품사 통용

가급적(可及的): 부사. 할 수 있는 대로. 또는 형편이 닿는 대로.

✅ 오답풀이
① 잘못: 부사, 명사
③ 그: 대명사, 관형사
④ 뿐: 의존 명사, 조사

군무원 공개경쟁채용 필기시험 답안지

응시생 유의사항

1. 반드시 컴퓨터용 검정 수성사인펜을 사용합니다.
2. 바른표기 "●" 틀린표기 "Ⓞ" "Ⓧ" "Ⓥ"
3. 수험번호에는 아라비아 숫자로 기재하고 마킹란에는 ● 표기합니다.
4. 수험번호 및 답안 작성란 이외의 여백에 낙서를 하지 마시기 바랍니다.
5. 마킹으로 채점 불가능한 답안은 0점 처리되오니 유의하시기 바랍니다.
6. 답안지를 구겨나 구기지 마십시오.

* 연습용 답안지

군무원 공개경쟁채용 필기시험 답안지

공무원 공개경쟁채용 필기시험 답안지

군무원 공개경쟁채용 필기시험 답안지

군무원 공개경쟁채용 필기시험 답안지

응시번호

생년월일

성명

성별
- 남 ⓪
- 여 ⓪

자필성명
(성명 정자로 기재할 것)
본인 성명 기재

※ 시험감독관 서명

응시생 유의사항
1. 반드시 컴퓨터용 검정 수성사인펜을 사용합니다.
2. 바른표기 ● 틀린표기 ⊙ ◐ X V
3. 수험번호에는 아라비아 숫자로 기재하고 마킹란에는 ● 표기하시기 바랍니다.
4. 수험번호 및 답안 작성란 이외의 여백에 낙서를 하지 마시기 바랍니다.
5. 마킹으로 채점 불가능한 답안은 0점 처리되오니 유의하시기 바랍니다.
6. 답안지를 구기거나 구겨지지 마십시오.

제1과목

문번	①	②	③	④
1	①	②	③	④
2	①	②	③	④
3	①	②	③	④
4	①	②	③	④
5	①	②	③	④
6	①	②	③	④
7	①	②	③	④
8	①	②	③	④
9	①	②	③	④
10	①	②	③	④
11	①	②	③	④
12	①	②	③	④
13	①	②	③	④
14	①	②	③	④
15	①	②	③	④
16	①	②	③	④
17	①	②	③	④
18	①	②	③	④
19	①	②	③	④
20	①	②	③	④
21	①	②	③	④
22	①	②	③	④
23	①	②	③	④
24	①	②	③	④
25	①	②	③	④

제2과목

문번	①	②	③	④
1	①	②	③	④
2	①	②	③	④
3	①	②	③	④
4	①	②	③	④
5	①	②	③	④
6	①	②	③	④
7	①	②	③	④
8	①	②	③	④
9	①	②	③	④
10	①	②	③	④
11	①	②	③	④
12	①	②	③	④
13	①	②	③	④
14	①	②	③	④
15	①	②	③	④
16	①	②	③	④
17	①	②	③	④
18	①	②	③	④
19	①	②	③	④
20	①	②	③	④
21	①	②	③	④
22	①	②	③	④
23	①	②	③	④
24	①	②	③	④
25	①	②	③	④

제3과목

문번	①	②	③	④
1	①	②	③	④
2	①	②	③	④
3	①	②	③	④
4	①	②	③	④
5	①	②	③	④
6	①	②	③	④
7	①	②	③	④
8	①	②	③	④
9	①	②	③	④
10	①	②	③	④
11	①	②	③	④
12	①	②	③	④
13	①	②	③	④
14	①	②	③	④
15	①	②	③	④
16	①	②	③	④
17	①	②	③	④
18	①	②	③	④
19	①	②	③	④
20	①	②	③	④
21	①	②	③	④
22	①	②	③	④
23	①	②	③	④
24	①	②	③	④
25	①	②	③	④

제4과목

문번	①	②	③	④
1	①	②	③	④
2	①	②	③	④
3	①	②	③	④
4	①	②	③	④
5	①	②	③	④
6	①	②	③	④
7	①	②	③	④
8	①	②	③	④
9	①	②	③	④
10	①	②	③	④
11	①	②	③	④
12	①	②	③	④
13	①	②	③	④
14	①	②	③	④
15	①	②	③	④
16	①	②	③	④
17	①	②	③	④
18	①	②	③	④
19	①	②	③	④
20	①	②	③	④
21	①	②	③	④
22	①	②	③	④
23	①	②	③	④
24	①	②	③	④
25	①	②	③	④

* 연습용 답안지

군무원 정보직 FINAL 실전동형 봉투모의고사
제1회 모의고사

정보직

제1과목		제2과목	국가정보학
제3과목	정보사회론	제4과목	

응시번호		성 명	

〈 안내 사항 〉

1. 답안지의 모든 기재 및 표기사항은 반드시 『컴퓨터용 흑색사인펜』으로만 작성하여야 합니다.
   (사인펜에 "컴퓨터용"으로 표시되어 있음) (사인펜 본인 지참)
   * 매년 지정된 펜을 사용하지 않아 답안지가 무효처리 되는 상황이 빈발하고 있으므로, 답안지는 반드시 『컴퓨터용 흑색사인펜』으로만 표기하시기 바랍니다.

2. 답안은 매 문항마다 반드시 하나의 답만 골라 그 숫자에 "●"로 표기해야 하며, 표기한 내용은 수정테이프를 이용하여 정정할 수 있습니다. 단, 시험시행본부에서 수정테이프를 제공하지 않습니다.
   (표기한 부분을 긁는 경우 오답처리 될 수 있으며, 수정스티커 또는 수정액은 사용 불가)
   * 답안지는 훼손·오염되거나 구겨지지 않도록 주의해야 하며, 특히 답안지 상단의 타이밍마크
   (❙❙❙❙❙)를 절대로 훼손해서는 안 됩니다.

3. 필기시험 문제 관련 의견제시 기간: 시험 당일을 포함한 5일간
   * 국방부 군무원채용관리홈페이지(http://recruit.mnd.go.kr) - 시험안내 - 시험문고답하기

제2과목 국가정보학

01 정보와 정책과의 관계에 대한 학설로 적절치 않은 것은?

① 독립성설은 정책공동체와 정보공동체 사이의 절연과 상호간에 독립성을 주장한다.
② 정보는 궁극적으로 정책결정을 위한 방법이자 자료이므로 양자는 서로의 영역을 넘어서서라도 긴밀한 관계를 유지해야 한다는 공생관계설은 민주주의 국가에서의 정보와 정책의 관계에 대한 전통적인 입장이다.
③ 힐스만(Hilsman)과 베어리(Barry)는 정보와 정책의 공생관계를 주장하면서 양자의 밀접함 협력을 강조했다.
④ 유기적 조화설은 정보공동체와 정책공동체는 공생관계까지는 아니지만 상호 절연된 독립관계는 아니라는 견해이다.

02 국가안보 정책결정 주체와 정보시장의 특성에 대한 설명으로 적절치 않은 것은?

① 대통령은 유한한 임기 동안에 공약과 관련한 정책결정권을 행사하며 역사적 업적을 고려하는 속성이 있다.
② 행정 각 부처는 업무 문화에 따라서 국가안보정책을 결정하려는 속성이 있어서, 외교부서는 외교적 협상으로, 국방부서는 국방력으로 문제를 해결하려는 경향이 있다.
③ 의회는 국민의 대표기관임에도 불구하고 조직 규모가 작고 주기적인 선거에 의해 선출되기 때문에 전문화를 기대하기는 어렵다는 근본적인 한계로 인해서, 궁극적인 국가정보의 수요자라고는 할 수 없다.
④ 오늘날 정보의 판매시장에 인터넷 및 24시간 뉴스 같은 다양한 정보채널이 등장하여 국가정보기구의 독점적인 지위가 상실됨에 따라 "생산자 중심의 정보시장"에서 "구매자 중심의 정보시장"으로 변경되고 있다.

03 셔먼 켄트가 정보와 정책의 관계에 대해 "정보는 가능한 많은 지침을 받기 위해서, 기획과 운영에 필요한 만큼 정책과 밀접해야 하지만, 판단의 객관성과 완전성을 상실할 정도로 밀접해서는 안된다."라고 언급한 것은 다음 중 어디에 해당하는 견해인가?

① 정책공동체와 정보공동체 사이의 절연과 상호간에 독립성을 주장하는 독립성설
② 정보와 정책은 서로의 영역을 넘어서서라도 긴밀한 관계를 유지해야 한다는 공생관계설
③ 정보영역과 정책영역은 전혀 별개라는 무관계설
④ 정보공동체와 정책공동체는 공생관계까지는 아니지만 상호 절연된 독립관계는 아니라는 유기적 조화설

04 다음 중 정보조작(Intelligence manipulation)의 대표적인 사례로 논의되는 사건은?

① 2001년 9/11 테러공격
② 인도와 파키스탄의 핵실험
③ 2003년 이라크 전쟁에서의 미국 정보공동체의 이라크 대량살상무기 존재에 대한 정보분석
④ 9/11 테러공격 이후의 2001년 아프가니스탄 공격

05 정보조작(Intelligence manipulation)에 대한 설명으로 적절치 않은 것은?

① 정보실패는 정보조작의 대표적인 사례이다.
② 맥코넥(McCornack)은 정보조작을 협력적 방식으로 일하고 있다는 믿음을 위반하여, 상대방을 잘못으로 인도하는 행위라고 말하면서, 대화 상대자들 간의 정보전달에 관한 일련의 합리적 기대에 대한 위반이라고 정의했다.
③ 정책결정권자를 잘못된 판단에 이르게 하거나 특정한 행동을 유도할 목적, 또는 정책결정권자의 정치적 선호도 등에 부응하기 위하여 기만된 정보를 생산하여 전달하는 것이다.
④ 메츠(Metts)가 분류한 정보조작의 유형에는 정보위작(情報僞作, falsification), 정보왜곡(distortion), 정보누락(omission)의 3가지가 있다.

06 국가이익(國家利益, National Interests)에 대한 설명으로 적절치 않은 것은?

① 국가이익은 국가야망 또는 국가이성을 의미하는 프랑스어 레종 데타(Raison d'etat)에서 유래한 것으로 국가가치 또는 국가목표라고도 한다.
② 국가이익은 주권국가의 대외정책의 중심개념으로 역사, 문화, 전통, 규범 및 시대상황에 따라서 변할 수 있다.
③ 역사적으로 국가이익의 개념은 정치지도자들이 전쟁을 일으키거나 전쟁에 개입하기 위한 훌륭한 개념으로 활용되었다.
④ 국제사회에서 국가이익은 정치이상론자들의 중요한 정책 수단이다.

07 다음 사례의 공통점을 모두 포괄하는 용어로 적절한 것은?

- 1941년 제2차 세계대전 당시 일본의 진주만 기습공격 사건
- 1950년의 한국전쟁과 1951년 중국의 한국전 개입 공격
- 1962년의 중국의 인도 침공
- 1973년의 욤키푸르 전쟁(Yom Kippur War)
- 1982년의 아르헨티나의 영국령 포클랜드 침공 인도(1974년) 파키스탄(1998년)의 핵무기 개발성공
- 2006년 10월의 북한의 핵무기 개발성공

① 정보실패(Intelligence Failure)
② 정책실패(policy failure)
③ 정부실패(government failure)
④ 정보조작(Intelligence manipulation)

08 정보기구의 업무에 대한 통제와 감독의 의의와 내용으로 적절치 않은 것은?

① 정보예산의 집행과 결산을 적절히 했는가?
② 정보기구가 정책적 요구에 적시에 적절히 대처하여 정보 수요를 충족시켜 주었는가?
③ 국가정보기구의 활동 방향과 목표가 적절하게 계획되었고 계획을 차질없이 수행했는가?
④ 통제는 기본적으로 법에 근거한 업무의 순수성을 도모함으로써 전문성을 확보하고 효율성을 증진하려는, 법적이고 사실적인 제반 행위이지만 권한 남용 등에 대한 처벌로 일벌백계함이 가장 중요하다.

09 국가정보기구 업무통제의 효용으로 가장 적절치 않은 것은?

① 국가정보기구에 대한 밀착 감시로 업무의 수월성을 도모하고 행정의 일사분란 함을 확보할 수 있다.
② 예산남용 방지를 통한 업무의 긴장성과 효율성 도모
③ 행정의 책임성 도모
④ 정보기구에 불필요한 정치적 부담 제거

10 코인텔프로의 설명으로 적절하지 못한 것은?

① 국내정보 기구의 국내정보 수집활동에서의 위법적인 활동의 대표적인 사례이다.
② 코인텔프로에 사용된 위장침입, 밀고자와 협조자 활용, 불법수색공작(black bag jobs), 혐의조작 공작(Bad-jacket, snitch-jacket), 치명적 타격(Lethal force) 등의 활동은 어떤 경우에도 사용될 수 없는 정보활동이다.
③ 일부 시민들은 코인텔프로 공작에 대한 위법성을 근거로 여러 건의 소송을 제기했고, 법원은 적법한 조직을 분열하고 파괴하려는 의도 또는 조직원들을 이탈시키려는 의도 아래에서 행하여진 공권력 행사는 헌법위반이라고 판결했다.
④ FBI의 방첩공작 프로그램(Counter Intelligence Program)의 철자약어로, 반체제 단체에 대한 붕괴를 목적으로 1956년부터 1971년 사이에 전개한 적극적 정보활동이었다.

11 군의 정보활동에 대한 설명으로 적절치 않은 것은?

① 오늘날 문민우위의 헌법 원칙상 전쟁이나 국가재난사태가 선포된 비상시를 제외한 평화시에는 일상적 시민활동에 군의 개입은 용납되지 않는 것이 대다수 민주국가의 헌법 원칙이다.
② 군대는 원칙적으로 평화시의 자원봉사활동 이외에는, 외국과의 전쟁에 대비하라고 조직된 특별한 기구이다. 민간영역에 대한 법 집행에 군을 사용함은 문민정부를 군사통치에 굴복시키는 것으로 금지되어야 하며, 이러한 원칙은 미국의 오랜 헌법전통이다.
③ 신호정보와 영상정보활동을 포함한 어떤 경우에도 평시에는 군정보기구가 민간인을 상대로 한 정보활동의 가능한 영역이 존재하지 않는다.
④ 미국 국방구 소속인 국가안보국은 노스콤(NORTHCOM)이라는 북부 사령부를 신설하여 일반인을 포함한 총체적 테러인식프로그램을 전개했다. 그 가운데의 하나가 탈론(Threat and Local Observation Notice)으로 요주의 인물이나 의심스러운 활동가들에 대한 위협과 현장목격 탐지활동이다.

12 다음 중 정보공동체의 업무에 대한 미국 행정부의 자체 통제기구가 아닌 것은?

① 사생활과 시민의 자유 감독위원회(Privacy and Civil Liberties Oversight Board)
② 관리·예산실(Office of Management and Budget: OMB)
③ 법사위원회
④ 정보감독위원회(Intelligence Oversight Board: IOB)

13 미국 정보공동체에 대한 통제입법 가운데 정보기구 내부의 문제점을 고발할 수 있는, 내부고발자(whistle blowers) 제도를 규정한 법안은 무엇인가?

① 휴-라이언 개정법(Hughes-Ryan Amendment)
② 정보수권법 수정안(Intell. Authorization Act of 1999)
③ 정보감독법(Intelligence Oversight Act of 1980)
④ 해외정보감독법(Foreign Intelligence Surveillance Act)

14 미국 애국법(USA PATRIOT Act)에 대한 설명으로 적절치 않은 것은?

① 애국법은 2001년 9/11 본토에 대한 테러공격을 당한 후 미국시민들의 애국심을 고양할 목적으로 재정된 실질적으로 애국(Patriot)에 대한 입법으로 애국법이 실질명칭이다.
② 4년 한시법이었지만 재연장되었고 일부 조항은 영구조항으로 편입되었다.
③ "침입과 정탐(Sneak-and-Peek searches)" 조항은 연방형사소송 영장신청 요건을 배제하고 합리적 필요성(Reasonable necessity) 즉 가능성에 대한 개연성만 있으면 가능하도록 했다.
④ 사서조항은 양심과 학문의 자유에 대한 기본권을 근본적으로 침입한다는 비판을 받는다.

15 대한민국 국가정보체계에 대한 설명으로 가장 적절한 것은?

① 미국의 국가정보국장(DNI) 체제와 유사하다.
② 영국의 합동정보위원회(Joint Intelligence Committee) 체계와 유사하다.
③ 미국의 구 중앙정보국장(DCI) 체계에 해당한다.
④ 복수정보기구의 대등한 평면적 경합체계이다.

16 손자는 전쟁에서 가장 좋은 방법은 싸우지 않고 이기는 것(不戰而屈)이라고 했고, 그 최상책이 "적의 전의(戰意)를 꺾어버리는 벌모(伐謨)"라고 했다. 손자가 적국과의 전쟁에서 가장 중요한 것으로 제시한 것은 무엇인가?

① 적국의 백성을 이용하는 향간(鄕間)
② 적의 관리를 이용하는 내간(內間)
③ 적의 간첩을 활용하는 반간(反間)
④ 허위 정보를 준 뒤 적에게 붙잡혀 죽게 하는 사간(死間)

17 미션 크립(mission creep)에 대한 설명으로 적절하지 않은 것은?

① 국가안보에 대한 무한책임을 부담하는 국가정보기구가 자발적으로 임무를 찾아서 수행하는 현상으로 정보기구의 바람직한 적극적인 업무수행 현상을 말한다.
② 처음에는 군사작전(military operations)에서 사용된 용어였다.
③ 미션 크립은 참사와 같은 엄청난 실패를 경험한 연후에야 중단하는 목적 추구성을 가진다.
④ 미션 크립의 관점에서 국정원의 임무는 국가정보원법 제3조에 규정된 내용으로 한정되는 것으로 보고, 더 나아가 다른 법에서 국가정보기구의 임무를 추가하는 방식으로 업무를 확장해서는 안 된다는 입장인 임무근거 한정설이다.

18 한국의 국가정보원법상 국가정보원의 임무로 적절치 않은 것은?

① 정보분석(Intelligence Analysis)
② 비밀공작(Covert Operation)
③ 방첩공작(Counterintelligence Operation)
④ 정보수집(Intelligence Collection)

19 국가정보학의 연구방법으로 적절치 않은 것은?

① 설립 및 활동에 관한 법적 제도적 분석
② 성공 및 실패사례를 통한 사례 연구
③ 정보순환과정 체계의 분석
④ 정치활동 관여 분석

20 국가정보의 수집·작성 및 배포업무와 관련된 설명으로 적절하지 않은 것은?

① 국외정보의 범위와 영역 제한은 없다. 그러므로 우주, 남극, 북극에 대한 정보도 해당된다.
② 법 규정 형식상 정보의 생산과 배포는 재량행위가 아니라 의무적인 기속행위이다.
③ 법문에는 국가정보의 수집·작성 및 배포라고만 되어있으므로 원칙적으로 정보분석은 국정원의 임무가 아니다.
④ 국내정보는 대공·대정부 전복·방첩·대테러 및 국제범죄조직의 국내보안정보에 한한다.

21 지구촌화하는 탈냉전시대의 대외안보환경의 변화로 적절치 않은 것은?

① 국가안보능력이 상대적으로 강화되었다.
② 경제, 자원, 환경, 사회문제 등 비군사적인 요소들을 포함하는 개념으로 변화하고 있다.
③ 국가 간의 상호의존성이 증대되면서 국가안보의 관심영역도 확대되고 있다.
④ 국가안보의 대상국이 확대되면서 적대국가와 우호국가의 구분이 모호해졌다.

22 목적성을 가지고 의도적으로 수집된 사실로서 신문기사, 방송뉴스 등을 무엇이라고 하는가?

① 정보(intelligence)
② 첩보(information)
③ 자료(data)
④ 지식(knowledge)

23 "정보는 관련대상국과 지역에 관한 획득 가능한 지식의 수집·처리·종합·분석·평가 및 해석으로 얻어진 결과"라고 정의한 학자는 누구인가?

① 셔먼 켄트(Sherman Kent)
② 마크 로웬탈(Mark M. Lowenthal)
③ 제니퍼 심즈(Jennifer Sims)
④ 제프리 리첼슨(Jeffery T. Richelson)

24 다음 중 판단정보(evaluative form)로 적절치 않은 것은?

① 경제 및 산업정책의 변화
② 국제정세에 대한 국민의 인식정도
③ 전쟁동원능력 정보
④ 위기시 외교협상전략 정보

25 국가정보기관의 정보활동 목표는 궁극적으로 국가안보의 확보라고 볼 수 있다. 국가정보활동에 대한 설명으로 적절치 않은 것은?

① 국가정보활동으로 수집한 국가정보는 국가정책 담당자의 정책결정과정에 효과적으로 사용되어짐으로써 효용성을 보장받는다.
② 국가정보활동은 국가안보를 확보하기 위한 중요한 수단으로서 역할을 한다.
③ 국가정보활동은 국가정보기관만 수행하여야 하며, 다른 국가기관은 정보수요자로서 역할만 수행하여야 한다.
④ 국가정보활동은 정보기관의 고유활동으로서 국가자원의 효율적인 배분과 활용에 지대한 영향을 미친다.

제3과목 정보사회론

01 다음 빈칸에 들어갈 알맞은 말을 고르시오.

> ☐(A)☐에서 설명되어야 한다고 본다. 스튜어(1992)가 대표적인데, 그는 가상현실을 "지각하는 사람이 ☐(B)☐을 경험하는 실재의 또는 모사된 환경"이라고 정의했다. ☐(C)☐은 커뮤니케이션 수단에 의해 어떤 환경 안에 '존재한다는 느낌'을 받는 것이다.

	(A)	(B)	(C)
①	지각 관점	가상성	현실감
②	경험 관점	감각	원격현전
③	경험 관점	원격현전	원격현전
④	지각 관점	가상성	원격현전

02 다음 중 기계학습 알고리즘이 아닌 것은?

① 지도학습
② 비지도학습
③ 강화학습
④ 규칙학습

03 다음 빈칸에 들어갈 알맞은 말을 고르시오.

> ☐☐☐은 동일한 웹사이트의 구성 요소만 변경해 상이한 집단에 보여주고 그 효과를 측정하는 방법이다. 2012년 미국 대통령 선거에서 당시 오바마 후보는 웹페이지의 사진 변경과 클릭 버튼 변경을 통해 가장 많은 확률로 뉴스레터를 구독하는 웹페이지를 알아내 이를 수행하여 성공적인 선거 캠페인에 기여했다.

① 비교 테스팅
② 분류 테스팅
③ 분할 테스팅
④ 캐치 테스팅

04 다음 빈칸에 들어갈 알맞은 말을 고르시오.

> ☐☐☐기술은 소프트웨어 개념을 도입한 것으로 공격자가 암호화 키를 알아낼 수 있다는 가정에서 시작되었다. 암호화 키 정보를 소프트웨어로 구현한 알고리즘에 섞어 공격자가 알고리즘 내부를 분석해도 암호를 쉽게 유추하기 어렵기 때문에 강력한 보안을 보장한다.

① 블랙박스 암호화
② 화이트박스 암호화
③ 공개키 암호화
④ 공용키 암호화

05 다음 빈칸에 들어갈 알맞은 말을 고르시오.

> ☐(A)☐알고리즘은 내비게이션에서 최단 경로를 찾거나 최적 재고관리와 생산일정을 결정하고 국가 에너지 수급계획을 마련하는 것과 같은 문제를 해결하는 알고리즘이다. ☐(B)☐알고리즘은 사물이나 여러 대상을 적절하게 묶는 의사결정에 사용되는 알고리즘이다. 이는 의사결정문제의 기반이 되는 수리 모형, 구현 전략, 사용 목적에 따라 다양하게 유형화할 수 있다.

	(A)	(B)
①	최적화	분류형
②	최적화	회귀형
③	회귀형	선별형
④	선형	선별형

06 (A), (B), (C)에 들어갈 알맞은 말을 고르시오.

> ☐(A)☐은/는 자연과 인간의 다양한 활동에 대한 기록을 모아 둔 것이고, 이를 특정한 목적에 부합하게 정리한 것을 ☐(B)☐라고 한다. 또는 ☐(A)☐에서 추출한 특정한 사실의 총합을 ☐(B)☐라고 하기도 한다. 그런 맥락에서 ☐(B)☐는 ☐(C)☐와/과 동의어로 사용할 수도 있다.

	(A)	(B)	(C)
①	지식	데이터	정보
②	데이터	이론	지식
③	정보	데이터	지식
④	데이터	정보	지식

07 ≪상징적 비참≫(2004)에서 디지털기술이 발전하고 소비주의적인 자본주의 사회에서 개인들이 더 이상 창의적으로, 비판적으로, 독립적으로 사고하고 행동하기 힘들고, 기술에 의해 주어지는 것만을 소비할 수 밖에 없는 상태에 놓이게 된다고 주장한 학자를 고르시오.

① 콜린 쿠프먼
② 베르나르 스티글레르
③ 닉 쿨드리
④ 저스틴 루이스

08 다음 설명이 뜻하는 말을 고르시오.

관계적 인간관에 입각하여 인간 행위와 사회 구조의 효과를 설명하려는 시도로, 사회학에서 개인, 집단, 사회의 관계를 네트워크로 파악하는 개념이다. 개인, 집단, 국가가 각각 하나의 노드이며, 사회연결망은 각 노드들 간의 상호의존적인 관계에 의해 만들어지는 사회적 관계 구조를 의미한다.

① 사회연결망
② SNS연결망
③ 관계연결망
④ 네트워크연결망

09 다음 설명이 뜻하는 말을 고르시오.

미국 심리학자 영이 논문에서 새로운 임상장애 유형으로 규정하고 인터넷 중독자를 판별하는 기준을 만들면서 사용하게 된 용어이다. 이후 인터넷 게임 장애의 질병코드 등재에 대해 많은 논의가 이어지다가 2019년 5월, 세계보건기구(WHO)는 게임 중독에 '게임이용장애'라는 질병코드를 부여했다.

① 게임 중독
② 인터넷 중독
③ 디지털 중독
④ 컴퓨터 중독

10 다음에서 설명하는 용어를 고르시오.

- 광(光) 또는 전자적 방식으로 처리되는 부호, 문자, 음성, 음향 및 영상 등으로 표현된 모든 종류의 자료 또는 지식.
- 공공기관이 직무상 작성 또는 취득하여 관리하고 있는 문서(전자문서 포함)・도면・사진・필름・테이프・슬라이드 및 그 밖에 이에 준하는 매체 등에 기록된 사항.

① 데이터
② 정보
③ 지식
④ 기록

11 다음 중 데이터 3법이 아닌 것은?

① 개인정보 보호법
② 정보통신망법
③ 지적재산권법
④ 신용정보의 이용 및 보호에 관한 법률

12 다음 빈칸에 들어갈 알맞은 말을 고르시오.

인공지능은 정보사회의 핵심 과학기술이고, 이를 통한 사회의 변혁을 목전에 두고 있다. 이에 따라 인공지능 관련 법률이나 인공지능 윤리 가이드라인이 속속 만들어지고 있다. 아직 인공지능에게 책임을 부여하는 □□□□□을/를 정하는 것은 시기상조이고, 과학기술의 발전 정도와 사회적 수용성에 따라 논의가 발전할 수 있을 것으로 생각된다.

① 의지 함양력
② 주체 결정력
③ 자율 행동성
④ 권리 주체성

13 다음 설명이 뜻하는 용어를 고르시오.

벤담이 1791년 최소한의 비용으로 감시 통제가 가능한 감옥으로 제안한 것인데, 그의 생전에는 현실화되지 못하였고, 벤담 사후에 각국에서 효율적인 감옥의 원형으로 실시되기도 하였다. 이 감옥은 감옥 중앙에 설치된 감시탑을 중심으로 이를 둘러싸고 수감실을 배치하여 수감자에 대한 감시를 효율적으로 하는 구조로 설계되었다.

① 좌표찍기
② 판옵티콘
③ 시놉티콘
④ 디지털 교도소

14 다음 빈칸에 들어갈 알맞은 말을 고르시오.

장면을 만들기 위한 모든 장치와 방법들을 의미한다. 연극, 영화, 공연 등에서 배우들의 연기를 최대한 현실감 있게 하기 위해 동원되는 수많은 장치들과 배우분장 등이 모두 ☐에 포함된다.

① 속임수
② 미쟝센느
③ 합동공연
④ 아노미 이론

15 다음 빈칸에 들어갈 알맞은 인물을 고르시오.

집단지성은 협력, 집합적 노력, 혹은 경쟁을 통해 공유되고 합의된 지적 능력을 의미한다. 이 개념은 미국 생물학자인 ☐가 제시했다고 알려져 있다. ☐는 흰개미가 개별 개체로는 미약하지만, 집단 내 협업을 통해 생존하는 과정을 관찰하면서 흰개미가 상호작용을 통해 집단 수준에서 형성하는 지적 능력에 주목하였다.

① 휠러
② 레비
③ 모스코
④ 하버마스

16 다음에서 설명하는 가장 적절한 용어를 고르시오.

월드와이드웹상에서 검색하고자 하는 특정 정보를 체계적으로 찾을 수 있도록 설계된 소프트웨어를 의미한다. ☐은/는 인터넷에서 사용자가 원하는 정보와 데이터를 신속하고 정확하게 찾을 수 있도록 다양한 기능을 갖추고 검색의 실행을 지원한다.

① 공론장
② 큐레이션
③ 검색 엔진
④ 구글 소프트웨어

17 하버마스가 공론장의 3가지 제도적 기준으로 제시한 것이 아닌 것은?

① 비배제성
② 동등성
③ 합리성
④ 참여성

18 다음 중 '온라인 시장'의 특성이 아닌 것은?

① 경제적 교환에 대해 제공되는 정보가 증가하고 거래의 시공간적 제약이 감소되었다.
② 소비자가 자신의 소비를 다른 사람들에게 알리고 이를 통해 정체성과 사회적 지위를 형성하는 경향이 나타났다.
③ 소수의 판매자가 압도적으로 높은 시장 점유율을 보이는 '승자 독점' 현상이 강화되고 있다.
④ 가격 검색 기능으로 가격 분산성이 소멸되었다.

19 다음은 '플랫폼 기업'에 대한 설명이다. 가장 옳지 않은 것을 고르시오.

① 멀티 호밍은 플랫폼 기업이 가진 위험 중 하나이다.
② 플랫폼 기업은 시장 참여자에게 인센티브를 제공하거나 서비스를 차별화하여 발생할 수 있는 위험에 대응하고자 한다.
③ 서비스 규약을 통해 생산자와 소비자 간의 직접 상호작용을 연결하기도 한다.
④ 에스크로를 활용해 거래의 안정성을 보장하고자 한다.

20 다음 빈칸에 들어갈 알맞은 말을 고르시오.

> 인공지능, 빅데이터와 같은 기술의 진화는 이용자의 선택성 증대와 이용 경험의 심화라는 형태로 나타나고 있다. 미디어(콘텐츠) 이용 환경이 아날로그 기반이던 시절에 이용자의 선택권은 극히 제한적이었으며, 이에 따라 미디어(콘텐츠) 이용 양상도 획일적인 양상을 보였다. 하지만 디지털시대로 접어들면서 이용자의 미디어(콘텐츠) 이용 양상이 _____되는 양상이 나타난다.

① 파편화
② 세분화
③ 다양화
④ 개별화

21 다음 설명 중 옳지 않은 것은?

① 저작권이란 시, 소설, 음악, 미술, 영화, 연극, 컴퓨터프로그램 등과 같은 '저작물'에 대하여 창작자가 갖는 권리를 말한다.
② 저작권은 저작재산권과 저작인격권으로 나눌 수 있다.
③ 저작권은 다른 사람에게 빌려 줄 수 없다.
④ 저작재산권도 일정한 범위 안에서는 저작자가 그 권리를 행사할 수 없다.

22 다음 중 뉴미디어 기술의 발전 동향이 아닌 것은?

① 디지털화
② 멀티미디어화
③ 개별화
④ 휴대성 증가

23 '기록'의 구성요소가 아닌 것은?

① 내용
② 형식
③ 구조
④ 맥락

24 정보의 비대칭성으로 인해 나타날 수 있는 결과가 아닌 것은?

① 역차별
② 역선택
③ 시장실패
④ 도덕적 해이

25 매클럽이 분류한 정보산업관련 직업군이 아닌 것은?

① 지식의 운반자
② 지식의 생산자
③ 지식의 창조자
④ 지식의 변형자

군무원 정보직 FINAL 실전동형 봉투모의고사
제2회 모의고사

정보직

제1과목		제2과목	국가정보학
제3과목	정보사회론	제4과목	

응시번호		성 명	

〈 안내 사항 〉

1. 답안지의 모든 기재 및 표기사항은 반드시 『컴퓨터용 흑색사인펜』으로만 작성하여야 합니다.
   (사인펜에 "컴퓨터용"으로 표시되어 있음) (사인펜 본인 지참)
   * 매년 지정된 펜을 사용하지 않아 답안지가 무효처리 되는 상황이 빈발하고 있으므로, 답안지는 반드시 『컴퓨터용 흑색사인펜』으로만 표기하시기 바랍니다.

2. 답안은 매 문항마다 반드시 하나의 답만 골라 그 숫자에 "●"로 표기해야 하며, 표기한 내용은 수정테이프를 이용하여 정정할 수 있습니다. 단, 시험시행본부에서 수정테이프를 제공하지 않습니다.
   (표기한 부분을 긁는 경우 오답처리 될 수 있으며, 수정스티커 또는 수정액은 사용 불가)
   * 답안지는 훼손·오염되거나 구겨지지 않도록 주의해야 하며, 특히 답안지 상단의 타이밍마크
   (▮▮▮▮▮)를 절대로 훼손해서는 안 됩니다.

3. 필기시험 문제 관련 의견제시 기간: 시험 당일을 포함한 5일간
   * 국방부 군무원채용관리홈페이지(http://recruit.mnd.go.kr) - 시험안내 - 시험묻고답하기

제2회 모의고사

제2과목 국가정보학

01 다음 정보의 정책결정과정에서의 기능으로 적절하지 않은 것은?

① 정보는 정책결정자로 하여금 정책환경을 진단하는 데 중요한 역할을 담당한다.
② 정보는 정책을 수립하고 조정하는 기능을 수행한다.
③ 정보는 유용한 정책을 판단하는 데 참여한다.
④ 정보는 정책의 집행시기를 판단하는 데 필요한 정보를 제공한다.

02 다음은 첩보수집수단의 효과적 운용에 관한 내용이다. 적절하지 않은 것은?

① 인간정보수집은 직접적인 신변위협을 받으나 기술정보수집은 신변위험이 거의 없다.
② 인간정보와 기술정보간 상호 보완적 중첩 운영시 시너지 효과가 있다.
③ 공개출처정보는 인간 및 기술정보의 단초를 제공한다.
④ 테러, 마약 등 인간관계를 추적시는 신호정보가 효과적이다.

03 다음 중 공작관의 다른 호칭이 아닌 것은?

① 통제관(Controllers)
② 안내자(Couriers)
③ 간섭자(interferer)
④ 조종관(Agent Handler)

04 다음 중 공직가장정보관(Official Cover)의 장단점으로 적절하지 않은 것은?

① 다양하고 광범위한 대상자와 접촉가능, 폭넓은 정보수집 활동
② 수집된 정보는 외교채널로 전송, 활동비 등 생활편의 공식지원
③ 주로 공개된 장소에서 공식적인 대상자 접촉, 고급정보 수집 제한
④ 외교적 면책특권과 주재국 정부관리나 다른 외교관 접촉 용이

05 정보통제의 배경으로 맞지 않는 것은?

① 정보통제는 냉전종식과 함께 정보기구의 비공개원칙에 대한 도전으로 접근해왔다.
② 정보통제는 국민들의 알 권리, 사생활의 비밀과 자유, 탈정치와 탈권력 등에 대한 요구가 증대함으로써 확산되었다.
③ 정보기구에 대한 통제가 대두되기 시작한 것은 미국의 워터게이트 사건이 발생한 것이 계기가 되었다.
④ 정보기구 내부의 통제체제가 별도 설립 및 운영되어 자체 통제기능이 활성화된 데 따른 것이다.

06 다음은 MASINT에 대한 설명이다. 적절하지 않은 것은?

① 일반적 신호수집수단
② 단방향 수집, 진동주파수 감지
③ 땅굴탐지에 사용, 차량의 진동파 포착 이동 표적 추적
④ 자신의 신호를 보내 반사신호 분석(교신분석)

07 다음 비밀밀생산에 대한 설명으로 적절치 않은 것은?

① 비밀생산은 비밀취급 인가를 받은 자만이 생산할 수 있다.
② 비밀은 생산을 종료한 후에 배프계획을 수립, 비밀을 첨부하여 결재를 받아야 한다.
③ 비밀의 양이 많으면 많을수록 누설이나 분실의 위험성은 그만큼 커지기 때문에 생산부수 자체를 통제할 필요가 있다.
④ 비밀 원본이 단일건의 문서나 찰자로 되어 있어도 효과적인 비밀보호를 위해서는 배포처에 따라 재편집하여 배포하여야 한다.

08 인터넷의 보급으로 지식정보화 사회에 기여한 반면 역기능도 적지 않다. 다음 중 인터넷의 역기능을 가장 적절하게 설명한 것은?

① 정보자료의 훼손 또는 절취, 사회 기반시설의 운영방해 등 각종 피해가 일부 분야에 국한되어 노출되어 있는 실정이다.
② 정보자료에 대한 피해는 개인의 프라이버시 침해, 기업·연구소의 산업기밀 유출, 국가의 중요 전략노출 등 유형이 있으며 점점 심각성을 더해가고 있다.
③ 사회 기반시설 피해는 정보자료에 비해 발생 빈도가 상대적으로 작기 때문에 사회적 혼란을 초래하지 않는다.
④ 특히 인터넷에 연계된 국가 중요기반시설이 피해를 당하는 경우가 있을 수 있지만 군지휘통신망의 두절로 인한 군 작전수행 불능 등 심각한 혼란을 초래할 수는 없다.

09 다음 대테러부대와 국가간의 연결이 올바르지 않은 것은?

① 미국 - SAS
② 독일 - GSG-9
③ 프랑스 - GIGN
④ 일본 - SAT

10 인원보안의 수단을 설명한 것으로 틀린 것은?

① 동향파악: 대상자의 환경변화나 파악하지 못한 신원정보를 체계적으로 관찰하고 수집하는 것이다.
② 신원파악: 대상자의 보직, 담당업무 조정 등 대상자를 효과적으로 관리하기 위한 것이다.
③ 요인보호: 중요공직자의 신분에 적절하게 경호하는 것을 말한다.
④ 보안교육: 보안에 대해 정확히 이해시키고 실천의지를 심어주기 위한 것이다.

11 비밀공작의 종류에 대한 설명으로 틀린 것은?

① 선전공작은 모든 비밀공작의 기본이 되는 활동으로서 장기적인 측면에서는 정치공작 및 준군사공작의 기반이 된다는 점에서 중요하다.
② 정치공작의 일환인 영향력공작은 대상국가의 정책을 통해 아국에 영향을 미치게 하는데 목적이 있다.
③ 경제공작은 대상국의 경제기반을 붕괴시켜 자국의 정책에 유리하게 변경시키는 공작이다.
④ 준군사공작은 대상국 정부를 전복할 목적으로 군사력을 사용하는 것으로 대규모 무장단체가 장비와 훈련을 갖추어야 한다.

12 다음은 우리나라 대테러 대응관련 내용이다. 적절하지 않은 것은?

① 국정원 산하 대테러활동 관련 실무조정 등을 하는 대테러센터 설치
② 국가정보원 테러정보종합센터에서 국내외 테러 관련 정보 통합관리 24시간 상황 처리 체제 유지
③ 국가테러대책위원회는 국민보호와 공공안전을 위한 테러방지법에 따라 국가 테러업무의 컨트롤 타워 역할 수행
④ 대테러센터는 테러징후 포착시 대테러센터장이 테러대책 실무위원회의 심의를 거쳐 경보발령 후 위원장에게 보고

13 다음 중 경제방첩을 가장 적절하게 설명 한 것은?

① 경제방첩은 적대국에 화폐개혁설, 세금인상설 등 경제관련 유언비어를 유포하는 것이다.
② 경제방첩은 대상국의 첨단기술을 탐지, 획득하여 자국의 경제이익을 증대시키는 활동이다.
③ 미국은 경제스파이활동을 국가안보위협리스트에 명시하여 경제방첩을 국가안보의 중요한 국가정보기관의 정보활동으로 다룬다.
④ 경제방첩은 외국을 위하여 국가경제와 관련된 기밀을 탐지하거나 영향력을 행사하는 경제스파이 행위를 말한다.

14 다음 중 국제범죄의 특징으로 적절치 않은 것은?

① 조직, 시간적 연속성을 가진 집단이 2개국 이상 국민과 지역에 범죄를 행하는 조직
② 수직적 권력체계, 엄격한 규율, 맹목적 충성강요
③ 조직원 임무는 상호간 체계적으로 소통하여 알수 있도록 분업화
④ 조직규모와 관계없이 2개국 이상 연계된 마약 밀패, 위폐, 밀수 등 국가안보 및 국제질서에 해를 끼치는 조직

15 다음 중 마약생산과 관련된 조직 이름은?

- '황금의 초승달'이라고 불리는 이란, 파키스탄, 아프가니스탄 국경지대의 마약 생산지를 소유
- 전세계 아편, 헤로인의 상당부분이 아프가니스탄에서 생산

① 무자헤딘
② 샨연합군
③ 헤즈볼라
④ 빛나는 길

16 다음 중 사이버범죄의 영향으로 적절치 않은 것은?

① 불건전정보 유통 등 사회적 부작용
② 정보화 사회에서의 불안과 불신의 원인
③ 법적, 윤리적 규범의 미비로 처벌 제한
④ 정보침해의 복잡성

17 다음 중 정보사령부의 임무가 아닌 것은?

① 백두정찰기를 이용하여 영상정보를 획득 및 지원한다.
② 정보사령부는 주로 인간정보를 수집한다.
③ 정보사령부의 임무 중 최근 MASINT를 수집하는 부서가 조직되었다.
④ 공개정보를 수집하여 분석하기도 한다.

18 다음은 어느 해킹 기술에 대한 설명인가?

해커가 머물러 있거나 단순히 악용하고자 하는 호스트의 개인주소를 변경시킴으로써 해킹하는 방법

① 백도어(back door)
② 스니핑(sniffing)
③ 스푸핑(spoofing)
④ 스머핑(smurfing)

19 다음 중 해킹과 관련된 사이버공간 상 새로운 범죄유형은?

① 개인 신용정보 도용, 불법적 개인정보 수집
② 사이버절도(게임아이템 등), 전자문서 도용, 변조, 파괴
③ 전자상거래 범죄, 인터넷 사기, 사이버 성희롱/성폭행, 스토킹, 허위사실 유포 등
④ 컴퓨터 바이러스 유포, 스팸메일 발송

20 다음 해외정보기관 중 정보기능과 수사기능이 분리된 정보기관이 아닌 것은?

① 영. 외무부 비밀정보부(SS, MI6)
② 독. 총리직속 연방정보부(BND)
③ 이스라엘. 수상직속 모사드(Mossad)
④ 일. 법무성 공안조사청(PSIA)

21 다음 공개출처의 첩보수집에 대한 설명으로 가장 적절하게 설명한 것은?

① 세계 각국의 정보기관은 공개출처 첩보수집을 정보활동으로 다루지 않는다.
② 각 정보기관은 공개출처 첩보수집도 은밀하게 다룬다.
③ 디지털 매체를 통해 공개출처의 첩보를 수집함으로써 비용이 절감된다.
④ 세계 각국의 정보기관은 정보화, 세계화에 따라 공개정보를 보호하는데 투자를 증대하고 있다.

22 다음 중 정보보고서를 기술한 내용으로 가장 적절한 것은?

① 정보보고서는 국가정책의 미래를 이끌어가는 정치지도자를 위한 보고서가 되어야 한다.
② 정보보고서는 정보내용의 특성을 기준으로 기본정보, 현용정보, 판단정보로 구분한다.
③ 정보보고서는 국가안보와 국가이익을 증진하는 국가정책의 수립과 집행을 책임진다.
④ 정보보고서는 정보수요자에게 정책 내용을 전문적으로 설명할 수 있어야 한다.

23 다음 정보실패에 대한 설명으로 가장 적절치 않은 것은?

① 정보실패란 국가이익과 안보에 치명적인 영향을 끼칠 수 있는 현상을 예측하지 못함으로써 국가적으로 상당한 손실을 발생케 하는 상황을 의미한다.
② 정보실패는 첩보수집 미흡, 분석관의 오류, 정보의 정치화 및 정보체계의 경직성 등으로 인해 발생한다.
③ 정보실패는 분석관의 자질 향상, 정보분석관과 사용자 간의 관계 개선, 정보실패에 명백히 책임있는 정보기관이나 부서조직 개편 등으로 극복한다.
④ 정보실패는 정보분석의 정치화가 주요 원인이므로 정보기관과 정보분석관은 정부와의 거리를 최대한 멀리해야 한다.

24 다음 주요국의 정보기구에 대한 설명으로 적절하지 않은 것은?

① 일본의 정보기구는 기업을 포함하여 다원화된 일본 나름의 특색있는 국가정보체제를 구성하고 있다.
② 중국의 정보기구는 당과 군의 지도부에 의해 지휘 통제를 받는 양상을 보인다.
③ 프랑스의 대외안보총국은 외교부 산하 정보기관이다.
④ 독일의 정보기구 연방정보국(BND)은 2차대전 말기 미국과의 비밀협정에 의해 창설되었다.

25 다음 국가정보원에 대한 설명으로 가장 맞지 않는 것은?

① 국가정보원의 부문정보기관에 대한 조정·감독 기능이 기획·조정 기능으로 변했으나, 법적 근거를 갖고 운용해왔다.
② 국가정보원의 전신인 중앙정보부 창설은 부문정보기관의 난립에 따른 업무중복과 상호 과도한 경쟁에 따른 국가예산과 국가정보역량의 낭비를 예방하기 위한 것이었다.
③ 국가정보원은 대통령 직속으로 대통령을 독대하여 지시와 감독을 받고 보고한다.
④ 국가정보원은 국가정보생산, 국가기밀관리, 간첩수사 및 직원범죄수사, 정보 및 보안 업무 기획과 조정업무를 수행한다.

제3과목 정보사회론

01 다음과 같이 가상현실을 정의한 학자를 바르게 배열한 것을 고르시오.

> 1) 가상현실은 참여자가 수신한 정상적인 감각 입력을 컴퓨터가 산출한 정보와 대치시킴으로써, 참여자가 실제로 다른 세계에 있다고 확신하게 만드는 것이다.
> 2) 컴퓨터로 생성된 디지털 환경을 마치 실제인 것처럼 경험하고 상호작용할 수 있는 것이다.
> 3) 컴퓨터로 생성된 몰입적이고 상호작용적인 경험이다.

① 하임 - 제럴드 - 피켄텔과 테이셰이라
② 스튜어 - 제럴드 - 밀그램과 키시노
③ 제럴드 - 하임 - 베르나르 스티글레르
④ 스튜어 - 큐블러 - 새넌과 위버

02 다음 빈칸에 들어갈 알맞은 말을 고르시오.

> 머신 러닝에서 _____은 알고리즘이 학습 데이터에 오버피팅한 상태이거나 정확하게 일치할 때 발생하며 그 결과 모델이 학습 데이터가 아닌 다른 데이터에서 정확한 예측을 생성하거나 결론을 도출할 수 없게 된다.

① 부적합
② 과적합
③ 정적합
④ 다적합

03 전기전자공학자협회가 2019년 발간한 보고서에서 윤리적 인공지능 구현을 위한 3대 원칙으로 나온 것이 아닌 것은?

① 데이터 주권 보호
② 보편적 인간가치 구현
③ 정치적 자기결정 및 데이터 주권 실현
④ 믿을 수 있는 기술의 구현

04 다음 중 다니엘 벨의 탈산업사회의 특징이 아닌 것은?

① 서비스 경제
② 직업분포
③ 사회운영의 기본원리
④ 현재지향

05 '데이터 식민주의'로 현대 정보사회의 총체적 흐름을 요약한 학자를 고르시오.

① 마뉴엘 카스텔
② 빌렘 플루서
③ 닉 쿨드리
④ 제프 올로프스키

06 사회학자 퍼트넘은 사회자본을 서로에게 이익이 되고 협력을 용이하게 하는 네트워크나 규범, 신뢰와 같은 사회조직화의 특성으로 정의했다. 다음 중 사회자본의 구성요소가 아닌 것은?

① 연결망
② 신뢰
③ 사회규범
④ 네트워크

07 다음 빈칸에 들어갈 알맞은 말을 고르시오.

한국정보화진흥원에서는 디지털 과의존을 "과도한 스마트폰 이용으로 스마트폰에 대한 현저성이 증가하고, 이용 조절력이 감소하여 문제적 결과를 경험하는 상태"로 정의한다. 여기서 현저성이란 개인의 삶에서 스마트폰을 이용하는 생활 패턴이 다른 형태보다 두드러지고 가장 중요한 활동이 되는 것을 의미한다. ☐☐☐는 이용자의 주관적 목표 대비 스마트폰 이용에 대한 자율적 조절능력이 떨어지는 것을 의미한다.

① 자제실패
② 관리실패
③ 조절실패
④ 자기실패

08 다음 설명이 뜻하는 용어를 고르시오.

자유롭게 정보를 수집하거나 정보공개를 청구할 수 있는 권리로서 현행 헌법상 명문 규정은 없지만 일반적으로 인정되고 있었다. 공공기관에 대한 정보공개 청구제도가 이것을 보장하기 위한 대표적 제도이다.

① 줄권리
② 알권리
③ 수집 권리
④ 청구 권리

09 다음 빈칸에 들어갈 알맞은 말을 고르시오.

소셜 미디어 중에서 자신의 존재감을 드러내는, 즉 자기 ☐☐ 주의를 보여주는 대표적인 것은 페이스북이다.
글, 사진, 영상의 조합으로 만들어진 자신의 일상에 대한 콘텐츠는 페이스북을 통해 다른 이들에게 업로더의 존재감을 알려준다.

① 과시
② 전시
③ 도취
④ 혐오

10 다음 빈칸에 들어갈 알맞은 말을 고르시오.

사이버 공간은 개별자들의 세계가 아니라, 개별자가 지닌 ☐☐들을 구현하는 ☐☐들의 세계이다. ☐☐의 다발로 구성된 캐릭터가 바로 디지털 자아이며, 그러한 캐릭터를 구성해 낸 현실의 본래자아를 대신하여 사이버 대리자아가 활동한다.

① 품성
② 개성
③ 특성
④ 속성

11 1965년에서 1980년 사이에 출생하여 현재 ☐☐☐ (이)라 불리는 'X세대'는 윗세대와 마찬가지로 인터넷이 부재했던 청소년기를 보내며 아날로그적 취향을 담지하고 있다. 그러나 이 세대는 20대에 한국 사상 처음으로 PC통신을 접하고 인터넷 문화를 형성하기 시작한 세대이다.

① 야타족
② 영 포티
③ 오렌지족
④ 베이비붐 세대

12 다음은 하버마스의 '공론장'에 대한 설명이다. 보기 중 가장 옳지 않은 것을 고르시오.

① 사회구성원 사이에 공공의 문제를 합리적 토론을 통해서 합의를 도출하는 공간이다.
② 이 공간은 사적 관계에 기반하지는 않지만 공적 관계에 기반한 국가의 영역에도 속하지 않는 중간 영역에 해당한다.
③ 참여자는 공공의 이익을 추구하는 것이 아니라 사적 이익을 추구하는 능동적 역할을 통해 시민성을 실현한다.
④ 합리적 시민 참여와 공론 형성을 근간으로 하는 숙의민주주의 발전에 중요한 역할을 한다.

13 다음 내용을 설명한 학자를 고르시오.

> ☐ 은/는 미디어 정치경제학을 "미디어를 통한 자원의 생산과 유통, 소비를 상호적으로 구성하는 사회적 관계를 연구하는 학문"으로 정의하고, 상호적으로 구성된 여러 사회적 관계 가운데 특히 권력관계에 초점을 맞춘다.

① 빈센트 모스코
② 로버트 라이시
③ 제레미 리프킨
④ 지미 웨일즈

14 다음 중 가장 옳지 않은 것을 고르시오.

① 플랫폼은 이해관계자 간의 정보와 상품의 거래, 물류 등을 가능하게 하여 가치를 생산하고 생태계를 형성하게 하는 시스템을 의미한다.
② 플랫폼은 네트워크 효과, 양면 시장, 생태계 기반이라는 특징을 가지고 있다.
③ 플랫폼 기업은 네트워크 형태의 참여적이며 열린 구조로 되어 있다.
④ 플랫폼 기업은 내부 프로세스를 최적화하여 고객가치를 확대함으로써 이윤을 극대화한다.

15 다음 중 가장 옳지 않은 것을 고르시오.

① 콘텐츠와 이용자의 연결이 긴밀해짐에 따라 빅데이터에 기반한 데이터 분석으로 이용자 요구에 맞는 콘텐츠를 추천하거나 제공할 수 있게 되었다.
② 이용자의 취향을 콘텐츠를 통해 파악하고 이를 다양한 일반 상품 및 서비스에도 적용할 수 있다.
③ 다수취향의 문화콘텐츠는 이용자 사이에서 동질성 인식으로 인한 공감대 형성이 더 중요하므로 네트워크 효과가 더욱 크게 나타난다.
④ 온라인 유통업에서 다품종 소량 생산이 효과적일 수 있다는 롱테일 법칙이 초연결사회에서 더욱 의미를 갖게 되었다.

16 로저스의 뉴미디어 특성이 아닌 것은?

① 상호작용성
② 탈대량화
③ 비동시성
④ 유비쿼터스 사회

17 정보사회를 바라보는 관점 중 1차, 2차, 비정보 부문으로 분류하는 관점은 무엇인가?

① 기술적 관점
② 경제적 관점
③ 직업적 관점
④ 공간적 관점

18 다니엘 벨의 사회변화에 기술이 담당한 역할이 아닌 것은?

① 저비용 대량생산
② 새로운 지식 계급 형성
③ 새로운 사회, 경제관계 창출
④ 시공간에 관한 미학적 인식 변화

19 슐츠의 체험사회의 행위자 특성이 아닌 것은?

① 자신을 위해 내적 행동 목표 정의
② 일상생활에서 반복 즐김
③ 없는 것을 가지고 노는 것
④ 순환적 삶으로부터 자신을 분리

20 미국 연방통신위원회의 망 중립성 6원칙이 아닌 것은?

① 청렴성 원칙
② 투명성 원칙
③ 비차별성 원칙
④ 제공 업체들 간의 경쟁을 보장받을 권리

21 다음 설명에 해당하는 보기를 고르시오.

> 이용자는 콘텐츠 생산자이면서 동시에 소비자로 등장하였다. 정보의 개방을 통해 인터넷 사용자들 간의 정보공유와 참여를 이끌어내고, 이를 통해 정보의 가치를 지속적으로 증대시켰다. 읽는 것 뿐만 아니라 쓰는 것도 가능해졌다.

① 웹 1.0
② 웹 2.0
③ 웹 3.0
④ 웹 4.0

22 책이나 잡지 등에 매겨진 국제표준도서번호(ISBN)와 같이 모든 디지털 콘텐츠에 부여되는 고유 식별 번호를 고르시오.

① DOI
② COI
③ EOI
④ FOI

23 다음 설명에 해당하는 것을 고르시오.

> 통신 서비스업자가 통신회선을 임차하여 정보의 축적, 처리, 수정하여 새로운 형태의 정보를 서비스하는 통신망. 제3자를 매개로 하여 기업 간 자료를 교환하는 통신망.

① ISDN
② VAN
③ MAN
④ B-WILL

24 소자의 수가 18개월마다 곱이 될 것으로 예측하고, 어떤 것이라도 그것이 배가 되고 또 그 배가 되어 급속도로 성장할 것이라고 예측한 사람은?

① 무어
② 리드
③ 사르토프
④ 매트칼프

25 다음에서 설명하는 용어를 고르시오.

> 정부 조직 내외의 지식과 정보를 전자적으로 체계화하여 정부 조직을 능률적으로 관리하고 국민들에게 신속하고 능률적인 행정 서비스를 제공하는 정부

① 행정 정부
② 능률 정부
③ 전자 정부
④ 공공 정부

군무원 정보직 FINAL 실전동형 봉투모의고사
제3회 모의고사

정보직

제1과목		제2과목	국가정보학
제3과목	정보사회론	제4과목	

응시번호		성 명	

〈 안내 사항 〉

1. 답안지의 모든 기재 및 표기사항은 반드시 『컴퓨터용 흑색사인펜』으로만 작성하여야 합니다.
   (사인펜에 "컴퓨터용"으로 표시되어 있음) (사인펜 본인 지참)
   * 매년 지정된 펜을 사용하지 않아 답안지가 무효처리 되는 상황이 빈발하고 있으므로, 답안지는 반드시 『컴퓨터용 흑색사인펜』으로만 표기하시기 바랍니다.

2. 답안은 매 문항마다 반드시 하나의 답만 골라 그 숫자에 "●"로 표기해야 하며, 표기한 내용은 수정테이프를 이용하여 정정할 수 있습니다. 단, 시험시행본부에서 수정테이프를 제공하지 않습니다.
   (표기한 부분을 긁는 경우 오답처리 될 수 있으며, 수정스티커 또는 수정액은 사용 불가)
   * 답안지는 훼손·오염되거나 구겨지지 않도록 주의해야 하며, 특히 답안지 상단의 타이밍마크
   (▮▮▮▮▮)를 절대로 훼손해서는 안 됩니다.

3. 필기시험 문제 관련 의견제시 기간: 시험 당일을 포함한 5일간
   * 국방부 군무원채용관리홈페이지(http://recruit.mnd.go.kr) - 시험안내 - 시험묻고답하기

제3회 모의고사

제2과목 국가정보학

01 다음 중 국가정보학의 발달 원인으로 "Intelligence is no longer secret"이라 하면서 국가정보 책임자들의 전향적 사고의 전환을 이루게 한 인물은?

① Robert M. Gates
② Abram N. Shulsky
③ John Edgar Hoover
④ Mark. M. Lowenthal

02 다음 중 Len Scott & Peter Jackson; 이론과 실전에서의 정보 연구에서 밝힌 국가정보학에 대한 접근방법이 아닌 것은?

① 첩보의 수집과정, 정보의 출처와 특징, 정책결정에 활용되는 정보, 정보원 회고록, 첩보활동 사례에 대한 저널기사나 저술활동을 통한 사례연구
② 정보순환 과정상 성공과 실패에 대한 모델구축 관점에서의 연구
③ 국가 통치수단으로서 정보의 국내 정치적 기능 연구
④ 정보활동 관련 책임성, 리더십, 효율성, 윤리성 등을 중점적으로 논의

03 다음 중 오랫동안 미국 대학에서 국가정보학 교과서로 활용되어 온 두 권의 대표적인 저서는?

① Intelligence Power in Peace and War, Silent Warfare
② Silent Warfare, Intelligence; From Secrets to Policy
③ For the President's Eyes Only, A Century of Spies
④ A Century of Spies, Intelligence; From Secrets to Policy

04 다음 중 국가정보학 연구시 고려사항으로 적절치 않은 것은?

① 국가정보학 분야 연구시 정보조작 가능성을 고려한 연구 필요
② 정권 장악 지도부(대통령, 수상 등)에 의하여 국민들에게 알리고 싶은 내용만 선택적으로 공개하려는 경향
③ 정보활동 자료에 대한 신빙성에 대한 믿음.
④ 정보활동에 관한 공개된 자료를 이용하여 학문적 연구시에는 사전에 정권에 유리한 자료를 위주로 공개할 수 있다는 전제하에 분석 및 연구가 필요

05 다음 중 1980년대 말 이후 『Intelligence Power in Peace and War』를 저술하여 수집, 분석 등 정보활동과 정보기관의 조직구조와 문화특성에 대해 심층적인 분석을 통하여 국가정보학의 연구 수준을 한 단계 업그레이드한 학자는?

① 오툴(George J.A.O'Toole)
② 허만(Michael Herman)
③ 리첼슨(Jeffrey T. Richelson)
④ 앤드류(Christopher Andrew)

06 다음 중 1963년 CIA국장으로서 정보요구, 수집, 분석, 생산 등 일련의 과정을 수록하고 정보생산 과정에 대한 선도적 연구서인 『정보활동 기법』을 저술한 사람은?

① 월스테르(R.Wolhstter)
② 덜레스(Aleen Dullas)
③ 커크패트릭(Layman B. Karkpatrick)
④ 마스터맨(J.C.Masterman)

07 다음 중 90년대 이후 기능적 접근방법에 기초한 정보실패 원인과 결과에 대한 연구를 한 두 명의 학자는?

① 코드빌라(Angelo Codevilla), 멕카시(Shaun P. Mccarthy)
② 마스터맨(J.C.Masterman), 윈터보담(F.C.Winter botham)
③ 리첼슨과 벨(Demond Ball)
④ 앤드류(Christopher Andrew), 허만(Michael Herman)

08 다음 중 정보사용의 원칙 중 '사용의 한계'에 대한 설명으로 올바른 것은?

① 정보사용을 위한 접근 권한을 정하는 것이다.
② 정보를 조직 내·외부로 배포할지 여부를 판단하는 것을 말한다.
③ 정보의 종류에 따라 어떤 정보를 먼저 배포할 것인지 우선순위를 결정하는 것을 말한다.
④ 정보를 사용할 수 있는 기간을 정해서 조정하는 것을 말한다.

09 다음 중 정보의 가치 순위를 결정하는 원칙에 대한 설명으로 적절하지 않은 것은?

① 단순성의 원칙은 가능한 적은 양의 핵심정보가 우선한다는 의미다.
② 연관성의 원칙은 다른 정보와 상호관련성을 가지면 더 가치가 있다는 말이다.
③ 차별성의 원칙은 다른 사람이 갖기 어려운 정보가 더 좋다는 말이다.
④ 공통성의 원칙은 일반적이며 맥락성을 갖는 정보를 다룬다는 말이다.

10 다음 BOX 안에 군사능력분석정보는 순차적으로 무슨 분석정보를 의미하는가?

> ㉠ 상대세력 부대사이의 유기적인 협조 등 실제 전력을 분석한 정보
> ㉡ 상대세력의 총체적 전략, 군통수권자의 목표와 실행의지를 분석한 정보
> ㉢ 전장정보와 상대의 C4I에 대한 정보
> ㉣ 전투정보에서 현재 대적하고 있는 적 부대의 작전/전술능력

① ㉠ 전략능력분석정보   ㉡ 전술능력분석정보
　 ㉢ 작전능력분석정보   ㉣ 전략능력분석정보
② ㉠ 작전능력분석정보   ㉡ 전략능력분석정보
　 ㉢ 전술능력분석정보   ㉣ 전략능력분석정보
③ ㉠ 작전능력분석정보   ㉡ 전략능력분석정보
　 ㉢ 전술능력분석정보   ㉣ 작전능력분석정보
④ ㉠ 전술능력분석정보   ㉡ 작전능력분석정보
　 ㉢ 전술능력분석정보   ㉣ 전략능력분석정보

11 다음 중 정보기구 내적 문제로 인한 정치화의 위험성에 대한 내용이 아닌 것은?

① 정치권의 회유와 유혹
② 방첩공작에서의 정치성
③ 인식적 정치화
④ 불인식적 정치화

12 다음 국가정보업무 수행과 법과의 관계를 설명한 내용으로 적절치 않은 것은?

① 국가정보기관의 법집행적 성격으로 정보기구는 일반적으로 행정부처 소속이므로 법치행정의 원칙은 국가 행정조직의 일부인 정보기관에 대해서도 동일하게 적용해야 한다.
② 국가안보와 국익 보호를 주목적으로 하는 국가정보 업무는 헌법의 하위 법인 일반법의 규정에도 불구하고 헌법상 내재되어 있는 대통령의 고유권한이라는 주장이 타당하다.
③ 정보의 수집, 작성, 배포 및 비밀공작 업무 등 고유한 국가정보 업무는 헌법에 근거한 업무로, 입법부의 입법은 확인적 입법규정이라고 할 것이다.
④ 정보는 그 업무의 성격상 국가안보에 대한 정보를 수집, 가공, 분석, 생산하는 것이 주된 임무이므로, 치안유지 등 공공질서를 목적으로 하는 수사 등 법집행기관의 업무영역과 중복되는 점도 있다.

13 다음 국가정보와 국제법의 관계를 설명한 것으로 적절치 않은 것은?

① 정보수집 활동과 관련된 법의 범주로는 먼저 자국의 국내법, 상대 정보수집 대상국가의 국내법, 국제법 등 3가지이다.
② 국제질서 속에서 정보수집 활동은 상반된 성격을 가지고 있으며, 국내법적으로는 중대한 경우 형벌로 사형을 포함, 간첩행위를 금지하고 해외에서는 국익을 위해 국제관습법상 권리로서 해외 간첩정보 활동을 적극 수행하고 있다.
③ 국제형사재판소(ICC)가 관할하는 4대 범죄는 전쟁범죄, 대량살상범죄, 인류에 반하는 범죄, 침략범죄 등인데, 현재 간첩행위는 국제강제규범 위반으로 평가하고 있지 않다.
④ 비엔나 협정에 의하면 스파이는 '교전중인 작전지역에서 가장하는 등, 비밀스런 행동을 하며, 첩보를 획득하거나 첩보를 획득하려고 하는 사람'이라 정의하고 있다.

14 다음 정보순환 단계별 주요 쟁점에 대한 설명 중 바르지 않은 것은?

① 정보처리 및 탐색단계는 1차적으로 수집된 방대한 첩보를 최종 정보를 생산하기 용이한 상태로 변환하는 단계이다.
② 필요한 첩보의 양과 질의 문제는 결국 정보분석관의 요구수준에 달려 있다고 봐도 된다.
③ 정보처리와 탐색단계에서의 주요 쟁점은 첩보수집장비에 투입되는 예산에 비해 첩보처리 가공을 위한 과학화 장비에 예산할당이 되지 않고 있다는 것이다.
④ 첩보수집단계에서의 주요 쟁점은 정보주의력 결핍증(attention deficit syndrome)에 의해 중요한 첩보를 수집하지 못하게 된다는 것이다.

15 다음 중 CIA국장인 William Colby의 아이디어로 창간된 정보일간지인 국가일일정보에서 유래된 현용 정보보고서는?

① 일일경제 정보요약(Daily Economic Intell. Brief: DEIB)
② 고위정책 정보요약(Senior Executive Intelligence Brief: SEIB)
③ 국무장관 조간요약(Secretary's Morning Summary)
④ 미. 대통령 일일 브리핑(PDB)

16 다음 중 방어적 방첩활동에 대한 설명은 어느 것인가?

㉠ 정보기관의 HUMINT능력과 취약점 파악
㉡ 전향자와 전향가능성있는 요원들에 대한 지속적 감시와 평가 및 관리
㉢ 정보기관의 조직체계와 조직개편, 상대 정보기관에 대한 침투능력 등에 대한 정보파악
㉣ 도청 방해 및 차단
㉤ 상대첩보원 체포 및 관리
㉥ 상대 첩보원을 전향시켜 자국의 첩보원으로 재활용

① ㉠, ㉡, ㉢
② ㉡, ㉢, ㉣
③ ㉢, ㉣, ㉥
④ ㉡, ㉣, ㉤

17 다음 중 방첩의 유용성에 대한 설명 중 가정 적절치 않은 것은?

① 상대국의 정보수집 기법을 파악하여 자국의 정보수집 기법을 발전시킬 수 있다.
② 상대국 침투에 대한 정보확보로 자국의 보안 강화와 방첩정책 수립에 도움이 된다.
③ 상대 공격기법을 파악하여 방어전술에 적용함으로써 대응능력 향상이 가능하다.
④ 상대 정보기관에 대한 정보로 자국에 대한 위협요인 평가가 가능하다.

18 다음 중 外事와 방첩에 관한 설명 중 가장 적절하지 않은 것은?

① 외사는 국내 주재 외국인 또는 외국인과 연계된 내국인에 관계되는 문제이며, 방첩은 외국 또는 외국인을 대상으로 한다.
② 마약, 밀수, 조직범죄 등 시민 개인의 자유와 관련된 분야의 행위들일수록 외사업무의 대상으로 분류한다.
③ 간첩행위, 산업스파이, 테러 등 국가 전체안전과 이익에 대한 위협으로 인식될수록 방첩의 대상이다.
④ 방첩는 광범위한 외사문제 중 특별한 영역으로 정보활동이나 국가안보위협과 관련있는 경우 방첩대상, 그렇지 않은 경우 외사문제로 구분 가능하다.

19 다음 국가정보의 정치화 유형에 대한 설명 중 바르지 않은 것은?

① 정보기구가 정책담당자가 선호하는 선택사항이나 내용에 부응하기 위해 의도적으로 정보분석 결과를 변경하는 것은 정책담당자 주도형 정치화 유형이다.
② 자발적 정치화의 중요한 동기는 경력관리, 자리보존, 기구팽창, 신임확보 등이다.
③ 정책담당자 주도형의 정치화 우형은 국가정보를 모르는 지도자나 국회에 의해 이루어 진다.
④ 정치기반이 미약한 후진형 독재국가와 공산국가에서 정보기관을 국가 통치수단으로 사용하는 경우가 많다.

20 다음 미국의 초창기 국가정보기관 운영에 대한 설명으로 올바르지 않은 것은?

① 미국은 건국 초창기부터 먼로주의 영향과 유럽과 이격되어 있다는 지정학적 위치로 인한 상대적 안정감이 국가정보기구의 필요성을 절감하지 못하게 했다.
② 그 결과 특별대리인에 의해 비상설적 국가정보 업무가 수행되었으며, 특별대리인에 의한 운용방식이 20C에도 통용될 것이라고 생각했다.
③ 비상설적 특별대리인에 의한 국가정보 업무수행은 신속성과 은밀성이라는 정보업무의 속성을 이유로 의회의 간섭과 통제를 받지않은 결과를 초래했다.
④ 상설정보기구 운용의 저변에는 국가정보기구 운용이 대통령의 고유권한이라는 인식을 갖게 했다.

21 다음 국가정보활동과 법집행과 차이점에 대한 설명 중 바르지 않은 것은?

① 법집행 절차는 체포하여 기소한 범죄자에 대한 유죄를 증명하는 것으로써 속성적으로 과거 지향적 사건 중심적이다.
② 법집행 담당자는 증거수집과 사건재현에 있어서도 사건이나 범인에 대한 모든 자료를 샅샅이 수집하거나 증거로 제출할 필요가 있다.
③ 국가정보활동은 아무리 사소하게 보이는 미세한 현상이라도 끝까지 추적하고 분석하여 미세한 점을 연결하여 전체적인 그림을 그려야 한다.
④ 수사는 끊임없이 반복되며 장래 유사범죄에 대한 대책차원에서 종합 분석되기도 하지만, 본질적으로 해당사건이 해결되면 모든 절차는 종결되고 사법정의는 실현된 것으로 간주된다.

22 다음 첩보수집활동의 발전과정에 대한 설명 중 바르지 않은 것은?

① 2차 대전 이후까지도 정부내 각 정보기관들이 독자적으로 필요한 부문정보를 위주로 수집하였으며, 아직 국가정보의 개념이 희박하였다.
② 1570년 영국 Francis Walsingham은 프랑스 대사로 임명되어 파리 주재시 많은 첩보원을 배치하여 프랑스 및 주변국에 대한 광범위한 첩보를 수집하였다.
③ 1800년대 중반 이후, 유럽 각국은 조직적이고 체계적인 정보수집 활동을 시작했다.
④ 13세기 몽고 징기스칸은 유럽 각국의 군사력, 지도층의 혈통과 관습, 파벌 분포 등을 수집하는 등 조직적 정보활동을 하였다.

23 다음 정보분석 업무에 적용되는 대표적인 추론방법에 대한 설명 중 바르지 않은 것은?

① 귀납법(Induction)은 가설을 설정하고 총량자료분석을 통해 변수간 개연적 관계를 통계적 상관관계로 나타내는 적극적 방식이다.
② 연역법(Deduction)은 이미 결론(가설)을 갖고 있고 결론을 뒷받침하는 첩보를 수집하여 증명하는 것으로써 수동적, 소극적 방식이다.
③ 직관(Trained Intuition)은 분석관의 순간적 예리한 통찰력으로써 훈련으로도 단련될 수 없으며, 선천적으로 타고난 재능으로써 직관적 추론능력의 중요성을 평가한 것이다.
④ 과학적 추론(Scientific Method)은 물리학자나 화학자의 직관이나 영감 또는 초기 실험결과나 목격한 현상을 바탕으로 과학적 가설을 설정, 후속적 실험을 통해 가설의 유효성을 검증하는 것이다.

24 다음 해커전에 대한 설명 내용 중 바르지 않은 것은?

① 해커의 수단에는 바이러스, 웜, 토로이 목마, 논리폭탄, 트랩도어, DoS/DDoS 등이 있다.
② 90년대 초, 해커는 다른 컴퓨터로부터 불법적으로 획득한 자료를 무단으로 열람, 변조, 파괴하는 등의 행위를 하는 침입자, 파괴자를 호칭하게 되었다.
③ 최근에는 인터넷을 주무대로 하는 가상공간에서 사이버 범죄를 일으킬 가능성이 있는 사람들을 해커라 통칭한다.
④ 해커는 컴퓨터 시스템의 내부구조와 작동원리 등에 심취하여 이를 알고자 노력하는 사람으로 최초에는 컴퓨터와 통신에 뛰어난 실력을 갖지 못하였다.

25 다음 중 국가정보기관의 활동이 제약되는 사항에 대한 설명으로 가장 적절치 않은 것은?

① 윤리적으로 조직의 비밀유지 원칙으로 인해 자신의 신념에 반하는 내용을 보호해야 하는 경우
② 언론의 자유와 국민의 알권리 충족을 명분으로 정보기관들의 활동내용을 수집하고 부정을 파헤치려는 활동이 때론 국익에 해를 끼치게 되는 경우
③ 법적으로 정치적 암살이나 고문이 국가안보의 명분하에 합리화되는지 여부
④ 정보분석관이 특정 사용자의 특정 요구를 반드시 충족시켜야 하는 문제

제3과목 정보사회론

01 대표적인 지도학습 알고리즘인 A모형과 B모형에 해당하는 것을 고르시오. A모형은 회귀문제, B모형은 분류문제를 풀고자 할 때 적합하다.

	(A)모형	(B)모형
①	로지스틱 회귀모형	파라미터 회귀모형
②	선형 회귀모형	로지스틱 회귀모형
③	로지스틱 학습모형	파라미터 분류모형
④	선형 분류모형	로지스틱 분류모형

02 다음 빈칸에 들어갈 알맞은 말을 고르시오.

법제도적 관점에서 알고리즘이나 인공지능에 대해 책임성을 보증하기 위한 가장 효율적인 방법은 ☐☐☐을/를 확보하는 것이라는 견해가 많다. ☐☐☐은/는 공공성, 책무성, 통제성의 바탕이 되기 때문에, 기술적 차원에서 알고리즘의 투명성을 확보하는 해결 방안을 찾으려는 노력이 주목을 받고 있다.

① 공정성
② 합리성
③ 도덕성
④ 투명성

03 보안 전문가 빌 브레너가 인공지능 개인비서를 사용할 때 주의해야 할 점으로 제시한 것이 아닌 것은?

① 인공지능 비서를 사용하지 않을 때는 기기를 끈다.
② 인공지능 비서를 자신의 SNS 계정과 연동하여 사용하지 않는다.
③ 오래된 대화 내용은 수시로 지운다.
④ 개인정보를 주기적으로 삭제한다.

04 다음 빈칸에 들어갈 알맞은 말을 고르시오.

카스텔은 정보기술을 매개로 재편된 새로운 자본주의를 '정보자본주의'라 부른다. 정보자본주의 체제에서 생산의 핵심은 육체노동에서 정보의 수집과 가공 처리로 옮아가게 된다. 따라서 전통적인 노동자 계급이 정보기술과 지식을 창출할 수 있는 고급 지식노동자로 대체되면서 자본가 계급과 전통적인 임금노동자 사이에 형성됐던 ☐(A)☐ 와/과 ☐(B)☐ 이/가 변화한다.

	(A)	(B)
①	생산관계	권력관계
②	수요관계	공급관계
③	사용관계	제공관계
④	상부관계	하부관계

05 디지털 기술과 산업의 발전이 새로운 유형의 불평등을 만들어 내고, 이는 기존의 불평등을 더욱 강화하는 형태로 작동한다고 보는 말을 고르시오.

① 정보 격차
② 데이터 격차
③ 디지털 격차
④ 불평등 격차

06 미디어를 통해 개인들의 사회성은 플랫폼상에서 이루어지고, 사회적 연결에 대한 욕구를 바탕으로 여기에 참여하는 개인은 점차 자동화된 연결과, 이용자들이 생산해 내는 데이터와 콘텐츠를 상업적으로 활용하는 플랫폼기업들의 사업 생태계에 깊숙이 포섭된다. 이러한 과정을 행위자-연결망 이론과 정치 경제학적 논의를 바탕으로 서술해 낸 학자를 고르시오.

① 에스트라 테일러
② 쇼샤나 주보프
③ 요세 얀 판 데이크
④ 다니엘 벨

07 다음 설명이 뜻하는 용어를 고르시오.

인터넷을 이용하지 못해 발생하는 소외. 이 유형에 속하는 사람들의 사회적 관계는 일상생활 반경 내로 제한된다는 점에서 정보사회 이전의 사회관계망과 다르지 않다. 중요한 점은 이들이 정보망 및 디지털 서비스에서 배제되어 사회적으로 고립될 수 있다는 점이다.

① 정보 소외
② 인터넷 소외
③ 디지털 소외
④ 사회적 소외

08 다음 빈칸에 들어갈 알맞은 말을 고르시오.

사람과 사물의 연결 사례는 돌봄 서비스에서 찾을 수 있다. 사물인터넷 센서를 활용하는 헝겊인형 형태의 ⬜은/는 인간을 대신해 고령층의 심리적 고독감을 덜어준다.

① 복돌
② 효돌
③ 곰돌
④ 아이돌

09 다음 설명이 뜻하는 용어를 고르시오.

자신에 관한 정보가 언제 누구에게 어느 범위까지 알려지고 또 이용되도록 할 것인지를 그 정보주체가 스스로 결정할 수 있는 권리인데, 이 기본권은 2005년 헌법재판소의 결정에서 최초로 등장하였다.

① 개인정보 자기결정권
② 개인정보 자신결정권
③ 개인정보 주체결정권
④ 개인정보 주인결정권

10 다음 빈칸에 들어갈 알맞은 말을 고르시오.

⬜는 완전히 자신이 감추어야 할 은밀한 프라이버시가 아니면서, 그렇다고 모든 이들에게 완전히 공개되어 있는 정보도 아닌, 자신에게는 프라이버시이기도 하면서 사실은 타인에게 노출하기 위해 연출된 프라이버시를 의미한다.

① 준프라이버시
② 반프라이버시
③ 세미프라이버시
④ 하프프라이버시

11 다음과 같은 말을 한 학자를 고르시오.

"삶은 연극무대와 같다. 연극무대에서 배우들이 역할을 수행하면서 관객을 만족시키기 위해 최고의 연기를 하려고 노력하는 것처럼, 우리도 일상생활에 각자에게 주어진 역할을 수행하면서 자신들이 만나는 타인들을 만족시키기 위해 최고의 연기를 하려고 노력한다"고 설명한다.

① 어빙 고프먼
② 바우마이스터
③ 유발 하라리
④ 크리스티안 푸흐스

12 다음 중 집단지성의 부정적 측면이 아닌 것은?

① 순간적인 피드백 증가
② 이성적 토론의 가능성 감소
③ 대중영합주의의 가능성 증가
④ 특정 세력에 의한 정보의 왜곡

13 다음 설명이 뜻하는 용어를 고르시오.

> 동일 제품을 소비하는 사용자의 수가 늘어나면 늘어날수록 그 제품을 소비함으로써 얻게 되는 효용이 더욱 증가하는 것을 의미한다.

① 플랫폼 효과
② 베블렌 효과
③ 연결망 효과
④ 네트워크 효과

14 다음 설명이 뜻하는 용어를 고르시오.

> 지식과 정보가 최고의 가치이며 최대의 권력인 지식 기반 사회를 의미한다. 모든 영역의 요소를 최대한 디지털 데이터화하고, 자동화 프로그램을 활용해 처리하는 방식으로 구현하여 실수의 요인과 비효율성을 제거하는 등 빅데이터 분석, 디지털화, 즉시성, 상시 연결성, 알고리즘 등의 수단을 이용하여 고도의 효율화가 나타난다.

① 초연결사회
② 고도연결사회
③ 지식정보사회
④ 지능정보사회

15 가상현실의 구성요소가 아닌 것은?
① 입력
② 이미지
③ 렌더링
④ 출력

16 유연근무제의 종류가 아닌 것은?
① 탄력근로
② 압축근로
③ 단기근로
④ 재택근무

17 정보사회의 운영원리가 아닌 것은?
① 정보화
② 자동화
③ 소프트화
④ 네트워크화

18 단절론에 속하는 학자가 아닌 것은?
① 마스다의 '정보사회론'
② 하비의 '유연적 축적론'
③ 포스터의 '정보양식'
④ 카스텔의 '정보적 발전양식론'

19 인터넷 관련 기구가 아닌 것은?
① ICANN
② ISP
③ NIC
④ IANA

20 하이퍼텍스트의 특성이 아닌 것은?
① 선형성
② 렉시아적
③ 상호텍스트성
④ 원자적 재배열화

21 다음 내용에서 설명하고 있는 용어를 고르시오.

사람들이 세상에 대하여 보고 듣고 느끼고 생각하는 것에 대하여 서로 간의 토론을 통하여 합의를 이룬 것을 합리적이고 컴퓨터에서 다룰 수 있는 형태로 표현한 모델로, 개념의 타입이나 사용상의 제약조건들을 명시적으로 정의한 기술이다. 일종의 지식표현으로, 컴퓨터는 이것을 통해 표현된 개념을 이해하고 지식처리를 할 수 있게 된다.

① 비트
② 온톨로지
③ 프로토콜
④ 오픈시스템

22 업무량 증가와 공무원 수의 증가는 서로 아무런 관련이 없으며, 공무원 수는 일의 분량과 관계없이 증가한다는 법칙을 고르시오.
① 그레샴 법칙
② 굿하트 법칙
③ 파킨슨 법칙
④ 혁신의 전파 법칙

23 전자정부의 4가지 개념 요소가 아닌 것은?
① 온라인 서비스
② 능률 정부
③ 지식 정부
④ 청렴 정부

24 인터넷 마케팅의 특징 4가지에 해당하지 않는 것은?
① 고객가치(Customer value)
② 변화(Change)
③ 의사소통(Communication)
④ 편리함(Convenience)

25 다음에서 설명하는 용어를 고르시오.

디지털 시대의 엘리트로, 이윤 추구의 부르주아문화와 자유분방한 보헤미안 문화가 결합해 생긴 새로운 인간형으로 지식과 정보, 아이디어가 자본보다 중요하다고 생각하는 지식자본주의 지향주의자로 야망과 성취가 보장된 부르주아의 꿈, 방랑과 창조성을 강조함.

① 보보스
② 모비즈족
③ 웹버족
④ 아나디지족

군무원 정보직 FINAL 실전동형 봉투모의고사
제4회 모의고사

정보직

제1과목		제2과목	국가정보학
제3과목	정보사회론	제4과목	

응시번호		성 명	

〈 안내 사항 〉

1. 답안지의 모든 기재 및 표기사항은 반드시 『컴퓨터용 흑색사인펜』으로만 작성하여야 합니다.
   (사인펜에 "컴퓨터용"으로 표시되어 있음) (사인펜 본인 지참)
   * 매년 지정된 펜을 사용하지 않아 답안지가 무효처리 되는 상황이 빈발하고 있으므로, 답안지는 반드시 『컴퓨터용 흑색사인펜』으로만 표기하시기 바랍니다.

2. 답안은 매 문항마다 반드시 하나의 답만 골라 그 숫자에 "●"로 표기해야 하며, 표기한 내용은 수정테이프를 이용하여 정정할 수 있습니다. 단, 시험시행본부에서 수정테이프를 제공하지 않습니다.
   (표기한 부분을 긁는 경우 오답처리 될 수 있으며, 수정스티커 또는 수정액은 사용 불가)
   * 답안지는 훼손·오염되거나 구겨지지 않도록 주의해야 하며, 특히 답안지 상단의 타이밍마크
   (❙❙❙❙❙)를 절대로 훼손해서는 안 됩니다.

3. 필기시험 문제 관련 의견제시 기간: 시험 당일을 포함한 5일간
   * 국방부 군무원채용관리홈페이지(http://recruit.mnd.go.kr) - 시험안내 - 시험문고답하기

제4회 모의고사

제2과목 국가정보학

01 신호정보 수집수단이 아닌 것은?
① 인공위성
② 정찰기
③ 여객기
④ 선박

02 다음 중 국가정보원의 임무가 아닌 것은?
① 대테러, 전복, 방첩, 국제범죄 등에 대한 수사
② 국외정보 및 국내정보 수집 및 배포
③ 국가기밀에 속하는 보안업무 수행
④ 형법 중 내란죄, 외환죄와 군형법의 반란죄, 암호부정 사용죄 그리고 군사기밀보호법에 규정된 죄 수사

03 다음 중 산업정보활동에 대한 설명 중 틀린 내용은?
① 냉전시대에는 산업정보활동이 부수적인 업무로써 경제적 이익보다 군사 및 안보차원의 정보전쟁을 수행하였다.
② 냉전이후 산업정보활동이 국가안보정책의 일부 또는 그 이상의 주된 임무로 간주되고 있다.
③ 산업정보활동간 야기된 분쟁은 경제보복 등의 문제로 조용히 해결하는 것이 일반적이어서 공개적으로 문제화하지 않고 있는 추세다.
④ 과거 외국정보기관에 의한 산업스파이 행위에만 대비하였으나, 현재는 민간인, 민간기업의 스파이 행위에도 적극적으로 개입하여 산업보안을 강화하고 있다.

04 다음 중 우리나라 보안제도에 대한 설명 중 틀린 것은?
① 입법부는 국회보안업무규정에 의거 국회사무총장에게 보안업무 지도조정 권한이 있다.
② 사법부는 비밀보호규칙에 의거 법원행정처장이 보안업무 지도조정 권한이 있다.
③ 행정부의 각급기관에 대해서는 국가정보원장이 지도조정 권한이 있다.
④ 국방부에 대해서 국가정보원장이 지도조정 권한을 갖고 있다.

05 다음 한국이 테러 대응체계에 대한 설명 중 틀린 것은?
① 국가테러대책위원회는 테러와 관련된 중요한 정책을 심의 의결하는 우리나라 최고기관으로 국무총리가 위원장직을 맡는다.
② 대테러센터는 국가의 대테러활동을 원활히 수행하기 위해 국무총리실 소속으로 관계기관 공무원으로 구성된 대테러업무 상설 기관으로 대테러정책관이 총괄한다.
③ 대테러활동으로 인한 국민의 기본권 침해 방지를 위해 테러대책위원회 소속으로 대테러인권보호관을 두며 국무총리가 위촉한다.
④ 테러사건이 발생한 경우 사건해결을 위해 테러사건대책본부가 결성되며 국정원장이 본부장으로서 활동하게 된다.

06 다음 중 한국의 사이버 대응체계에 대하여 잘못 기술된 것은?
① 국가차원의 사이버테러에 대비한 최고기관은 국가사이버안전전략회의이며 국정원장이 의장이 된다.
② 민간차원의 사이버범죄에 대비하여 국정원 사이버범죄안전국을 설치하여 운용하고 있다.
③ 군차원의 사이버공격에 대비하여는 국방부 사이버작전사령부를 설치하여 운용하며, 합참의장의 작전통제를 받으며 임무를 수행한다.
④ 사이버공격에 대비한 국가차원의 종합적이고 체계적인 대응을 위하여 국정원장 소속하에 국가사이버안전센터를 두며 24시간 근무하여 사이버에 관련한 업무를 총괄한다.

07 다음 중 방첩사령부의 임무가 아닌 것은?

① 군 보안업무
② 군 방첩업무
③ 군관련 정보수집 및 작성
④ 군내 모든 범죄행위 수사

08 다음 북한 김정은의 직책이 아닌 것은?

① 국무위원장
② 인민군 최고사령관
③ 조선노동당 위원장
④ 당 중앙군사위원회 비서

09 다음 중 미국의 테러 대응으로 틀린 내용은?

① 미국은 애국법과 반테러법에 따라서 국가정보국장(DNI)이 테러단체를 지정한다.
② 테러문제 최고실무기구는 국가대테러대응센터(NCTC)이다.
③ 국가대테러대응센터(NCTC)는 ODNI 산하 독립기관이다.
④ 911테러 이후 미국은 국토안보부를 설치하였다.

10 다음 중 미국의 CIA업무에 관한 내용이다. 옳지 않은 것은?

① 주로 작전국에서 인간정보를 이용하여 해외 비밀정보를 수집한다.
② 대통령 지시에 의거 비밀공작활동을 수행한다.
③ CIA는 어떠한 경우라도 국내 방첩활동에 개입할 수 없다.
④ CIA는 국가정보국장(DNI)이 지시하는 국가안보에 영향을 미치는 정보와 관련된 기타 임무를 수행한다.

11 다음에서 설명하는 러시아의 정보기관은?

- 볼세비키 혁명 이전 최초 정보기구로 모스크바 대공국의 왕 이반 4세가 설립
- 반역자와 부정행위자 처벌 목적으로 설립

① 오프리치나(Oprichnina)
② 제3부(Third Section)
③ 오흐라나(Okhrana)
④ 체카(VChk)

12 다음 중 제 2차 세계대전 당시 영국군이 북아프리카 상륙을 위해 그리스로 상륙하는 것처럼 위장하기 위해 수행한 기만공작은?

① 그리핀(Griffin) 공작
② 민스 미트(Mince Meat) 공작
③ 울트라(ULTRA) 작전
④ 거너스(Gunners) 공작

13 다음 중 1942년 2차 세계전 중 영국으로 피신한 프랑스 망명정부가 레지스탕스 조직인 자유프랑스를 모체로 런던에서 설립 정보기관은?

① 해외안보총국(DGSE)
② 연구조사총국(DGER)
③ 중앙정보활동국(BCRA)
④ 해외정보 및 방첩국(SDECE)

14 다음 중 이스라엘 정보기구에 관한 설명이다. 옳지 않은 것은?

① 1909년 이스라엘 최초 비밀군사조직은 집단 농장을 방어하기 위한 자위기구는 하쇼메(Hashomet)였다.
② 하가나(Hagana)는 이스라엘 중앙정보부의 군사 조직이었다.
③ 하가나(Hagana) 산하에 쉐이(Shai)라는 비밀첩보 부대가 있었으나 이스라엘 정부수립과 함께 해체되었다.
④ 이스라엘 정부수립 이후 쉐이(Shai)를 모태로 정보조직을 재편성하였다.

15 다음 정보의 실패 중 어느 것에 관한 내용인가?

2002년 말 미.CIA의 이라크 대량살상무기 생산 보고서 작성, WMD보유 기정 사실화
• 미. 對이라크 전쟁 명분을 제공하는데 결정적 오정보 제공
• 이후 영.미 안보정보위원회와 카네기 국제평화재단, 이라크 서베이그룹(ISG)의 보고서를 통해 부시행정부가 이라크의 WMD 위협을 조직적으로 왜곡했음이 평가됨.

① 집단적 사고
② 정보의 정치화
③ 분석상의 편견
④ 인식론적 경직성

16 다음 중 정보에 대한 설명으로 올바르지 않는 것은?

① 정보는 정책적 목적을 갖고 분석 및 평가된 지식이다.
② 목적성을 갖고 의도적으로 수집된 사실이다.
③ 국가차원의 정책결정에 활용된다.
④ 정책수립 및 시행에 관련된 지식이다.

17 다음 중 국가정보학의 기능으로 올바른 것은?

① 정보기관의 정보순환단계를 정밀분석하여 단계별 취약점을 지적하고 정보생산의 지침을 제공한다.
② 주로 국가정보기관의 미래 비밀활동을 연구하여 효율성을 높인다.
③ 개별 정보기관의 임무와 역할을 합리적으로 조정할 수 있게 할 뿐만 아니라 비판기능을 강화함으로써 정보활동을 통제한다.
④ 선진국 국가정보기관들의 합리적인 제도 등을 벤치마킹을 할 수 있게 한다.

18 다음 중 국가안보 수단으로써 국가정보의 역할로 옳지 않은 것은?

① 정책결정권자의 선입견, 편견, 이데올로기적 독선 등을 해소시켜 주는 역할
② 정책결정권자의 국가능력(자원, 경제력, 군사력, 동맹 및 협력관계 등)에 대한 합리적 판단과 효율적 사용을 지원.
③ 최고정책결정권자와 국민이 잘못된 정보로 인하여 갖게 되는 심리적 불안정을 해소
④ 공개자료 수집 또는 비밀공작 등 다양한 방법을 통해 쉽게 입수할 수 있는 정보를 수집하여 정책결정자에게 제공해 줌으로써 정책판단에 도움을 준다.

19 다음 중 안보환경의 변화에 따른 현상으로 옳지 않은 것은?

① 국가안보 능력의 상대적 약화
② 국가안보능력의 집중력 증대
③ 국가안보 대상국의 확대
④ 국가안보 영역의 확대

20 다음 중 네트전(Netwar)에 대한 설명으로 올바른 것은?

① 비재래식 군사작전(MOOTW)을 중심으로 한 사회전반에 걸친 새로운 분쟁과 갈등이다.
② 고가의 군사장비를 사용하여 물리적 타격을 병행하여 수행한다.
③ 국가정보기관이나 군대가 수행하는 정보전이다.
④ 전통적으로 군사적 성격이 강한 정보전을 말한다.

21 다음 중 현대 정보전의 능력개발 특징으로 볼 수 없는 것은?

① 기술의존도 심화
② 정보전략의 차별화
③ 다각적 저강도분쟁 증가
④ 장기적 기술우위 확보 제한

22 다음 미국의 정보공동체의 국내방첩공작에 관한 내용이다. 무엇을 말하는 것인가?

반체제 정치단체를 붕괴시킬 목적으로 FBI가 1956~1971년 사이에 전개한 적극적 정보활동으로써 미. 정보학계에서는 국내정보수집 활동에 있어 대표적 인권유린 사례로 평가

① 노스콤(NORTHCOM)
② 탈론(TALON)
③ 코인텔프로(COINTELPRO)
④ 테러정보인식프로그램(TIA)

23 다음 중 정당한 비밀공작의 요건이 아닌 것은?

① 수행기관의 심사숙고와 충분한 설명을 들은 의회의 동의 및 대통령의 승인이 있어야 함.
② 공작의 의도와 목표가 나타나지 말아야 하고 합리적이며 정당할 것.
③ 공작 성공확률이 높아야 하고 선택된 방법이 공작목표에 부합할 것.
④ 목표달성을 위한 다른 대안이 없을 때 추진할 것.

24 다음 중 정보분석의 기준이 되는 국가이익의 종류는 어느 것을 말하는가?

대량살상무기 위협 저지 및 감소와 운반체계의 지역적 확산을 방지하는 것으로써 국가 안전보장과 질서에 치명적 손실을 초래하며 최단시일내 대응조치 필요

① 사활적 이익
② 핵심적 이익
③ 중요한 이익
④ 지역적 이익

25 다음 중 행정부 직속 국가정보기구가 아닌 것은?
① 러시아 해외정보부(SVR)
② 영국 비밀정보부(MI6)
③ 미국 중앙정보국(CIA)
④ 이스라엘 국내/방첩(Shin Beth)

제3과목 정보사회론

01 다음 빈 칸에 들어갈 알맞은 말을 고르시오.

> 은닉층의 개수가 많은 신경망을 (A) 이라고 하며, 이를 (B) 이라고 부른다. 그와 반대로 은닉층의 수가 적은 신경망을 (C) 이라고 한다.

	(A)	(B)	(C)
①	다층 신경망	기계학습 알고리즘	단층 신경망
②	다발 신경망	딥러닝 알고리즘	단일 신경망
③	다층 신경망	딥러닝 알고리즘	얕은 신경망
④	다발 신경망	기계학습 알고리즘	단일 신경망

02 다음 빈 칸에 들어갈 알맞은 말을 고르시오.

> 기본 신경망 구조를 이용해 구현된 다양한 형태의 딥러닝 알고리즘이 있다. (A) 은 이미지 데이터에 주로 적용해 이미지 분류, 이미지에 있는 물체 인식 등의 목적으로 사용하고, 이러한 알고리즘을 이용해 자율주행 자동차와 같은 기술이 구현된다. (B) 은 텍스트 데이터에 적용해 번역, 감성분석 등에 사용한다.

	(A)	(B)
①	순환 신경망 기반 모형	합성곱 신경망
②	생성적 적대 신경	합성곱 신경망
③	합성곱 신경망	순환 신경망 기반 모형
④	합성곱 신경망	생성적 적대 신경

03 다음 로봇 3원칙을 제시한 사람을 고르시오.

> 1. 로봇은 인간을 해쳐서는 안 되며 또한 해야 할 행동을 하지 않음으로써 인간에게 해를 초래해서는 안 된다.
> 2. 첫 번째 원칙과 충돌하지 않는 한 로봇은 인간의 명령에 따라야 한다.
> 3. 로봇은 첫째 원칙과 두 번째 원칙과 충돌하지 않는 한 자신을 보호해야 한다.

① 라이트
② 아시모프
③ 아츠
④ 나카모토

04 비판이론의 대표적 학자가 아닌 것은?

① 웰먼
② 호르크하이머
③ 아도르노
④ 마르쿠제

05 다음 중 개인이 속한 준거집단이나 공통의 관심사를 매개로 개인 간의 사회적 관계를 유지하고 확장시키는 것을 용이하게 하는 서비스를 뜻하는 말을 고르시오.

① 빅데이터 서비스
② 소셜 플랫폼 서비스
③ 사회적 관계 서비스
④ 소셜 네트워킹 서비스

06 다음 설명이 뜻하는 용어를 고르시오.

성별, 연령, 교육수준, 소득, 지역 등의 차이로 인해 정보에 대한 접근 기회와 이용의 양적·질적 차이가 벌어지고, 그 결과 경제적·사회적 불균형이 발생하는 현상을 말한다. 1990년대 초기에는 인터넷 이용 유무로 나타나는 접근격차에 주목했으나, 접근격차가 상당부분 해소된 근래에는 이용능력과 활용, 그리고 결과의 차이에 주목한다.

① 사회격차
② 정보격차
③ 기회격차
④ 학습격차

07 다음 설명이 뜻하는 용어를 고르시오.

원래 가지고 있는 생각이나 신념을 확인하려는 경향성이다. 뉴스 관련 유튜브의 경우 이용자가 좋아할 만한 영상만을 추천해 줘 다른 시각에 노출되지 않음으로써, 자신이 지니고 있는 신념을 더욱 확고히 하는 경향이 나타나고 있다.

① 고집편향
② 버블편향
③ 신념편향
④ 확증편향

08 다음은 어떤 '법'의 주요 내용이다. 다음에서 설명하는 '법'을 고르시오.

대한민국의 전산망 보급을 확장하고 정보통신망 이용을 촉진하기 위하여 기술 개발 및 보급, 정보통신망의 표준화, 정보사업 등을 규정하고, 정보통신망에서 이용자 및 청소년을 보호하기 위한 각종 대책, 정보통신망의 안전성을 확보하기 위한 다양한 정책 수단을 포함한다.

① 정보통신망법
② 정보사회망법
③ 정보기술망법
④ 정보국제망법

09 다음 빈칸에 들어갈 알맞은 말을 고르시오.

이 법은 지능정보화 관련 정책의 수립, 추진에 필요한 사항을 규정한 법률로, 2020년 6월 9일 개정에서 현재의 제명으로 변경되었다. 원래 1995년 〈 (A) 촉진기본법〉으로 최초 제정되었다가, 2009년 〈 (B) 정보화 기본법〉으로 변경되고, 다시 지능정보사회를 맞이하여 〈 (C) 정보화 기본법〉으로 변경된 것이다.

	(A)	(B)	(C)
①	정보화	국가	지능
②	정보화	지능	국가
③	데이터	국가	지능
④	데이터	지능	국가

10 다음 설명이 뜻하는 용어를 고르시오.

사전적으로 방송이나 기사, 제품의 내용이나 효과 등에 대한 의견을 제출하는 것을 일컫는데, 최근 인터넷 감시 방법으로 채용되고 있는 대표적 방법이다.

① 인터뷰
② 설문조사
③ 큐레이션
④ 모니터링

11 다음 설명이 뜻하는 용어를 고르시오.

소셜 미디어에서 어떤 개인의 사적인 정보들을 캐내고, 이를 통해 그 개인이 견딜 수 없을 정도의 집요함을 가지고 쫓아다니면서 불안감과 공포심을 유발하는 행위다.

① 미디어스토킹
② 인터넷스토킹
③ 사이버스토킹
④ 디지털스토킹

12 다음은 '팩트체크 저널리즘'에 대한 설명이다. 가장 옳지 않은 것을 고르시오.

① 팩트체크라는 행위 자체는 새롭다.
② 팩트체크 저널리즘의 시작은 2003년 팩트체크 오알지이다.
③ '가짜뉴스'에 대한 우려가 높아지면서 저널리즘의 영역에서 제안된 해결책 중 하나이다.
④ 우리나라는 2012년 〈오마이뉴스〉에서 최초로 등장하였다.

13 다음 중 가장 옳지 않은 것을 고르시오.

① 거래 플랫폼은 사용자, 소비자, 서비스 제공자 등 다양한 생태계 참여자 간의 거래 촉진을 촉진하는 중개자 역할을 하는 플랫폼이다.
② 혁신 플랫폼이란 외부 참여자에게 상호보완적 소프트웨어나 상품, 서비스를 개발하기 위한 환경을 제공함으로써 기반 소프트웨어를 진화시키는 것이다.
③ 통합 플랫폼은 거래 플랫폼과 혁신 플랫폼이 결합된 형태로서, 마이크로소프트, 오라클, SAP가 있다.
④ 투자 플랫폼에는 프라이스라인 그룹, 소프트뱅크 등이 있다.

14 다음은 'C세대'에 대한 설명이다. 옳지 않은 것을 고르시오.

① 페이스북, 트위터 등 소셜 미디어를 통해 브랜드와 소통하기를 원하는 경향이 있다.
② 소셜 네트워크와의 연결이 즉각적인 상품 판매실적에 상당한 영향을 미치고 있다.
③ 자신의 의견이 상품의 마케팅 전반에 적극적으로 반영되기를 바란다.
④ 많은 기업이 소비자와 소통을 위해 블로그를 운영하여 쌍방향적으로 정보를 제공하고 있다.

15 다음은 '가상현실'에 대한 설명이다. 옳지 않은 것은?

① 가상현실이라는 말이 처음 사용된 시기는 1938년이다.
② 가상현실의 핵심 작동원리는 '원격현전'이다.
③ 가상현실이란 현전감과 경험을 주는 컴퓨터기술로 만들어진 환경을 말한다.
④ 가상현실은 환경의 일부만을 가상이미지로 교체한다는 점에서 환경을 100% 가상의 이미지로 채우는 증강현실과 구분된다.

16 전자문서 교환(EDI)의 구성요소가 아닌 것은?

① EDI표준
② EDI사용자 시스템
③ EDI서버
④ 거래약정

17 정보사회를 바라보는 관점 중 다음 내용과 관련된 관점은 어떤 관점인가?

> 많은 사람들에게 가장 쉽게 인정되면서 측정이 가장 적게 이루어지는 개념으로 일상생활 양식을 통한 사회적 순환에서 급격히 증가한 정보의 양에 착안하는 관점이다.

① 기술적 관점
② 경제적 관점
③ 직업적 관점
④ 문화적 관점

18 '통신망 사회'에 대한 설명으로 옳지 않은 것은?

① 수직적 사회가 아닌 수평적 관계를 중심으로 형성되는 사회이다.
② 인간관계-개인을 중심으로 통신망이 형성되는 사회이다.
③ 통신망 그 자체가 권력이 되며, 전통적인 엘리트의 권력은 약화되었다.
④ 개인의 욕구가 기술의 발전방향을 유도하는 것으로 사회적 수요보다는 기술적 변인 측면이 강조된다.

19 탈산업사회에 대한 설명으로 옳지 않은 것은?

① 정치나 문화가 아닌 사회구조상의 변동을 통해 출현
② 선진사회는 통합적이다.
③ 반총체주의
④ 다니엘 벨이 주장하였다.

20 우리나라 최상위 공인인증기관으로 한국의 IP 주소를 할당하는 곳은?

① KISA
② KAPF
③ KCL
④ KTL

21 링크의 종류가 아닌 것은?

① 단순 링크
② 임베디드 링크
③ 콘텍스트 링크
④ 프레이밍 링크

22 네트워크 토폴로지에 대한 설명을 읽고 해당하는 모형을 고르시오.

> 모든 노드가 서로 일대일로 연결된 그물망 형태로 다수의 노드 쌍이 동시에 통신할 수 있다. 특정 노드의 장애가 다른 노드에 영향을 주지 않아 회선 장애로 인한 통신 중단이 적은 반면 모든 노드를 서로 연결해야 하므로 구축 회선 비용이 많이 들고 새로운 노드를 추가할 때 비용 부담이 생긴다.

① 계층형
② 망형
③ 링형
④ 성형

23 네트워크의 연결 장비에 대한 설명을 읽고 해당하는 보기를 고르시오.

> 받은 신호를 증폭시켜서 먼 거리까지 정확히 전달하는 장치

① 리피터
② 라우터
③ 게이트웨이
④ 허브

24 하나의 물건을 사고 그 물건과 어울릴만한 물건을 계속 구매하면서 또 다른 소비를 하는 현상은 무엇인지 고르시오.

① 펭귄 효과
② 트윈 효과
③ 에펠탑 효과
④ 디드로 효과

25 다음은 마르셀 모스의 증여론에 나오는 선물경제에 관한 설명이다. 가장 옳지 않은 것을 고르시오.

① 재화를 선물로 나누어줌으로써 물질적 필요를 충족하는 경제를 뜻함.
② 상품경제와 달리, 화폐의 매개없이 물건을 서로 교환하는 방식이다.
③ 물건을 교환하는 방식이 아니면서도 재화나 서비스를 확보하는 방법이다.
④ 직접적인 대가나 보상을 기대하는 선물을 증여함.

군무원 정보직 FINAL 실전동형 봉투모의고사
제5회 모의고사

정보직

제1과목		제2과목	국가정보학
제3과목	정보사회론	제4과목	

응시번호		성 명	

〈 안내 사항 〉

1. 답안지의 모든 기재 및 표기사항은 반드시 『컴퓨터용 흑색사인펜』으로만 작성하여야 합니다.
   (사인펜에 "컴퓨터용"으로 표시되어 있음) (사인펜 본인 지참)
   * 매년 지정된 펜을 사용하지 않아 답안지가 무효처리 되는 상황이 빈발하고 있으므로, 답안지는 반드시 『컴퓨터용 흑색사인펜』으로만 표기하시기 바랍니다.

2. 답안은 매 문항마다 반드시 하나의 답만 골라 그 숫자에 "●"로 표기해야 하며, 표기한 내용은 수정테이프를 이용하여 정정할 수 있습니다. 단, 시험시행본부에서 수정테이프를 제공하지 않습니다.
   (표기한 부분을 긁는 경우 오답처리 될 수 있으며, 수정스티커 또는 수정액은 사용 불가)
   * 답안지는 훼손·오염되거나 구겨지지 않도록 주의해야 하며, 특히 답안지 상단의 타이밍마크
   (❙❙❙❙❙)를 절대로 훼손해서는 안 됩니다.

3. 필기시험 문제 관련 의견제시 기간: 시험 당일을 포함한 5일간
   * 국방부 군무원채용관리홈페이지(http://recruit.mnd.go.kr) - 시험안내 - 시험묻고답하기

제2과목 국가정보학

01 정보분석이 과거와 같이 단순한 서술을 넘어서 이미 발생한 사건들과의 인과관계를 규명하고 이를 근거로 미래에 대한 예측판단을 하여야 한다고 주장하는 학파는?

① 과학적 예측학파
② 기회분석학파
③ 기술학파
④ 실증주의 학파

02 수집된 정보를 평가하는 데 있어 애로점에 포함되지 않는 것은?

① 수집된 정보가 불충분함
② 분석관의 선입견에 의한 주관적 판단 가능성
③ 일시적인 기만책 사용
④ 정보기관의 집단적 사고의 오류 가능성

03 국가정보기관이 행하는 비밀공작의 특징에 대한 설명으로 올바르지 않은 것은?

① 정보수집활동과 방첩활동을 제외한 모든 활동
② 공작의 배후가 누구인지 은폐하는 데 중점을 둔 비밀활동
③ 반드시 외국인을 대상으로 한 활동으로 내국인은 대상이 안 됨.
④ 대부분 비합법적인 활동인 경우가 많음

04 다음 중 미국이 북한과 중국을 대상으로 추진하는 선전공작을 수행하는 언론기관은?

① Daily America
② Voice of America
③ Radio Free Europe
④ Radio Liberty

05 국가의 중요한 이익이 위협당했을 때, 아무 조치도 하지 않는 제1의 방안과 군사적 개입으로 무력을 행사하는 제2의 방법 외에 제3의 방법으로 비밀공작활동을 한다고 정의한 학자는?

① Sherman Kent
② Mark M. Lowenthal
③ Jeffery T. Richelson
④ Abram N. Shulsky

06 다음 중 궁극적으로 미국이 제1차 세계대전에 참가하게 된 계기가 된 기술정보 수집활동은 무엇인가?

① 짐머만 통신감청 사건(Zimmermann Telegram)
② 매직 암호해독(Magic cryptography)
③ 울트라(Ultra) 프로젝트
④ 애쉴론(ECHELON)

07 정보분석에 관련된 설명 중 올바르지 않은 것은?

① 정보분석은 수집된 자료나 첩보를 정보소비자에게 적합하게 평가하고 해석해 결론을 도출해 가는 과정이다.
② 정보분석방법이 잘 정립되지 않는 것은 정보의 주제가 심하게 변하고 예측 불가능하기 때문이라는 주장이 있다.
③ 정보분석시 국익과 국가안보와 연관성, 정책과의 연관성을 고려해야 한다.
④ 정보분석에서 정보사용자의 지침과 선호는 정보분석의 객관성을 침해하고 정치화된 정보생산이 될 수 있으므로 고려해서는 안 된다.

08 다음 중 적대적인 정보기관의 공작에 대항하여 국가 및 자국의 정보관련 행위를 보호하기 위해 수행하는 제반 공작활동은?

① 비밀공작활동
② 정보수집활동
③ 정치공작활동
④ 방첩활동

09 정보분석에 대한 시각 가운데 정보분석은 추상적이 아니라 정보의 최종 수요자인 정책결정자의 의도와 선호에 따라 구체적인 정책을 지원하는 실천적인 방향으로 이루어져야 한다는 입장을 무엇이라고 하는가?

① 기술학파
② 사회과학예측학파
③ 셔먼 켄트(Sherman Kent) 학파
④ 켄달 분석학파

10 다음 방첩의 활동 중 적성국에 고용된 공작원을 전향시켜 자국의 공작원으로 다시 활용하는 공격적인 공작활동은?

① 테러활동
② 기만공작
③ 역용공작
④ 전복공작

11 다음 중 인원보안에 포함되지 않는 것은?

① 보안교육
② 통제구역 설정
③ 신원조사
④ 동향파악

12 다음 중 미국 정보공동체의 최장기 미래예측보고서는?

① 군사정보 다이제스트(Military Intelligence Digest: MID)
② 고위정책 정보요약(Senior Executive Intelligence Brief: SEIE)
③ 글로벌 트랜드(Global Trends)
④ 전기(Biographies)기록

13 다음 중 산업정보활동에 대한 설명으로 올바르지 않는 것은?

① 탈 냉전기 이후 산업스파이에 대한 처벌이 엄격해졌다.
② 국가 간 분쟁이 최소화될 수 있는 영역에 대한 정보를 수집해야 한다.
③ 선진국도 산업정보의 수집을 주요 임무로 격상해 활동한다.
④ 민간기업에 대한 산업보안을 중요하게 여기지 않았다.

14 다음 산업정보 수집활동 중 기업 간의 상거래 방식에 의한 정보수집활동에 포함되지 않는 것은?

① 기술 제휴
② 내부자 활용
③ 컨설팅 계약
④ 기업의 인수·합병

15 다음 중 2001년 911 테러 이후에 설립된 국정원 산하 테러대응 부서는?

① 테러정보통합센터
② 테러대책위원회
③ 대테러센터
④ 국가테러센터

16 다음 중 1987년 결성한 팔레스타인 이슬람 과격단체로 2006년 1월 총선에서 과반수 이상 의석 확보에 성공하여 팔레스타인 정부의 집권에 성공한 단체는?

① 하마스
② 헤즈볼라
③ 알 카에다
④ 무자헤딘

17 다음 중 사이버테러에 대한 설명으로 올바르지 않는 것은?

① 테러조직의 위계질서가 수직적으로 파급효과가 극대화된다.
② 디도스(DDoS) 공격으로 주요 기관의 홈페이지를 마비시킨다.
③ 국가정보기관도 사이버테러 역량을 강화하기 위해 노력한다.
④ 정보화의 진전으로 사이버테러에 대한 취약성이 높아지고 있다.

18 다음 중 사이버정보전쟁의 공격기법에 포함되는 것은?

① 정보 격차
② 정보의 과다이용
③ 사이버 불링
④ 정보접근의 거부

19 다음 중 James Robinson의 위기정의시 3가지 고려요소에 포함되지 않는 것은?

① 위기의 근원으로 이 위기가 내부에서 온 것인지, 외부에서 온 것인지 파악한다.
② 위기에 대처하기 위한 의사결정의 가용시간이 충분한가 파악한다.
③ 이 현안 위기에 대해 느끼는 상대적 가치의 중요성이 어떠한가 파악한다.
④ 위기에 대한 해결책이 어떤 것인지 고민하여 대안을 제시한다.

20 다음 북한이 도발한 위기 사건 중에서 세 번째로 발생한 국가위기는?

① 청와대 기습사건
② 아웅산 묘지 폭파사건
③ 판문점 도끼 만행사건
④ 푸에블로호 납치사건

21 마약문제에 대한 설명으로 잘못된 것은?

① 마약문제는 기본적으로 국내문제이다.
② 마약문제는 국가소멸이 아닌 개인 착취의 문제이다.
③ 마약문제의 핵심은 개개인의 치료·교정이다.
④ 오늘날 마약과의 전쟁은 국가정보기구의 활발한 역할로 승리가 예상된다.

22 다음 중 미국이 추진하는 미사일방어체계(MD)에 대해 중국, 일본 등 동북아 국가의 입장에 대한 설명으로 올바르지 않은 것은?

① 중국은 MD가 대만을 보호해 주면서 하나의 중국정책에 치명적인 위협이 되고 있다고 판단하고 있다.
② 일본은 중국, 북한의 미사일전력 증강이 안보에 위협적이라고 판단해 적극적으로 지지하고 있다.
③ 한국은 북한의 직접적인 미사일 위협 때문에 미국의 MD에 의존하고 있다.
④ 한국이 MD에 적극적으로 지지해도 중국과의 군사적 긴장까지 조성되지 않는다.

23 다음 중 국제문제 해결방식의 하나인 다자주의(Multilateralism)에 대한 설명으로 올바르지 않은 것은?

① 개별국가가 혼자서 해결하기 어려운 문제를 해결하거나 조정해나가는 방식을 말한다.
② 미국, 러시아와 같은 강대국은 혼자서도 문제를 해결할 수 있어 관심을 두지 않는다.
③ 3개 이상의 국가들이 집단적으로 국가정책을 조정하는 것을 명목적 다자주의라고 한다.
④ 3개 이상의 국가가 어떤 규범을 만들어 강제력을 부여하면서 정책을 조정하는 것을 실질적 다자주의라고 한다.

24 비밀보고서 생산 시 유의할 점으로 틀린 것은?

① 사전계획에 의해서 생산하여야 한다.
② 배포처에 따라 비밀의 내용을 제한해야 한다.
③ 미래의 수요에 대비하여 생산수량을 결정한다.
④ 대상에 차이가 나면 여러 종류의 보고서를 작성해야 한다.

25 인간정보(HUMINT)의 문제점에 포함되지 않는 것은?

① 보안체계가 강하면 정보원 접근이 어려움.
② 대부분 정확한 확인이 어려우므로 정보의 신뢰성 확보에 애로
③ 자발적 정보원인 경우 적대국의 기만정보의 가능성 상존
④ 정보원이나 협조자의 합법적인 활동으로 인한 제약

제3과목 정보사회론

01 탈근대주의(Postmodernism)의 주요 특징에 대한 설명으로 옳은 것은?

① 탈근대주의는 진리를 객관적이고 보편적인 것으로 간주하며, 이를 탐구하는 것이 인간 사회의 필연적 목표라고 본다.
② 탈근대주의는 근대성이 강조했던 이성, 합리성, 보편적 가치 등을 전적으로 수용하며, 기술 발전이 사회를 긍정적으로 변화시킨다고 주장한다.
③ 탈근대주의는 재현적 문화(representational culture)를 거부하며, 모든 의미는 언어와 기호를 통해 구성된다고 본다.
④ 탈근대주의는 대서사(meta-narrative)를 강조하며, 역사는 특정한 방향으로 발전한다고 본다.

02 다음 중 기록의 속성에 대한 설명으로 옳지 않은 것은?

① '진본성'은 기록이 위조되거나 훼손되지 않은 원래 상태를 의미하며, 이는 기록의 원래 상태가 진짜임을 입증하는 기준이 된다.
② '신뢰성'은 기록의 내용이 업무처리나 활동을 완전하고 정확하게 반영하고 있어, 이후의 활동을 근거로 삼을 수 있는지를 나타낸다.
③ '무결성'은 기록의 구성 요소가 구조적으로 완전하며, 단순히 진본성을 확보하는 것을 넘어 기록의 변경 가능성을 배제하는 상태를 강조한다.
④ '이용가능성'은 기록의 물리적 보존 상태를 의미하며, 기록이 훼손되지 않은 상태로 장기적으로 보존될 수 있는지 여부를 판단하는 것이다.

03 정보사회를 경제적 관점에서 정의한 내용으로 옳지 않은 것은?

① 정보사회는 경제활동의 중심이 물리적 상품의 제조에서 정보와 지식의 제조로 이동하는 것이 특징이다.
② 정보생산, 교환이 주된 활동으로 자리 잡으며, 국민총생산(GNP)에서 정보산업의 비중이 증가하는 사회를 의미한다.
③ 경제적 관점에서는 정보활동의 비율을 정량적으로 측정하여 정보사회의 도래를 선언할 수 있다고 본다.
④ 경제적 관점에서는 정보사회가 되기 위해 모든 구성원이 정보기술을 무료로 이용할 수 있는 환경을 전제로 한다.

04 다음은 엘빈 토플러의 '제3의 물결'에서 제시된 내용이다. 빈칸에 들어갈 내용으로 가장 적절한 것은 무엇인가?

'제3의 물결'은 1물결인 농업혁명에서 2물결인 산업혁명으로 이어지며, 최종적으로 3물결인 정보혁명으로 도달한다. 3물결의 특징은 (1), (2), (3) 등으로, 수평적 네트워크형 조직 원리를 기반으로 한다.

	(1)	(2)	(3)
①	중앙집권화	표준화	효율화
②	중앙집권화	비표준화	대중화
③	분권화	대규모화	탈대중화
④	분권화	소규모화	다양성

05 디지털 미디어 환경에서 나타나는 어젠다 세팅(Agenda Setting) 효과와 관련된 설명으로 가장 적절하지 않은 것은?

① 전통적인 어젠다 세팅 이론은 언론이 특정 이슈를 강조함으로써, 대중이 해당 이슈를 더 중요하게 인식하도록 영향을 미친다고 본다.
② 뉴미디어 환경에서는 어젠다 세팅의 주체가 다변화되었으며, SNS와 인터넷 플랫폼의 알고리즘이 이슈 설정에 중요한 역할을 하게 되었다.
③ 어젠다 세팅 이론은 미디어가 어떤 사안을 보도하는 방식에 따라 대중의 인식뿐만 아니라 의견까지 직접적으로 통제할 수 있음을 전제로 한다.
④ 디지털 시대에는 전통적인 미디어뿐만 아니라, 시민저널리즘(Citizen Journalism)과 인플루언서(Influencer)도 어젠다 세팅 과정에 영향을 미칠 수 있다.

06 다음 중 '탈포드주의(Post-Fordism)'의 특징으로 가장 적절하지 않은 것은 무엇인가?

① 대량생산에서 소비지향적 체제로 전환되어 개인화된 소비 패턴이 강조된다.
② 생산조직이 수직적 구조에서 보다 유연한 수평적 조직으로 변화한다.
③ 노동자들은 평생 동일한 업무를 수행하며, 특정 기술을 전문적으로 익히는 방식이 유지된다.
④ 정보통신기술이 발전하면서 초국적 기업이 글로벌 생산 및 유통망을 구축한다.

07 다음 중 '정보 리터러시'의 개념과 관련된 설명으로 적절하지 않은 것은 무엇인가?

① 정보 리터러시는 정보의 필요성을 인지하는 것을 시작으로 정보의 검색, 평가, 활용을 포함한 일련의 능력을 지칭한다.
② 정보 리터러시는 정보의 비판적 평가를 통해 신뢰도 높은 정보를 선택하고, 이를 문제 해결에 활용하는 것을 주요 목표로 한다.
③ 정보 리터러시는 정보를 단순히 수집하고 저장하는 데 초점을 두며, 정보의 출처와 신뢰성에 대한 분석은 부차적이다.
④ 정보 리터러시는 정보의 검색과 활용 능력을 넘어 루머나 가짜 뉴스를 구별하는 데에도 기여할 수 있는 역량이다.

08 카스텔이 주장하는 노동계급의 소멸과 정보노동자의 부상에 대한 설명으로 옳은 것은?

① 전통적 노동계급은 자동화의 영향을 받지 않으며, 오히려 정보사회에서 더욱 중요해진다.
② 정보사회에서는 노동가치론이 여전히 유효하며, 육체노동이 경제에서 핵심적인 역할을 유지한다.
③ 정보노동자는 지식과 정보 처리 능력을 기반으로 하며, 사회·경제적으로 중요한 역할을 수행하는 계층으로 부상한다.
④ 정보노동자는 전통적 노동계급과 마찬가지로 수동적인 역할을 수행하며, 정보사회에서 노동의 자율성이 감소하는 특징을 가진다.

09 공공영역(public sphere)에서 정보의 역할과 관련된 설명으로 가장 적절한 것은 무엇인가?

① 공공영역은 사적 영역과 혼합된 개념으로, 정보가 반드시 개방될 필요는 없다.
② 공공 정보는 단순히 국가의 관리 하에 있어야 하며, 시민들이 자유롭게 접근할 필요는 없다.
③ 공공영역 내 정보의 접근성과 투명성은 민주주의와 시민 참여에 중요한 역할을 한다.
④ 공공영역의 정보서비스는 시장 원리에 따라 운영되어야 하며, 정보 제공에도 비용을 부과하는 것이 바람직하다.

10 다음 중 울리히 벡의 위험사회에 대한 설명으로 옳지 않은 것은 무엇인가?

① 위험사회에서는 부의 생산 논리가 위험 생산 논리와 병행하며, 두 논리가 사회적 영향력을 놓고 경쟁한다.
② 위험사회에서 갈등의 주요 원인은 물질적 재화의 불평등한 분배에서 비롯된다.
③ 위험사회에서 위험은 지구화 경향을 보이며, 특정 계층이나 국경을 초월하여 모든 사람에게 영향을 미친다.
④ 위험은 과학적 지식의 영역에 해당하며, 인간의 즉각적 인식 능력을 벗어난다.

11 다음 중 정보사회론을 주장한 학자와 그의 주장 내용이 바르게 연결된 것은 무엇인가?

① 마스다 요네지: 정보사회는 자본주의의 연장선에서 산업화를 통해 발전한다고 주장했다.
② 다니엘 벨: 서비스 고용이 지배적이며, 지식과 정보가 사회의 변혁적 자원이라고 주장했다.
③ 엘빈 토플러: 정보사회는 기존 자본주의 사회의 틀 안에서 정보를 활용하는 방식으로 발전한다고 보았다.
④ 포스터: 정보기술의 발전이 기존의 사회적 관계를 보존하며 양적 성장이 중요한 요소라고 주장했다.

12 다음 중 단절론적 입장에서 정보사회의 경제적 특징을 설명한 것은 무엇인가?

① 정보사회의 경제는 정보 관련 산업의 비중 증가와 정보재 및 정보서비스의 생산이 중심이 된다.
② 정보화는 기존 자본주의 경제 체제를 유지하는 도구로, 경제적 불평등을 해결할 가능성을 낮춘다.
③ 정보사회의 경제는 자본 축적보다는 정보 접근성 향상에 초점을 둔다.
④ 정보화는 경제적 관점에서 산업화와 유사하며, 생산성 증가를 중심으로 이루어진다.

13 다음 중 '기든스(Giddens)'의 정보사회에 대한 입장으로 옳은 것은 무엇인가?

① 정보사회는 20세기 후반에 처음으로 등장한 새로운 사회 유형이다.
② 정보사회는 근대사회의 출발과 동시에 형성되었으며, 최근 정보통신혁명으로 새롭게 등장한 것이 아니다.
③ 정보사회는 기존 자본주의 틀을 벗어나지 못하며, 사회적 변화를 가져오지 않는다.
④ 정보사회는 정보기술의 발전이 주도하는 새로운 사회적 패러다임으로 설명된다.

14 미디어 생태학(Media Ecology) 이론과 관련된 설명으로 가장 적절하지 않은 것은?

① 미디어 환경은 인간의 인지 방식, 사회적 관계, 문화적 구조에 영향을 미치며, 특정한 기술적 환경이 사회를 규정하는 힘을 가질 수 있다.
② 마셜 맥루한(Marshall McLuhan)의 "미디어는 메시지다(The Medium is the Message)"라는 주장은 미디어 자체가 사회적 의미를 형성하는 데 중요한 역할을 한다는 점을 강조한 개념이다.
③ 미디어 생태학은 인간과 기술의 상호작용보다는, 미디어 환경이 인간 행동을 직접적으로 결정하는 일방향적 인과관계를 강조하는 이론이다.
④ 미디어 기술의 발전에 따라 커뮤니케이션 방식이 변화하며 이는 인간의 사고 방식과 가치 체계에도 영향을 미칠 수 있다.

15 다음 중 다니엘 벨의 후기산업사회론에서 제시된 서비스 노동의 특징으로 옳지 않은 것은 무엇인가?

① 서비스 노동은 정보를 핵심 자원으로 하며, 금융, 교육, 의료 등 다양한 분야에서 적용된다.
② 서비스 노동은 전통적 제조업 노동과 비교해 보다 높은 직업 만족도를 제공하는 경향이 있다.
③ 서비스 노동은 정량적 생산성보다는, 창의성과 문제 해결 능력에 중점을 둔다.
④ 서비스 노동은 기계 기술의 보조 역할에 그치며, 지식 기반 직업군과는 명확히 구분된다.

16 다음 중 정보 격차(Information Divide) 문제에 대한 설명으로 가장 적절하지 않은 것은?

① 정보 격차는 단순한 인터넷 보급률의 차이가 아니라, 디지털 기기 활용 능력과 정보 해석 능력에서도 발생할 수 있다.
② 정보 격차는 경제적·사회적 요인과 밀접하게 관련되어 있으며, 정보 접근성과 교육 수준의 차이가 주요 요인으로 작용할 수 있다.
③ 정보 격차는 모든 국가에서 동일한 형태로 나타나며, 사회적 환경이나 정부 정책과는 무관하게 발생하는 보편적 현상이다.
④ 디지털 정보격차를 줄이기 위해서는 단순한 기술적 접근성 향상뿐만 아니라, 정보 활용 능력을 향상시키는 교육적 지원이 필요하다.

17 알고리즘 저널리즘(Algorithmic Journalism)과 관련된 설명으로 가장 적절하지 않은 것은?

① 알고리즘 저널리즘은 AI 및 자동화된 알고리즘을 활용하여 뉴스 생산과 유통을 수행하는 방식으로, 뉴스 보도의 효율성을 증가시킬 수 있다.
② 알고리즘 저널리즘에서 사용되는 AI 기반 자동 기사 작성 시스템은 인간의 개입 없이도 완전한 객관성을 유지할 수 있다.
③ 알고리즘 기반 뉴스 추천 시스템은 사용자의 관심사와 검색 이력을 분석하여 맞춤형 뉴스 콘텐츠를 제공할 수 있다.
④ 알고리즘 저널리즘은 빅데이터 분석을 활용하여 실시간 뉴스 생성이 가능하지만, 알고리즘의 편향성 문제가 발생할 수 있다.

18 다음 중 정보사회에서의 미디어 환경 변화에 대한 설명으로 가장 적절하지 않은 것은?

① 정보사회에서는 데이터가 주요한 자원이 되며, 미디어는 데이터를 수집·분석하여 맞춤형 콘텐츠를 제공하는 역할을 한다.
② 디지털 미디어의 발전으로 전통적인 미디어(신문, 라디오, TV)의 영향력은 감소하고 있으며, 미디어 소비 패턴이 개별화되고 있다.
③ 인터넷을 통한 미디어 소비가 증가하면서 미디어 기업들은 온라인 광고 및 구독 모델을 주요 수익원으로 삼고 있다.
④ 정보사회에서는 정보의 과부하가 심각한 문제가 되며, 필터 버블과 에코 챔버 현상이 정보 접근성을 향상시키는 역할을 한다.

19 다음 중 가트너(Gartner)에서 발표하는 글로벌 기술 트렌드와 관련된 설명으로 가장 적절하지 않은 것은?

① 가트너는 매년 '전략적 기술 트렌드(Strategic Technology Trends)'를 발표하여 향후 IT 및 산업 분야에서 중요한 기술 변화를 예측한다.
② 가트너의 기술 트렌드는 기업, 정부, 연구 기관이 미래 기술 전략을 수립하는 데 참고하는 중요한 자료로 활용된다.
③ 가트너의 '하이프 사이클(Hype Cycle)'은 특정 기술이 초기 도입 단계에서 성숙 단계까지의 발전 과정을 분석하는 프레임워크이다.
④ 가트너의 기술 트렌드는 단기적인 기술 변화를 예측하는 데 초점을 맞추며, 장기적인 시장 변화에는 영향을 미치지 않는다.

20 다음 중 해킹 공격 유형에 대한 설명으로 가장 적절하지 않은 것은?

① 피싱(Phishing) 공격은 신뢰할 수 있는 기관을 사칭하여 사용자의 민감한 정보를 유출하도록 유도하는 사회공학적(Social Engineering) 공격 기법이다.
② 랜섬웨어(Ransomware) 공격은 악성 소프트웨어를 이용해 사용자의 데이터를 암호화한 후, 이를 해제하는 대가로 금전을 요구하는 방식이다.
③ DDoS(Distributed Denial of Service) 공격은 다수의 분산된 시스템을 이용하여 대상 서버에 과부하를 발생시키고, 정상적인 서비스를 방해하는 공격이다.
④ 제로데이 공격(Zero-Day Attack)은 보안 패치가 적용된 소프트웨어에서 이미 알려진 취약점을 악용하는 공격 기법으로, 주로 오래된 시스템을 대상으로 한다.

21 사이버 커뮤니케이션의 특징으로 적절하지 않은 것은?

① 권위적이고 불평등한 현실 세계의 장벽이 제거된 상태에서 자유로운 의견 개진이 가능하다.
② 시·공간적 제약을 받으며, 특정한 물리적 공간에서만 정보 교류가 이루어진다.
③ 익명성이 보장되어 사회적 조건을 초월한 사이버 공동체 형성이 가능하다.
④ 전통적 매스 커뮤니케이션과 달리 양방향 상호작용이 활발하게 이루어진다.

22 다음 중 빅데이터(Big Data)의 특징으로 가장 적절하지 않은 것은?

① 빅데이터는 데이터의 양(Volume), 속도(Velocity), 다양성(Variety)의 세 가지 요소를 핵심 특징으로 한다.
② 빅데이터는 단순한 데이터 집합이 아니라, 이를 분석하여 유의미한 패턴을 도출하는 과정이 중요하다.
③ 빅데이터 분석 과정에서 프라이버시 및 데이터 보호 문제는 고려할 필요가 없는 요소이다.
④ 빅데이터 기술은 머신러닝, 인공지능, 클라우드 컴퓨팅과 결합하여 데이터 활용 가치를 극대화할 수 있다.

23 4차 산업혁명 시대에 요구되는 인재상으로 가장 적절하지 않은 것은?

① 창의적 문제 해결 능력과 융합적 사고력을 갖춘 인재
② 새로운 기술 변화에 적응하고, 지속적으로 학습하는 능력을 가진 인재
③ 특정한 하나의 기술만을 깊이 이해하고, 다른 분야와의 연계성을 고려하지 않는 인재
④ 인공지능 및 자동화 시스템과 협업할 수 있는 능력을 갖춘 인재

24 다음 중 4차 산업혁명의 특징에 대한 설명으로 가장 적절하지 않은 것은?

① 4차 산업혁명은 디지털, 물리적, 생물학적 시스템의 융합을 특징으로 하며, 기존 산업 구조를 근본적으로 변화시킨다.
② 인공지능(AI), 사물인터넷(IoT), 블록체인, 클라우드 컴퓨팅 등의 기술이 4차 산업혁명의 핵심 기술로 꼽힌다.
③ 4차 산업혁명은 단순한 자동화의 확장을 의미하며, 인간의 노동력을 완전히 대체하는 것을 주요 목표로 한다.
④ 초연결성과 초지능성을 바탕으로 기존 경제·사회·문화 구조에 큰 변화를 유발한다.

25 다음 중 플랫폼 자본주의(Platform Capitalism)에 대한 설명으로 가장 적절한 것은?

① 플랫폼 자본주의는 사용자들이 자발적으로 콘텐츠를 생산하며, 플랫폼 기업이 이를 통해 수익을 창출하는 경제 구조를 의미한다.
② 플랫폼 자본주의는 모든 온라인 플랫폼이 공공재의 성격을 가지며, 사적 이익 추구가 제한된다는 점을 강조한다.
③ 플랫폼 자본주의에서는 기업이 사용자 데이터를 수집하는 것이 법적으로 금지되며, 데이터 기반 비즈니스 모델이 성립할 수 없다.
④ 플랫폼 자본주의는 전통적인 제조업 기반 경제와 동일한 방식으로 운영되며, 온라인 생태계와는 무관한 개념이다.

군무원 정보직 FINAL 실전동형 봉투모의고사
제1~5회 국어

정보직

제1과목	국어(비매품)	제2과목	
제3과목		제4과목	

응시번호		성 명	

〈 안내 사항 〉

1. 답안지의 모든 기재 및 표기사항은 반드시 『컴퓨터용 흑색사인펜』으로만 작성하여야 합니다.
   (사인펜에 "컴퓨터용"으로 표시되어 있음) (사인펜 본인 지참)
   * 매년 지정된 펜을 사용하지 않아 답안지가 무효처리 되는 상황이 빈발하고 있으므로, 답안지는 반드시 『컴퓨터용 흑색사인펜』으로만 표기하시기 바랍니다.

2. 답안은 매 문항마다 반드시 하나의 답만 골라 그 숫자에 "●"로 표기해야 하며, 표기한 내용은 수정테이프를 이용하여 정정할 수 있습니다. 단, 시험시행본부에서 수정테이프를 제공하지 않습니다.
   (표기한 부분을 긁는 경우 오답처리 될 수 있으며, 수정스티커 또는 수정액은 사용 불가)
   * 답안지는 훼손·오염되거나 구겨지지 않도록 주의해야 하며, 특히 답안지 상단의 타이밍마크
   (▮▮▮▮▮)를 절대로 훼손해서는 안 됩니다.

3. 필기시험 문제 관련 의견제시 기간: 시험 당일을 포함한 5일간
   * 국방부 군무원채용관리홈페이지(http://recruit.mnd.go.kr) - 시험안내 - 시험문고답하기

제1회 모의고사

제1과목 국어

01 〈보기〉를 참고할 때, '단어'에 대한 설명으로 적절하지 않은 것은?

〈보기〉
단어를 직접 구성 요소로 분석하면 단일어와 합성어, 파생어로 나뉜다. 우선 실질 형태소로만 이루어진 단어를 단일어, ㉠실질 형태소에 접사가 결합하여 하나의 단어가 된 말을 파생어, ㉡둘 이상의 실질 형태소가 결합하여 하나의 단어가 된 말을 합성어라 한다. 그런데 단어에 따라서는 ㉢실질 형태소가 없이 접사와 접사가 결합하여 하나의 단어가 된 말도 있다.

① '들끓다'는 접사 '들'과 어근 '끓다'가 결합된 단어로 ㉠에 해당한다.
② '공부하다'는 어근 '공부'와 접사 '-하다'가 결합된 단어로 ㉠에 해당한다.
③ '날고기'는 어근 '날'과 어근 '고기'가 결합된 단어로 ㉡에 해당한다.
④ '풋내기'는 접사 '풋'과 접사 '-내기'가 결합된 단어로 ㉢에 해당한다.

02 다음은 중세 국어 용언의 활용에 관한 자료이다. 윗글을 참고하여 이에 대해 탐구한 내용으로 적절한 것은?

[가] 어간 끝소리 'ㅂ'의 교체 현상
    곱다[麗] : 곱고 / 고방
    엷다[薄] : 엷고 / 열버버
[나] 어간 끝음절 '-ᄉ(스)-'의 교체 현상
    ᄇᆞᅀᆞ다[碎] : ᄇᆞᅀᆞ며 / 븟아
    그스다[牽] : 그스고 / 긋어
[다] 어간 끝음절 '-ᄅᆞ-'의 교체 현상
    다ᄅᆞ다[異] : 다ᄅᆞ며 / 달아
    모ᄅᆞ다[不知] : 모ᄅᆞ며 / 몰라

① 중세 국어에서 어간 끝소리가 'ㅂ'일 때 모음으로 시작되는 어미가 오면 어미가 변하는 불규칙 활용을 한다.
② 중세 국어에서 활용할 때 어간 끝소리 ㅂ이 ㅸ으로 바뀌는 용언 중에는 현대 국어에서 규칙적으로 활용하는 것도 있다.
③ 중세 국어 'ᄇᆞᅀᆞ다', '그스다'는 모음인 어미가 오면 어간과 어미가 함께 변하는 불규칙 활용을 한다.
④ 중세 국어 '다ᄅᆞ다'와 '모ᄅᆞ다'는 활용 방식이 같지만 현대 국어의 '다르다'와 '모르다'는 활용 방식이 다르다.

03 국어의 로마자 표기와 그에 대한 설명으로 가장 적절하지 않은 것은?

① 낙동강-Nakdonggang: 된소리되기는 표기에 반영하지 않는다.
② 중앙-Jung-ang: 발음상 혼동의 우려가 있을 때에는 음절 사이에 붙임표(-)를 쓸 수 있다.
③ 부산-Busan: 고유 명사는 첫 글자를 대문자로 적는다.
④ 묵호-Muko: 'ㄱ, ㄷ, ㅂ, ㅈ'이 'ㅎ'과 합하여 거센소리로 소리 나는 경우 거센소리로 적는다.

04 다음 중 띄어쓰기가 옳지 않은 것은?

① 나는 세 번 만에 그 시험에 합격했다.
② 한번은 네거리에서 큰 사고를 낼 뻔했다.
③ 어찌나 비싼 지 차마 그 물건을 살 수 없었다.
④ 나는 결혼한 지 오 년 만에 첫째 아이를 가졌다.

05 (가)~(라)에 대한 설명으로 적절하지 않은 것은?

(가) 백설(白雪)이 ᄌᆞ자진 골에 구루미 머흐레라.
    반가온 매화(梅花)ᄂᆞᆫ 어ᄂᆡ 곳에 픠엿ᄂᆞᆫ고.
    석양(夕陽)에 홀로 셔 이셔 갈 곳 몰라 ᄒᆞ노라.
                                            - 이색

(나) 오백 년(五百年) 도읍지(都邑地)를 필마(匹馬)로 도라드니,
    산천(山川)은 의구(依舊)ᄒᆞ되 인걸(人傑)은 간 듸 업다.
    어즈버, 태평연월(太平烟月)이 ᄭᅮᆷ이런가 ᄒᆞ노라
                                            - 길재

(다) 이 몸이 주거 주거 일백 번(一百番) 고쳐 주거,
    백골(白骨)이 진토(塵土)되여 넉시라도 잇고 업고,
    님 향(向)ᄒᆞᆫ 일편단심(一片丹心)이야 가실 줄이 이시랴.
                                            - 정몽주

(라) 눈 마ᄌᆞ 휘어진 대를 뉘라셔 굽다튼고.
    구블 절(節)이면 눈 속에 프ᄅᆞ소냐.
    아마도 세한 고절(歲寒孤節)은 너ᄲᅮᆫ인가 ᄒᆞ노라.
                                            - 원천석

① (가)의 화자는 기울어져 가는 나라를 보며 안타까워하고 있다.
② (나)는 망국의 한을 회고적 정서 속에 담고 있다.
③ (다)는 화자의 의지를 직설적으로 나타내고 있다.
④ (라)는 세속적 욕망의 덧없음을 강조하며 은둔자의 모습을 보여주고 있다.

06 다음 시를 〈보기〉와 같이 구조화할 때, 감상한 내용으로 적절하지 않은 것은?

견우직녀도 이 날만은 만나게 하는 칠석날
나는 당신을 땅에 묻고 돌아오네.
안개꽃 몇 송이 땅에 묻고 돌아오네.
살아 평생 당신께 옷 한 벌 못 해 주고
당신 죽어 처음으로 베옷 한 벌 해 입혔네.
당신 손수 베틀로 짠 옷가지 몇 벌 이웃에 나눠 주고
옥수수밭 옆에 당신을 묻고 돌아오네.
은하 건너 구름 건너 한 해 한 번 만나게 하는 이 밤
은핫물 동쪽 서쪽 그 멀고 먼 거리가
하늘과 땅의 거리인 걸 알게 하네.
당신 나중 흙이 되고 내가 훗날 바람 되어
다시 만나지는 길임을 알게 하네.
내 남아 밭 갈고 씨 뿌리고 땀 흘리며 살아야
한 해 한 번 당신 만나는 길임을 알게 하네.
 – 도종환, '옥수수밭 옆에 당신을 묻고'

〈보기〉

| [A] 1 ~ 7행 | [B] 8 ~ 14행 |

① [A]에서 '당신'은 '안개꽃 몇 송이'의 이미지로 형상화되고 있다.
② [B]에서 '다시 만나지는'을 통해 '나'의 소망이 직접적으로 드러나고 있다.
③ [A]에서 '돌아오네'를 통해 드러나는 상실감이, [B]에서 '알게 하네'를 통해 좌절감으로 심화되고 있음을 엿볼 수 있다.
④ [A]에서 제시된 '칠석날'이라는 시간적 배경은, [B]에서 시적 화자의 현실 인식과 관련되고 있다.

07 다음 작품의 서술자에 대한 설명으로 적절한 것은?

말이 났으니 말이지 그 옷차림은 형제슈퍼의 심부름꾼 복장으로 딱 걸맞았다. 종일 의자에서 빈둥거리기도 지겨운지라 우리는 곧잘 가게 일도 마다않고 거들었었다. 우리 둘이서 머리를 짜내어 하는 일이란 기껏 고무 호스로 가게 앞에 물을 뿌려 주는 정도였다. 포장이 덜된 가게 앞길의 먼지 제거를 위해서나 여름 땡볕을 좀 무디게 하는 방법으로는 그 이상도 없어서 김 반장도 우리의 일을 기꺼이 바라봐 주곤, 일이 끝나면 기분이란 듯 요구르트 한 개씩을 던져 주기도 하였다.
그러다 차츰차츰 몽달 씨 몫의 일이 하나 둘 늘어 갔는데 가게 앞 청소나 빈 박스를 지하실 창고에 쟁이는 일 혹은 막걸리 손님 심부름 따위가 그것으로, 몽달 씨가 거드는 일이 많으면 많을수록 김 반장은 더욱 의젓해지고 몽달 씨는 자꾸 초라하게 비치는 게 나에겐 참으로 이상한 일이었다. 김 반장도 그걸 모르지는 않았을 것이다. 그래서 언젠가는 아주 정색을 하고서 몽달 씨 어깨를 꽉 껴안더니 이렇게 말하기도 하였다.
"자네 같은 시인에게 이런 일만 시키려니 미안하이. 자네는 확실히 시인은 시인이야. 언제 바쁘지 않을 때는 정말이지 자네 시를 찬찬히 읽어 봄세. 이래봬도 학교 다닐 때 위문 편지는 내가 도맡아 써 주곤 했던 실력이니까."
그러면 몽달 씨는 더욱 신이 나서 생선 잘라 주는 통나무 도마까지 깔끔히 씻어 내고 널부러져 있는 채소들을 다듬고 하면서 분주히 설치는 것이다.
 – 양귀자, '원미동 시인'

① 작품 안에 위치한 서술자가 자신의 이야기를 들려주고 있다.
② 작품 밖에 위치한 서술자가 작품 속 인물들의 행위를 그려내고 있다.
③ 작품 안에 위치한 서술자가 등장 인물의 행위와 사건을 관찰하여 서술하고 있다.
④ 작품 안에 위치한 서술자가 의식의 흐름에 따라 자신의 내면 세계를 보여주고 있다.

08 다음 글을 통해 짐작할 수 있는 당시의 사회상으로 적절하지 않은 것은?

"이것도 어렵다, 저것도 어렵다 하면 도대체 무슨 일을 하겠느냐? 가장 쉬운 일이 있는데, 네가 능히 할 수 있겠느냐?"
"말씀을 듣고자 하옵니다."
"무릇, 천하에 대의(大義)를 외치려면 먼저 천하의 호걸들과 접촉하여 결탁하지 않고는 안 되고, 남의 나라를 치려면 먼저 첩자를 보내지 않고는 성공할 수 없는 법이다. 지금 만주 정부가 갑자기 천하의 주인이 되어서 중국 민족과 친근해지지 못하는 판에, 조선이 다른 나라보다 먼저 섬기게 되어 저들이 우리를 가장 믿는 터이다. 진실로 당(唐)나라, 원(元)나라 때처럼 우리 자제들이 유학 가서 벼슬까지 하도록 허용해 줄 것과, 상인의 출입을 금하지 말도록 할 것을 간청하면, 저들도 반드시 자기네에게 친근해지려 함을 보고 기뻐 승낙할 것이다. 국중의 자제들을 가려 뽑아 머리를 깎고 되놈의 옷을 입혀서, 그중 선비는 가서 빈공과(賓貢科)에 응시하고, 또 서민은 멀리 강남(江南)에 건너가서 장사를 하면서, 저 나라의 실정을 정탐하는 한편, 저 땅의 호걸들과 결탁한다면 한번 천하를 뒤집고 국치(國恥)를 씻을 수 있을 것이다. 그리고 만약 명나라 황족에서 구해도 사람을 얻지 못할 경우, 천하의 제후(諸侯)를 거느리고 적당한 사람을 하늘에 천거한다면, 잘되면 대국(大國)의 스승이 될 것이고, 못 되어도 백구지국(伯舅之國)의 지위를 잃지 않을 것이다."
이 대장은 힘없이 말했다.
"사대부들이 모두 조심스럽게 예법(禮法)을 지키는데, 누가 변발(辮髮)을 하고 호복(胡服)을 입으려 하겠습니까?"
허생은 크게 꾸짖어 말했다.
"소위 사대부란 것들이 무엇이란 말이냐? 오랑캐 땅에서 태어나 자칭 사대부라 뽐내다니 이런 어리석을 데가 있느냐? 의복은 흰옷을 입으니 그것이야말로 상인(喪人)이나 입는 것이고, 머리털을 한데 묶어 송곳같이 만드는 것은 남쪽 오랑캐의 습속에 지나지 못한데, 대체 무엇을 가지고 예법이라 한단 말인가? 번오기(樊於期)는 원수를 갚기 위해서 자신의 머리를 아끼지 않았고, 무령왕(武靈王)은 나라를 강성하게 만들기 위해서 되놈의 옷을 부끄럽게 여기지 않았다. 이제 대명(大明)을 위해 원수를 갚겠다 하면서, 그까짓 머리털 하나를 아끼고, 또 장차 말을 달리고 칼을 쓰고 창을 던지며 활을 당기고 돌을 던져야 할 판국에 넓은 소매의 옷을 고쳐 입지 않고 딴에 예법이라고 한단 말이냐? 내가 세 가지를 들어 말하였는데, 너는 한 가지도 행하지 못한다면서 그래도 신임받는 신하라 하겠는가? 신임받는 신하라는 게 참으로 이렇단 말이냐? 너 같은 자는 칼로 목을 잘라야 할 것이다."
하고 좌우를 돌아보며 칼을 찾아서 찌르려 했다. 이 대장은 놀라서 일어나 급히 뒷문으로 뛰쳐나가 도망쳐서 돌아갔다.
이튿날, 다시 찾아가 보았더니, 집이 텅 비어 있고, 허생은 간 곳이 없었다.
— 박지원, '허생전'

① 사대부들은 명분과 예법에 집착하였다.
② 청나라와 실질적인 경제 교류가 없었다.
③ 당시 조정에서는 치밀하게 북벌 정책을 추진하였다.
④ 당(唐)나라와 원(元)나라 때에는 교류가 활발하였다.

09 다음은 우리말 문장에 대해 탐구한 것이다. 탐구 내용으로 적절한 것은?

① 그녀가 회원임이 밝혀졌다.
 ⇨ '그녀가'가 문장 전체의 주어로 쓰였군.
② 비가 소리도 없이 내린다.
 ⇨ '소리도 없다'라는 문장이 조사와 결합하여 주어로 쓰였군.
③ 나는 도둑을 잡은 경찰을 만났다.
 ⇨ 관형사형 어미 '-은'으로 실현된 관형절에 주어가 생략되어 있군.
④ 내가 수험생이 되었다.
 ⇨ '수험생이 되었다'가 서술절로 문장 전체의 서술어의 기능을 하는군.

10 다음의 한글 맞춤법 조항에 따라 '준말'을 만든 것으로 적절하지 않은 것은?

제32항 단어의 끝모음이 줄어지고 자음만 남은 것은 그 앞의 음절에 받침으로 적는다.
제37항 'ㅏ, ㅕ, ㅗ, ㅜ, ㅡ'로 끝난 어간에 '-이-'가 와서 각각 'ㅐ, ㅖ, ㅚ, ㅟ, ㅢ'로 줄 적에는 준 대로 적는다.
제38항 'ㅏ, ㅗ, ㅜ, ㅡ' 뒤에 '-이어'가 어울려 줄어질 적에는 준 대로 적는다.
제39항 어미 '-지' 뒤에 '않-'이 어울려 '-잖-'이 될 적과 '-하지' 뒤에 '않-'이 어울려 '-찮-'이 될 적에는 준 대로 적는다.
제40항 어간의 끝음절 '하'의 'ㅏ'가 줄고 'ㅎ'이 다음 음절의 첫소리와 어울려 거센소리로 될 적에는 거센소리로 적는다.

① 보이다 → 뵈다
 보이다 → 뵈다
② 트이어 → 틔어
 쓰이어 → 씌어
③ 가지고 → 갖고
 어제저녁 → 엊저녁
④ 그렇지 않은 → 그렇찮은
 남부럽지 않다 → 남부럽잖다

11 다음 음운의 변동에 대한 설명으로 적절하지 않은 것은?

㉠ 좋고[조코], 닿지[다치]
㉡ 쌓은[싸은], 않아[아나]
㉢ 놓는[논는], 쌓네[싼네]
㉣ 닿소[다쏘], 싫소[실쏘]

① ㉠: 'ㅎ' 뒤에 'ㄱ, ㅈ'이 결합되는 경우에는 축약이 일어난다.
② ㉡: 'ㅎ' 뒤에 모음으로 시작된 어미가 결합된 경우에는 탈락이 일어난다.
③ ㉢: 'ㅎ' 뒤에 'ㄴ'이 결합되는 경우에는 탈락과 첨가가 일어난다.
④ ㉣: 'ㅎ' 뒤에 'ㅅ'이 결합되는 경우에는 탈락과 교체가 일어난다.

12 다음 글의 내용과 일치하지 않는 진술은?

산업 혁명 이후, 선진 공업국들의 경쟁적인 산업화와 20세기에 일어난 눈부신 과학 기술의 발달은 인류에게 물질 문명의 편리함과 풍요로움을 선사하였다. 그러나 과다한 화석 에너지의 사용과 폭발적인 도시 인구의 증가로 말미암아 자연의 자정 능력을 훨씬 초과하는 대량의 대기 오염 물질과 산업 폐수 및 각종 쓰레기를 배출해 전 지구적인 '환경 파괴' 위기를 초래하고 있다.

인류는 그 동안 물질의 풍요로움과 생활의 편리함을 추구하여 살아 왔으며, 20세기의 과학 기술은 이러한 보편적인 인류의 욕구를 충족하기 위한 물질 문명의 발달에만 그 목표를 두고 발전해 왔다. 따라서, 과학 기술자는 물질 문명의 발달에 기여한 바도 크지만, 그에 못지않게 환경 오염 문제를 유발한 책임도 있다고 하겠다. 그러나 오존층의 파괴, 지구 온난화 문제 등 환경 오염의 구체적인 실상을 밝혀 낸 것도, 그리고 이에 대한 구체적인 해결 방안을 제시할 수 있는 것도 과학 기술자이다. 만약, 현대 과학의 연구 개발 능력을 쾌적한 환경 만들기에 집중하면, 환경 문제의 해결은 결코 어렵지 않을 것이다.

① 과학 기술의 힘으로는 환경 문제를 해결하기 어렵다.
② 과학 기술은 인류에게 물질적 풍요와 편리한 삶을 제공하였다.
③ 환경 오염의 실상은 과학 기술자들에 의해 밝혀지기 시작하였다.
④ 지금까지 과학 기술은 보편적 인류의 욕구 충족에 목표를 두었다.

13 다음 글에서 언급된 내용이 아닌 것은?

미래주의는 20세기 초 이탈리아 시인 마리네티의 '미래주의 선언'을 시작으로, 화가 발라, 조각가 보치오니, 건축가 상텔리아, 음악가 루솔로 등이 참여한 전위예술* 운동이다. 당시 산업화에 뒤처진 이탈리아는 산업화에 대한 열망과 민족적 자존감을 고양시킬 수 있는 새로운 예술을 필요로 하였다. 이에 산업화의 특성인 속도와 운동에 주목하고 이를 예술적으로 표현하려는 미래주의가 등장하게 되었다.

특히 미래주의 화가들은 질주하는 자동차, 사람들로 북적이는 기차역, 광란의 댄스홀, 노동자들이 일하는 공장 등 활기찬 움직임을 보여 주는 모습을 주요 소재로 삼아 산업 사회의 역동적인 모습을 표현하였다. 그들은 대상의 움직임의 추이를 화폭에 담아냄으로써 대상을 생동감 있게 형상화하려 하였다. 이를 위해 미래주의 화가들은, 시간의 흐름에 따른 대상의 움직임을 하나의 화면에 표현하는 분할주의 기법을 사용하였다. '질주하고 있는 말의 다리는 4개가 아니라 20개다.'라는 미래주의 선언의 내용은, 분할주의 기법을 통해 대상의 역동성을 지향하고자 했던 미래주의 화가들의 생각을 잘 드러내고 있다.

분할주의 기법은 19세기 사진작가 머레이의 연속 사진 촬영 기법에 영향을 받은 것으로, 이미지의 겹침, 역선(力線), 상호 침투를 통해 대상의 연속적인 움직임을 효과적으로 표현하였다. 먼저 이미지의 겹침은 화면에 하나의 대상을 여러 개의 이미지로 중첩시켜서 표현하는 방법이다. 마치 연속 사진처럼 화가는 움직이는 대상의 잔상을 바탕으로 시간의 흐름에 따른 대상의 움직임을 겹쳐서 나타내었다. 다음으로 힘의 선을 나타내는 역선은, 대상의 움직임의 궤적을 여러 개의 선으로 구현하는 방법이다. 미래주의 화가들은 사물이 각기 특징적인 움직임을 갖고 있다고 보고, 이를 역선을 통해 표현함으로써 사물에 대한 화가의 느낌을 드러내었다. 마지막으로 상호 침투는 대상과 대상이 겹쳐서 보이게 하는 방법이다. 역선을 사용하여 대상의 모습을 나타내면 대상이 다른 대상이나 배경과 구분이 모호해지는 상호 침투가 발생해 대상이 사실적인 형태보다는 왜곡된 형태로 표현된다. 이러한 방식으로 미래주의 화가들은 움직이는 대상의 속도와 운동을 효과적으로 나타낼 수 있었다.

기존의 전통적인 서양 회화가 대상의 고정적인 모습에 주목하여 비례, 통일, 조화 등을 아름다움의 요소로 보았다면, 미래주의 회화는 움직이는 대상의 속도와 운동이라는 미적 가치에 주목하여 새로운 미의식을 제시했다는 점에서 의의를 찾을 수 있다. 이러한 미래주의 회화는 이후 모빌과 같이 나무나 금속으로 만들어 입체적 조형물의 운동을 보여 주는 키네틱 아트가 등장하는 데 영감을 제공한 것으로 평가되고 있다.

*전위예술: 기존의 표현 예술 형식을 부정하고 새로운 표현을 추구하는 예술 경향.

① 미래주의에 참여한 예술가들
② 미래주의가 등장하게 된 배경
③ 미래주의 화가들이 사용한 기법
④ 미래주의 회화가 발전해 온 과정

14. 다음 글을 바탕으로 이해한 내용 중 적절하지 않은 것은?

선어말 어미는 그 자체만으로는 단어를 완성하지 못하고 뒤에 다른 어미들을 필요로 한다. 대표적인 것으로는 '높임 선어말 어미'와 '시제 선어말 어미' 등이 있고, 이외에도 서법*이나 동작상 등과 관련된 선어말 어미가 있다.

높임 선어말 어미에는 '-시-'가 있고 시제를 나타내는 선어말 어미에는 '-는-', '-었(았)-', '-겠-', '-더-' 등이 있다. '-는-'은 현재 시제를, '-었-', '-더-'는 과거 시제를, 그리고 '-겠-'은 미래 시제를 나타낸다. 과거 선어말 어미 '-었-'의 경우는 때로 '겨울이 가고 봄이 왔다.'처럼 완료상을 나타내기도 한다. 시제 선어말 어미 중에는 음운적 조건이나 형태적 조건에 따라 이형태가 나타나기도 한다. 이형태란 문법적 기능은 완전히 일치하지만 그 형태가 달리 나타나는 형태소를 일컫는다. 그리고 서법과 관련된 선어말 어미에는 추측을 나타내는 '-겠-'이나 '-리-', 그리고 확인을 나타내는 '-것-' 등이 있다.

하나의 어간에 어말 어미는 하나만 결합할 수 있지만, 선어말 어미는 여러 개가 결합할 수 있다. 이 경우 선어말 어미는 일정한 순서를 따라 나타나는데 '하시었겠다'에서 보듯이 높임, 과거 시제, 추측을 나타내는 선어말 어미 등의 순서로 나타난다.

중세 국어의 선어말 어미는 현대 국어보다 더 복잡하였다. 현대 국어처럼 높임이나 시제를 나타내는 경우 외에 의도법 등에도 사용되었다. 높임의 경우 주체 높임에는 '-시-'가 사용되었고, 객체 높임의 경우에는 '-습-'이 사용되었다. 특히 '-습-'의 경우는 앞뒤의 음운 환경에 따라 여러 가지 형태로 변형되어 나타났다. 그리고 회상 시제의 경우는 '-더-'나 '-다-'의 형태로 나타났다. 의도법 선어말 어미는 사실의 객관적 진술에는 사용되지 않았고, 주관적 의도가 나타난 경우에 사용되었는데, 어간이 자음으로 끝난 경우 '-오-/-우-'가 사용되었고, 어간이 'ㅏ'나 'ㅓ'로 끝난 경우는 생략되었다. 또 선어말 어미가 여러 개 올 경우 그 순서도 현대 국어와 달랐다.

*서법(敍法): 문장의 내용에 대한 화자의 심적 태도를 나타내는 동사의 어형 변화.

① '꽃들이 예쁘게도 피었다.'에서 '피었다'의 '-었-'은 완료상을 나타내 준다.
② '어머니가 할머님께 선물을 보내 드리셨다.'의 '드리셨다'에는 2개의 선어말 어미가 포함되어 있다.
③ '공부를 하였다.'의 '하였다'에 사용된 선어말 어미 '-였-'은 '-었-'의 이형태라고 할 수 있다.
④ '그런 것은 삼척동자도 알겠다.'의 '알겠다'에는 미래 시제를 나타내는 선어말 어미가 사용되었다.

15. 외래어 표기가 옳은 것만을 모두 고른 것은?

ㄱ. glove 글러브
ㄴ. navigation 네비게이션
ㄷ. doughnut 도너츠
ㄹ. recreation 레크레이션
ㅁ. repertory 레퍼토리

① ㄱ, ㄴ
② ㄱ, ㅁ
③ ㄴ, ㄹ
④ ㄷ, ㄹ

16. 〈보기〉의 ㉠, ㉡에 해당하는 예로 적절한 것은?

―〈보기〉―

(1) 어제 선물로 받은 초콜릿 맛이 무척 달다.
(2) 중간고사를 마치고 낮잠을 달게 잤다.

(1)의 '달다'는 '꿀이나 설탕의 맛과 같다'라는 뜻이고, (2)의 '달다'는 '흡족하여 기분이 좋다'라는 뜻이다. 이는 본래 ㉠감각과 관련된 중심적 의미를 지니던 것이 ㉡추상화되어 주변적 의미를 지니게 된 것이라고 할 수 있다.

① ㉠ 영수가 저녁을 너무 짜게 먹었는지 자꾸 물을 켠다.
  ㉡ 그 선생님은 수행평가 점수를 짜게 준다.
② ㉠ 산새들의 고운 노랫소리에 마음이 편안해졌다.
  ㉡ 가을이 되니 단풍이 곱게 물들었다.
③ ㉠ 실패의 쓴 경험을 통해 그는 의지가 강한 인물로 거듭났다.
  ㉡ 할머니께서 끓여주신 나물국이 몹시 쓰다.
④ ㉠ 마음이 그렇게 물러서야 어떻게 이 험한 세상을 살겠느냐?
  ㉡ 비 온 뒤라 땅이 무르니 발을 디딜 때 주의해라.

17 다음에 제시된 '산송'에 대한 이해로 적절하지 않은 것은?

> 산송은 묘지, 곧 분묘와 관련한 송사를 뜻한다. 산송에는 여러 가지 유형이 있는데, 먼저 암장은 공식적으로 묘지로 사용할 수 없는 땅에, 땅의 소유주 몰래 매장하는 것으로, 주로 왕릉에서 100보 이내나 금장 구역에 묘를 쓰는 경우를 말한다. 투장은 타인의 묘지를 교활하게 침탈하는 것을 말한다. 대표적인 행위로 명당의 좋은 묏자리를 선정하여 흰 옹기에 '아무개가 아무 날 이곳을 점하였다'라는 글을 적어 땅속에 묻었다가, 이것을 파내어 이 땅이 자기의 소유였다고 주장하는 것이다. 이를 '매표점산'이라 한다. 그 밖에 암장 후 봉토를 하지 않고 평지인 것처럼 위장하는 평장, 암장한 후 봉토를 한 곳에 허수아비 등을 묻어 두는 공장의 경우도 있다. 늑장은 권세를 이용하여 땅 주인의 의사와 관계없이 묘지로 쓸 땅을 빼앗는 것을 말한다. 이것은 주로 사대부와 관리들이 행했는데, 조선 후기에는 많은 부를 축적한 서민 재력가도 이런 행위를 하였다.
>
> *봉토: 흙을 쌓아 올림. 또는 그 흙.

① 평장은 봉토를 한 곳에 허수아비 등이 매장되어 있다.
② 암장과 공장 모두 금장 구역에 시신을 매장하는 행위이다.
③ 투장은 늑장과 달리 증거물을 조작하여 묘지를 빼앗는 행위이다.
④ 평장은 늑장과 달리 토지의 주인이 묘지를 빼앗겼다는 사실을 인식하기 어렵다.

18 괄호 안에 들어갈 단어를 순서대로 바르게 나열한 것은?

> 잘못된 점을 지적하여 부정적으로 말하는 것을 (㉠)이라고 하고, 어떤 대상에 대하여, 미추(美醜), 선악, 장단, 시비, 우열 등을 평가하여 논하는 것을 (㉡)이라고 한다.

	㉠	㉡
①	批判	批評
②	批判	批准
③	碑版	批評
④	碑版	批准

19 밑줄 친 어휘 중 표준어가 아닌 것은?

① <u>햇님</u>이 방긋 웃는다.
② 난 저 디자인이 <u>이쁘니</u> 저걸로 주세요.
③ 그녀는 웃을 때마다 <u>콧방울</u>이 벌름벌름했다.
④ <u>잎새</u>마다 빗방울이 하나씩 달려 있다.

20 ㉮의 상황을 나타내는 한자성어로 적절한 것은?

> 길동이 상을 받고 먹다가 모래를 슬그머니 입에 넣고 깨무니, 소리가 크게 났다. 중들이 듣고 놀라 사과를 했지만, 길동은 일부러 화를 내어 꾸짖었다.
> "너희들이 음식을 어찌 이다지 깨끗하지 않게 했느냐? 이는 반드시 나를 깔보고 업신여기는 짓이다."
> 하고 부하들을 시켜 모든 중을 한 줄에 결박하여 앉으니 모두가 겁이 나서 어쩔 줄을 몰랐다. 이윽고 수백 명이 일시에 달려들어 모든 재물을 제 것 가져가듯 하니, ㉮<u>중들이 보고 다만 입으로 소리만 지를 따름이었다.</u> 외출했던 불목한*이 마침 그때 돌아오다가 이 일을 보고 관가에 알리니, 합천 원이 관군을 뽑아 그 도적을 잡게 했다. 장교 수백 명이 도적을 쫓다가 문득 보니 송낙을 쓰고 장삼을 입은 중이 산에 올라가 외쳤다.
> — 허균, '홍길동전'
>
> * 불목한: 절에서 밥을 짓고 물을 긷는 일을 맡아서 하는 사람.

① 赤手空拳
② 束手無策
③ 守株待兔
④ 臥薪嘗膽

21 ㉠과 ㉡을 이해한 내용으로 적절하지 않은 것은?

> 조선의 현종 대에 효종과 효종비가 승하하자, 인조의 계비*이던 자의 대비의 복상* 기간을 어떻게 할 것인가가 문제로 떠올랐다. 이때 조정에서는 두 차례에 걸쳐 남인과 서인 간에 격렬한 논쟁이 벌어졌는데 이를 예송 또는 예송 논쟁이라고 한다.
> 먼저 1659년에 효종이 죽자, 효종의 모후*인 자의 대비의 복상 기간을 3년으로 할 것인가 기년*으로 할 것인가에 대한 논쟁이 일어났는데, 이 논쟁을 ㉠1차 예송인 기해 예송이라고 한다. 복제*가 문제가 된 것은 효종이 집안의 사적인 관계로 보면 대비의 둘째 아들인 셈이고, 왕위 계승이라는 면에서 보면 적자가 되므로 어느 쪽으로 보는가에 따라 상복을 입는 기간이 달라졌기 때문이다. 당시 일반 사대부들은 주자가례의 사례를 따르고, 왕가에서는 국조오례의를 따르고 있었는데, 국조오례의에 바로 이러한 사례가 없는 것이 문제였다. 또 하나의 문제는 자의 대비가 인조의 맏아들인 소현 세자의 상을 당하여 이미 삼년상의 상복을 입은 상태였다는 것이다.
> 주자가례는 장자와 다른 아들을 차별하여 복상 기간을 정하였다. 따라서 부모가 아들을 위해 상복을 입는 경우, 장자가 죽었을 때는 삼년상이고 둘째 이하의 아들일 경우에는 기년상이었다. 송시열을 중심으로 한 서인은 "효종이 자의 대비에게는 둘째 아들인데다 비록 왕위를 계승하였다고는 하여도 적자이면서 장자가 아닌 경우에 해당되어 기년상을 해야 한다."라고 주장하였다. 이에 비하여 허목 등 남인들은 "효종이 왕위를 계승하였으므로 장자로 대우하여 삼년상을 해야 한다."라고 주장하였다. 1차 예송은 기년복으로 일단락되었다.
> 그 뒤 현종 15년(1673) 효종비인 인선 왕후가 죽자 자의 대비의 복상 기간이 다시 문제가 되었다. 서인은 효종비를 둘째 며느리로 다루어 대공 9개월을 주장하고, 남인은 맏며느리로 예우하여 기년을 주장하여 ㉡2차 예송인 갑인 예송이 일어나게 되었다. 2차 예송에서 복제는 기년상으로 정해졌다. 뒤이어 숙종이 즉위하여 남인에게 정권을 맡기자 서인들이 송시열의 구명 운동을 벌이는 가운데 남인의 허적과 윤휴 등을 역모로 몰아 이들 세력을 제거하는 경신대출척[숙종 6년(1680)]이 일어나면서 예송은 일단락되었다.
>
> *계비: 임금이 다시 장가를 가서 맞은 아내.
> *복상(服喪): 상을 당하여 상복을 입음.
> *모후(母后): 임금의 어머니
> *복제(服制): 상복을 입는 다섯 단계의 제도.
> *기년: 만 일 년이 되는 날.

① ㉠에서는 서인의 주장이 관철된 반면, ㉡에서는 남인의 주장이 관철되었다.
② ㉠과 ㉡에서 남인은 서인과 달리 주자가례에 근거하여 주장을 전개하였다.
③ ㉠에서 서인이 주장한 복상 기간과 ㉡에서 남인이 주장한 복상 기간은 같다.
④ ㉠과 ㉡ 모두 동일한 인물이 상복을 입는 기간에 대한 의견 차이로 인해 발생하였다.

22 지역 신문에 실을 도서관 관련 기사의 표제·부제를 정할 때, 〈보기〉의 조건을 모두 충족한 것은?

〈보기〉
- 비유를 활용한다.
- 대구법을 사용한다.
- 도서관 이용의 불편함에 대한 내용을 담는다.

① 주말마다 도서관은 몸살 중!
 - 이용자 수 많고, 좌석 수 부족하고
② 책을 조금 더 오래 보고 싶어요.
 - 개방 시간과 대출 기간의 연장 필요
③ 외관은 알록달록, 내부는 얼룩덜룩
 - 도서관 내부 시설의 개선 시급해
④ 얇은 동화책부터, 두꺼운 사전까지
 - 모두들 당신을 기다리고 있습니다.

23 다음 글의 전개 순서로 가장 자연스러운 것은?

(가) 우선 광고가 독점적 경쟁 시장의 판매자 간 경쟁을 촉진할 수 있다. 이러한 효과는 광고를 통해 상품 정보에 노출된 구매자가 상품의 품질이나 가격에 예민해질 때 발생한다.
(나) 또한 경쟁은 신규 판매자가 광고를 통해 신상품을 쉽게 홍보하고 시장에 진입할 수 있게 됨으로써 촉진된다.
(다) 특히 구매자가 가격에 민감하게 수요량을 바꾼다면, 판매자는 경쟁 상품의 가격을 더욱 고려하게 되어 가격 경쟁에 돌입하게 된다.
(라) 더 많은 판매자가 시장에서 경쟁하게 되면 각 판매자의 독점적 지위는 약화되고, 구매자는 더 다양한 상품을 높지 않은 가격에 구매할 수 있게 된다.
(마) 광고는 광고주인 판매자의 이윤 추구 수단으로 기획되지만, 그러한 광고가 광고주의 의도와 상관없이 시장에 영향을 끼치기도 한다.

① (마) - (가) - (다) - (라) - (나)
② (마) - (가) - (다) - (나) - (라)
③ (마) - (라) - (가) - (나) - (다)
④ (마) - (라) - (나) - (가) - (다)

24 다음 대담을 진행하는 사회자의 태도에 대한 설명으로 적절한 것은?

> 사회자: 김 선생님, 선생님께서는 요즘 폭력배가 주인공이 되어 코믹한 액션을 펼치는 소위 '조폭' 영화들은 흥행에 성공하고, 평론가들이 좋다고 평한 영화는 흥행에 실패하는 현상에 대해 어떻게 생각하십니까?
> 평론가: 그런 현상의 근본 원인은, 사람들이 복잡하고 힘겨운 세상살이를 하고 있다는 데 있습니다. 그래서인지 영화를 고를 때 스트레스를 해소할 수 있는 것을 고르게 되는 것이죠. 진지하게 삶의 의미를 성찰하기보다 그저 한두 시간이라도 단순히 즐길 수 있기를 바라는 거예요. 그래서 '조폭' 영화의 흥행 성공이 전 바람직한 현상이 아니라고 봅니다.
> 사회자: 그렇군요. 그런데 '조폭' 영화가 흥행에 성공한 것은 그만큼 우리 영화가 발전한 증거라는 견해도 있습니다. 그리고 영화는 본질적으로 예술이라기보다 오락이 아닌가요?
> 평론가: 사회자도 제가 걱정하는 관객 중 한 분이시네요. 영화란 인간의 삶을 소재로 삶이란 무엇인가, 나의 삶은 가치로운가 등을 성찰하게 만드는 그런 예술입니다. 그런데 요즘 대중들은 영화를 오락으로만 즐기려 해요. 그리고 영화계 사람들이 이를 적극 이용하고 있구요. 이걸 우리 영화가 발전하는 모습이라고 하긴 곤란하죠. 전 '조폭' 영화들은 영화가 아니라고 생각합니다.
> 사회자: 하지만 대중들은 심각한 영화를 보기 싫어합니다. 현실도 괴로운데 영화까지 그 괴로움을 새삼 일깨워준다면 그런 영화를 누가 보러 가겠습니까?
> 평론가: 전 '조폭' 영화가 흥행에 성공하는 것을 보면서 인터넷에 음란물이 넘쳐나는 현상을 떠올립니다. 인터넷은 대중들의 삶의 질을 높일 수 있는 훌륭한 도구라고 봐요. 그런데 대중들은 인터넷을 오락의 도구로만 이해하려 해요. 영화도 마찬가지입니다. 이제는 대중들도 삶을 성찰하는, 진지한 메시지가 담긴 좋은 영화를 외면해서는 안 됩니다.

① 개인적인 경험을 들어 상대방의 입장을 옹호하고 있다.
② 자신에 대한 상대방의 비판에 감정적으로 대응하고 있다.
③ 상대방의 견해에 의문을 제기하여 답변을 유도하고 있다.
④ 상대방의 모호한 태도를 지적하며 명확한 답변을 요구하고 있다.

25 다음 '이어진 문장'에 대한 설명으로 적절하지 않은 것은?

> ㄱ. 나는 공부를 좋아하지만 동생은 공부를 싫어한다.
>   (나는 공부를 좋아한다. / 동생은 공부를 싫어한다.)
> ㄴ. 영희는 얼굴이 아름다우나 성격이 좋지 않다.
>   (영희는 얼굴이 아름답다. / 영희는 성격이 좋지 않다.)
> ㄷ. 인생은 짧지만 예술은 길다.
>   (인생은 짧다. / 예술은 길다.)
> ㄹ. 눈이 내리니까 세상이 하얗다.
>   (눈이 내린다. / 세상이 하얗다.)
> ㅁ. 나는 갑자기 잠이 몰려 와서 그만 잠이 들었다.
>   (나는 갑자기 잠이 몰려 왔다. / 나는 그만 잠이 들었다.)

① ㄱ은 앞 절과 뒤 절이 대조의 의미 관계로 이어진 문장이라 할 수 있군.
② ㄴ의 '-으나'는 앞 절과 뒤 절을 대등하게 ㄷ의 '-지만'은 종속적으로 이어 주는 연결 어미로군.
③ ㄴ, ㅁ을 보니, 앞 절과 뒤 절을 연결할 때 반복되는 성분은 생략할 수 있겠군.
④ ㄹ에서 앞 절과 뒤 절의 순서를 바꾸면 의미가 달라지게 되는군.

제2회 모의고사

제1과목 국어

01 '국어의 로마자 표기법'을 적용하여 단어의 표기를 수정했다고 할 때, 수정 근거로 적절하지 않은 것은?

단어	수정 전	수정 후	수정 근거
같이 [가치]	gati	gachi	음운 변화가 일어날 때에는 변화의 결과에 따라 적는다. … ㉠
해운대	Haeundae	Hae-undae	발음상 혼동의 우려가 있을 때에는 음절 사이에 붙임표(-)를 쓸 수 있다. … ㉡
울산 [울싼]	ulsan	Ulsan	음운 변화의 된소리되기는 표기에 반영하지 않는다. … ㉢
경희궁 [경히궁]	Gyeonghigung	Gyeonghuigung	'ㅢ'는 'ㅣ'로 소리 나더라도 'ui'로 적는다. … ㉣

① ㉠
② ㉡
③ ㉢
④ ㉣

02 외래어 표기가 맞는 것을 〈보기〉에서 있는 대로 고른 것은?

〈보기〉
ㄱ. 쇼핑(shopping)   ㄴ. 비젼(vision)
ㄷ. 스윗치(switch)   ㄹ. 브리지(bridge)
ㅁ. 차트(chart)   ㅂ. 스팀(steam)

① ㄱ, ㄴ, ㅁ
② ㄱ, ㄹ, ㅁ, ㅂ
③ ㄱ, ㄴ, ㄷ, ㄹ
④ ㄱ, ㄴ, ㄷ, ㄹ, ㅁ

03 다음 중 표준 발음이 아닌 것은?

① 책 넣는다[챙넌는다]
② 줄넘기[줄럼끼]
③ 공권력[공꿜력]
④ 되어[되어/되여]

04 밑줄 친 어휘 중 표준어가 아닌 것은?

① 큰언니는 깔끔한 편이지만, 그렇게 <u>까탈스럽지도</u> 않다.
② 어젯밤 아버지께서 <u>숫돼지</u> 한 마리를 사 오셨다.
③ <u>잎새</u>마다 빗방울이 하나씩 달려 있다.
④ 오늘은 하늘이 유독 <u>푸르르지</u> 않아?

05 띄어쓰기가 잘못된 문장은?

① 한글이야말로 세계에서 가장 우수한 문자다.
② 입사 3년 차인 김 대리는 일에 찌들어 목석 같아 보였다.
③ 그는 걱정하는 나를 보고 "괜찮아."라고 말을 해 주었다.
④ 사업가로서 실력과 언변을 겸비한다면, 이야말로 금상첨화이다.

06 〈보기〉 참고했을 때 적절하지 않은 것은?

〈보기〉
〈한글 맞춤법〉
제5항 한 단어 안에서 뚜렷한 까닭 없이 나는 된소리는 다음 음절의 첫소리를 된소리로 적는다.
1. 두 모음 사이에서 나는 된소리
2. 'ㄴ, ㄹ, ㅁ, ㅇ' 받침 뒤에서 나는 된소리
다만, 'ㄱ, ㅂ' 받침 뒤에서 나는 된소리는, 같은 음절이나 비슷한 음절이 겹쳐 나는 경우가 아니면 된소리로 적지 아니한다.

① 잔득 / 잔뜩: 'ㄴ' 받침 뒤에서 된소리가 나므로 '잔뜩'으로 적는다.
② 깍두기 / 깍뚜기: 'ㄱ' 받침 뒤에서 된소리가 나므로 '깍두기'로 적는다.
③ 갑자기 / 갑짜기: 두 모음 사이에서 된소리가 나므로 '갑짜기'로 적는다.
④ 씁슬하다 / 씁쓸하다: 'ㅂ' 받침 뒤에서 된소리가 나는 경우이지만 비슷한 음절이므로 '씁쓸하다'로 적는다.

07 〈보기〉는 성조의 변화 양상에 대한 설명이다. 적절하지 않은 것은?

〈보기〉
중세 국어 시기 방점 표기를 통해 저조(평성)와 고조(거성), 그리고 이 둘이 복합된 저고조(상성)의 성조 체계가 존재했던 것으로 보인다. 근대 국어 시기에 성조는 사라졌으나 상성이 장음으로 남게 된 양상도 관찰된다.

① 방점 표기를 통해 중세 국어 시기의 정연한 성조 체계를 보여 주었다.
② 중세 국어의 상성은 복합조로 처음이 낮고 나중이 높은 소리이다.
③ 중세 국어와 근대 국어를 구별하는 가장 큰 특징 중 하나가 성조 체계이다.
④ 현대 국어에서 길고 짧은 소리로 단어의 의미를 변별하는 것은 성조와는 무관하다.

08 다음 중 문맥상 반의 관계로 적절하지 않은 것은?

① 그녀는 마당에 <u>서서</u> 밤하늘을 바라보았다.
　지친 그녀가 소파에 쓰러지듯 <u>앉았다</u>.
② 집이 <u>넓다</u>.
　<u>좁은</u> 길에 차를 세워 놓아 통행이 불편하다.
③ 그녀는 아주 <u>큰</u> 집에서 혼자 살고 있다.
　키가 <u>작다</u>.
④ 그는 지조가 <u>높은</u> 선비였다.
　주위에는 <u>낮고</u> 완만한 산들이 계속 이어졌다.

09 〈보기〉에 대한 설명으로 적절한 것은?

〈보기〉
㉠ 컵에 물을 가득 채웠다.
㉡ 누군가에게 잊혀진다는 것은 슬픈 일이다.
㉢ 진실이 그에 의해 밝혀졌다.
㉣ 이 일을 친구들에게 알리게 하여라.

① ㉠에서는 사동 접미사 '-이-'와 '-우-'가 중첩되어 있는데 이러한 표현은 삼가야 한다.
② ㉡에서는 동사 어간에 피동 접사가 중복되어 나타나지만 자연스러운 표현이므로 논란의 여지가 없다.
③ ㉢에서는 파생적 피동과 통사적 피동이 이중으로 나타나고 있다.
④ ㉣에서는 '-리-'와 '-게 하다'가 함께 사용되었지만 각각 한 가지만 사용했을 때와 의미가 다르다.

10 다음 문장을 분류했을 때, 그 종류가 다른 하나는?

① 너는 눈부시지만 나는 눈물겹다.
② 음악이 흐르면 난 당신을 생각해요.
③ 밥을 먹든지 빵을 먹든지 한 가지만 하여라.
④ 그녀는 어머니의 손등이 부르튼 것을 보았다.

11 다음 중 중의성이 없는 문장은?

① 학생들 모두가 오지 않았다.
② 선생님이 보고 싶은 학생이 많다.
③ 그는 철수보다 영희를 더 좋아한다.
④ 아름다운 그녀의 목소리를 듣고 싶다.

12 다음에서 설명하는 언어의 특성과 같은 사례가 아닌 것은?

대표적으로 '냉장고', '리모컨', '비행기', '선풍기', '자동차', '전화기', '휴대폰' 같은 단어는 근대 국어까지는 존재하지 않는 말이었지만, 시간이 흘러 기술이 발달하고 외국 문화와 교류하여 새로운 개념이 생기고, 이를 표현하는 말이 필요하게 되자 탄생하게 되었다.

① 영감(令監)은 정삼품과 종이품의 관리를 높여 이르던 말이었다.
② '붉으락푸르락'은 '푸르락붉으락'할 수는 없다고 보아 '푸르락붉으락'은 잘못된 표현으로 보았다.
③ '개발새발'은 본래 '괴발개발'의 비표준어였으나 '괴발개발'과 뜻에 차이가 있는 것으로 판단하여 표준어로 인정하였다.
④ '맨날'은 본래 '만날(萬-)'의 비표준어였으나 '만날'과 동일한 뜻으로 널리 쓰이는 것으로 판단하여 복수 표준어로 인정하였다.

13 〈보기〉를 참고할 때, 제시된 합성어에 대한 설명으로 적절하지 않은 것은?

〈보기〉
합성어는 단어 배열법에 따라 국어의 정상적인 단어 배열법을 따르고 있는 '통사적 합성어'와 그렇지 않은 '비통사적 합성어'로 나눌 수 있다. 또한 의미 관계에 따라 앞 성분이 뒤 성분을 수식하는 형태를 띠는 '종속 합성어', 앞 성분과 뒤 성분이 대등한 관계를 띠는 '대등 합성어', 앞 성분과 뒤 성분이 원래의 의미를 잃어버리고 새로운 의미로 사용되는 '융합 합성어'로 나눌 수 있다.

① 쌀밥: '명사+명사'의 구성이면서 단어를 구성하는 성분들이 대등한 관계를 이루고 있으므로, 통사적 합성어이자 대등 합성어이다.
② 덮밥: '용언의 어간+명사'의 구성이면서 앞의 성분이 뒤의 성분을 수식하는 형태를 띠므로, 비통사적 합성어이자 종속 합성어이다.
③ 춘추(春秋): '명사+명사'의 구성이면서 합성어가 만들어지며 '나이'라는 새로운 의미로 사용되므로, 통사적 합성어이자 융합 합성어이다.
④ 검푸르다: '용언의 어간+용언'의 구성이면서 단어를 구성하는 성분들이 대등한 관계를 이루고 있으므로, 비통사적 합성어이면서 대등 합성어이다.

14 ⓐ~ⓒ에 대한 설명으로 가장 적절한 것은?

길동이 대희하여 채문 안에 들어가니 비단 병풍을 치고 영웅호걸 수백이 앉았는지라. 그중에 상좌(上座)의 사람을 보니, 청포운삼에 자금관을 쓰고 팔을 가볍게 들며 용력을 자랑하니, 길동이 거만하게 들어가 길게 읍만 하고 절하지 않으며, 좌우 중인을 하찮게 여기고 윗자리에 앉으니, 청포 입은 사람이 먼저 문왈,
"소년은 어디로 오며, 성명은 뉘라 하느뇨?"
길동이 대왈,
"나는 다른 사람이 아니요, 서울 장안에 있는 홍 정승의 아들이러니, 들은즉 활빈당에 천하 역사(力士) 모여 용맹을 자랑한다 하기로 내 한번 찾아와 힘을 자랑코자 왔나니, 그대 등은 무슨 재주와 용력이 있으며, 나와 ⓐ시험할쏘냐?"
그 사람들이 길동의 말을 듣고 서로 바라볼 뿐 답을 못하더니, 상석에 앉은 사람이 방목(榜目)을 지어 가지고 쓴 ⓑ글을 내어 왈,
"그대는 이 세 가지를 행할쏘냐?"
하거늘 길동이 받아 보니,
"제일은 이 앞에 초부석(樵夫石)이란 돌이 있으되 무게 천 근이라, 능히 그 돌을 들면 우리 우두머리를 삼을 것이요, 제 이는 무쇠로 철관을 만들었으니 무게 오백 근이라, 그 철관을 쓰고 이 앞 돌문 삼백 단을 세웠으니 그 돌문을 뛰어넘으면 가히 그 용맹을 알 것이요, 또한 해인사라 하는 절이 있으되 재물이 누거만(累巨萬)이요, 그 절 중의 용맹이 과인하기로 우리 등이 마음대로 못하는 고로, 우두머리에게 지략과 술법을 배우고 이후에 ⓒ상장군 자리에 모시려 하나이다."
길동이 한 번 보고 대소 왈,
"이 세 가지를 어렵다 하니, 어찌 가소롭지 아니하리오?"
하고, 모든 역사를 데리고 초부석 있는 곳에 나아가 흔연히 소매를 걷고 그 돌을 잡아 공중에 던지니, 그 돌이 미처 땅에 떨어지기 전에 발로 돌을 차니 수십 보 밖에 내려지는지라. 중인이 대경하여 또 돌문 앞에 나아가니, 길동이 또한 철관 오백 근을 쓰고 돌문 삼백 단을 넘어가니, 모든 무리 일시에 고함하여 왈,
"천하장사로다!"
하고 용력을 칭찬하고, 길동을 장군 자리로 모신 후에 여러 도적 천여 명이 일시에 자리 아래 엎드려 군례(軍禮)를 마친 후에 그 용맹을 치하하더라.
— 작자 미상, '홍길동전'

① ⓐ는 길동이 활빈당 무리와 한편이 될 수 없음을 보여 준다.
② ⓑ는 길동에게 활빈당이 세워진 이유가 무엇인지를 알려 준다.
③ ⓒ는 길동이 활빈당에서 ⓑ에 제시된 과제를 통과하면 차지할 지위이다.
④ ⓐ는 길동이 활빈당에서 무리들과 갈등하게 되는 계기가 되고, ⓑ와 ⓒ는 이를 심화하는 역할을 한다.

15. (가)~(다)에 대한 설명으로 옳은 것은?

(가)
내 님믈 그리♦와 우니다니
山(산) 졉동새 난 이슷♦요이다.
아니시며 거츠르신 ♦ 아♦
殘月曉星(잔월 효성)이 아♦시리이다.
넉시라도 님은 ♦♦ 녀져라 아으
벼기더시니 뉘러시니잇가.
過(과)도 허믈도 千萬(천만) 업소이다.
♦힛마리신뎌
살읏븐뎌 아으
니미 나♦ ♦마 니♦시니잇가.
아소 님하, 도람 드르샤 괴오쇼셔
— 정서, 정과정 —

(나)
梨花雨(이화우) 흣♦릴 제 울며 잡고 離別(이별)♦ 님
秋風落葉(추풍 낙엽)에 저도 날 생각♦가.
千里(천 리)에 외로온 ♦만 오락가락 ♦노매.
— 계랑의 시조 —

(다)
님다히 消쇼息식을 아므려나 아쟈 ♦니 오♦도 거의로다. 내일이나 사♦ 올가. 내 마음 둘 ♦ 업다 어드♦로 가♦ 말고. 잡거니 밀거니 놉픈 뫼헤 올라가니 구름은♦니와 안개난 므♦ 일고. 山산川쳔이 어둡거니 日일月월을 엇디 보며 咫지尺척을 모♦거든 千쳔里리♦ 바라보랴. ♦♦리 믈가의 가 뱃길이나 보랴 ♦니 바♦이야 믈♦이야 어둥졍 된뎌이고. 샤공은 어♦ 가고 븬 배만 걸렷♦니. 江강天텬의 혼자 셔셔 디난 ♦♦ 구버보니 님다히 消쇼息식이 더옥 아득♦뎌이고. 茅모簷쳠 찬 자리의 밤듕만 도라오니 半반壁벽靑쳥燈등은 눌 위♦야 발갓♦고. 오르며 나리며 헤♦며 바니니 져근덧 力녁盡진♦야 풋♦을 잠간 드니 精졍誠셩이 지극♦야 ♦의 님을 보니 玉옥 ♦탄 얼굴이 半반이나마 늘거셰라. ♦음의 머근 말♦ 슬크장 ♦쟈 ♦니 눈물이 바라 나니 말인들 어이♦며 情졍을 못다♦야 목이조차 메여♦니 오뎐된 鷄계聲셩의 ♦은 엇디 ♦돗던고.
— 정철, 속미인곡 —

① (가), (나)는 대조적인 이미지로 이별의 정서를 드러내고 있다.
② (가), (다)는 시간의 흐름에 따라 시상을 전개하고 있다.
③ (가), (나), (다)의 화자는 모두 임과의 재회를 소망하고 있다.
④ (나), (다)에는 (가)에 비해 계절감이 두드러지게 드러나고 있다.

16. ⓐ~ⓓ 중, 이질적인 성격을 지닌 것은?

내가 일곱 살 나 천자문을 떼고 책씻이도 마친 어느 여름날 해설핀 석양으로 잊지 않고 있지만, 나는 갯가 제방 둑까지 할아버지를 모시고 나와 온 마을을 쓸어 삼킬 듯이 쳐들어오던 바다 밀물을 구경한 적이 있었다. 댕기물떼새와 갈매기들의 울음소리가 석양 놀에 가득 떠 있던 눈부신 바다를 구경했던 것이다. 방파제 곁으로 장항선 철로가 끝 간 데 없고, 철로와 나란히 자갈마당 뽀얀 ⓐ신작로는 모퉁이를 돌았는데, 왕소나무는 ⓑ철로와 신작로가 가장 가까이로 다가선, 잡목 한 그루 없이 잔디만 펼쳐진 펑퍼짐한 버덩 위에서 사백여년이나 버티어 왔던 것이다.

그날 할아버지는 장정 두 팔로 꼭 네 아름이라던 왕소나무 밑등을 조심스레 어루만지면서,

"이 애야, 이 ⓒ왕솔은 토정(土亭) 할아버지께서 짚고 가시던 지팡이를 꽂아 놓았는디 이냥 자란 게란다. 그쩍에 그 할아버지 말씀은, 요 지팽이 앞으루 ⓓ철마가 지나가거들랑 우리 한산 이씨 자손들은 이 고을에서 뜨야 허리라구 허셨다는 게여……. 그 말씀을 새겨들어 진작 타관살이를 했더라면 요로큼 모진 시상은 안 만났을지두 모르는 것을……."

하던 말을 나는 여태껏 기억하고 있는 것이다.
— 이문구, '관촌수필' —

① ⓐ
② ⓑ
③ ⓒ
④ ⓓ

17 이 시에 대한 설명으로 옳지 않은 것은?

흙이 풀리는 내음새
강바람은
산짐승의 우는 소릴 불러
다 녹지 않은 얼음장 울멍울멍 떠나려간다.

진종일
나룻가에 서성거리다
행인의 손을 쥐면 따듯하리라.

고향 가차운 주막에 들러
누구와 함께 지난날의 꿈을 이야기하랴.
양구비 끓여다 놓고
주인집 늙인이는 공연히 눈물짓는다.

간간이 잰내비 우는 산기슭에는
아직도 무덤 속에 조상이 잠자고
설레는 바람이 가랑잎을 휩쓸어 간다.

예제로 떠도는 장꾼들이여!
상고(商賈)하며 오가는 길에
혹여나 보셨나이까.

전나무 우거진 마을
집집마다 누룩을 디디는 소리, 누룩이 뜨는 내음새…….
—오장환, '고향 앞에서'

① 공감각적 심상을 활용하여 정서를 드러내고 있다.
② 현재 시제의 사용을 통해 그리움을 표현하고 있다.
③ 다양한 감각적 이미지를 활용하여 정서를 드러내고 있다.
④ 화자는 고향을 눈앞에 두고도 갈 수 없는 상황에 처해 있다.

18 다음 글의 내용과 일치하지 않는 것은?

지시 표현들은 화자와 청자가 대화를 나누는 시간적·공간적 장면이 없으면 그 의미를 정확히 이해할 수 없다. 예를 들어 '이것, 그것, 저것'과 같은 지시 대명사들은 어떤 장면에서 사용되는지에 따라 달리 선택된다. '이것'은 화자에게 좀 더 가까운 대상을, '그것'은 화자에게서는 멀지만 청자에게는 가까운 대상을, 그리고 '저것'은 화자와 청자 모두에게서 멀리 떨어져 있는 대상을 가리킬 때 각각 사용한다.

담화에서 앞에 나온 어휘나 발화 전체를 다시 가리키는 것을 대용 표현이라고 한다. 대용 표현에는 지시 표현에 사용되는 대명사 가운데 주로 '이'와 '그' 계통의 것들이 사용되기 때문에 형식상으로 잘 구별되지 않는다. 그러나 대용은 화자 또는 청자의 말에서 언급된 것을 다시 가리킬 때 쓰인다는 점에서 화자와 청자로부터의 멀고 가까움에 따라 특정 대상을 가리키는 지시 표현과 구별된다.

응집성을 갖춘 담화를 구성하는 데에는 지시 표현이나 대용 표현 이외에 접속 표현이 특히 중요한 기능을 한다. 예를 들어 아래에 제시된 담화에서 '영화가 정말 재미있다'는 발화와 '야구 중계를 보겠다'는 발화는 서로 관련이 없어 보이지만, '그래도'와 같은 접속 표현에 의해 응집성 있는 담화로 묶일 수 있다.

지원: 승연아, 영화 보러 가자.
승연: 오후에는 야구 중계를 볼 거야.
지원: 에이, 같이 가자. 그 영화 정말 재미있대.
승연: 그래도 난 집에서 야구 중계 볼래.

접속 표현에는 '그리고, 그러나' 등의 접속 부사를 비롯하여 '먼저, 다음으로'나 '첫째, 둘째'와 같이 시간적 혹은 논리적 순서를 나타내는 어휘들이 있다.

① 지시 표현은 시·공간적 장면이 있어야 의미가 분명해진다.
② 지시 표현은 화자와의 거리에 따라 '이것', '저것', '그것' 등으로 분류된다.
③ 대용 표현은 형식적으로 보았을 때 지시 표현과 구별하기가 쉽지 않다.
④ 접속 표현을 사용하면 서로 무관해 보이는 발화들을 응집성 있는 담화로 만들 수 있다.

19 다음 글의 관점을 뒷받침하는 예로 적절하지 않은 것은?

> 언어와 사고가 밀접한 관계를 유지할 뿐만 아니라, 언어는 인간이 세계를 인식하는 방법, 즉 세계관까지도 결정한다는 견해도 있다. 독일의 철학자이며 언어학자인 훔볼트는 '한 민족의 언어는 곧 그 민족의 정신'이라고 했는데, 이는 언어와 그 언어를 사용하는 사람들의 사고방식 사이에 깊은 관계가 있다는 뜻이다. 이런 관점으로 보면, 언어는 그 언어를 사용하는 사람들의 사고, 정신 활동, 공동체의 얼을 담고 있다고 할 수 있다.

① 친족 관계를 중시하는 한민족은 친족어가 발달해 있다.
② 영아의 경우 말을 배우기 이전에 울음으로 의사를 표현한다.
③ 욕설을 꾸준히 사용하면 점차 그 사람의 성격이 난폭해진다.
④ 높임 표현의 교육을 하다 보니 학생들의 존대 의식이 발달한다.

20 다음 글의 주제로 가장 적절한 것은?

> 어린 시절 책을 읽을 때는 뜻을 모르는 낱말이 나오는 것이 가장 골치 아픈 일이었다. 모르는 낱말이 나오면, 이런저런 뜻을 혼자서 생각해 보며 문맥을 통해 뜻을 헤아려 보기도 하였다. 그러다가 뜻이 통하면 그 다음 문장을 읽어 나갔다. 물론 어른들에게 여쭈어서 낱말과 문장의 뜻을 해결하기도 하였다. 그러면서도 그 모르는 구절의 뜻을 요모조모로 되씹어보고, 그 말이 나타내는 의미를 내 경험 속에서 발견해 보려고 하였다. 누가 시키지 않아도 내 안에서 사고 활동이 자연스럽게 이루어지는 것이다.
> 한번은 '왕자와 거지'를 읽다가 '옥쇄'라는 낱말이 나왔다. 물론 모르는 말이다. 아버지께서 설명을 해 주셨으나 내게는 쉬 익숙해지지 않았다. 나는 '왕자와 거지'에서 이 말이 쓰이는 장면이 나올 때마다, 가능한 한 온갖 생각의 날개를 펼쳤다. 마침내 옥쇄란 말과 관련하여 그 뜻을 구체적으로 알 수 있게 되었다. 무언가를 읽고 있는 동안에는 동시에 왕성한 사고가 일어나고, 그 사고를 통하여 인간의 앎과 의식이 깊어지는 것이다. 이렇게 보면 독서는 사고 그 자체라는 말을 실감할 수 있다.

① 독서의 사고 과정
② 새로운 앎과 상상의 기쁨
③ 사실적 독해의 사고 원리
④ 어린 시절 겪은 독서의 어려움

21 다음을 통해 파악할 수 있는 한국 문화의 특성을 각각 바르게 연결한 것은?

> (가) 우리말에서는 '미곡(米穀)'을 나타내는 말에 '벼', '쌀', '밥'의 세 가지 말이 있는데, 이는 각각 '식물', '곡물', '먹거리'의 단계를 나타내고 있다. 그런데, 영어에서는 이러한 구별이 없어 논에 심어져 있는 벼와, 낟알이 된 쌀, 그리고 먹도록 조리된 상태인 밥을 모두 'rice'란 하나의 단어로 표현한다고 한다.
> (나) 미국에서는 '나'와 '우리'라는 표현을 엄연히 구별하여 사용하는 반면에, 우리말에서는 '나'와 '우리'라는 표현을 구별하지 않고 사용하는 경우가 많다. 우리는 '나의 엄마'보다는 '우리 엄마', '나의 집'보다는 '우리 집'이라는 표현을 더 자연스럽게 여기지만, 미국에서는 'our mother'이나 'our house'라는 표현을 잘 사용하지 않는다.

	(가)	(나)
①	농경 문화	유교 문화
②	농경 문화	공동체 문화
③	복식 문화	불교 문화
④	복식 문화	제도권 문화

22 다음 글의 전개 순서로 가장 자연스러운 것은?

> (가) PCR는 주형 DNA, 프라이머, DNA 중합 효소, 4종의 뉴클레오타이드가 필요하다.
> (나) 프라이머는 표적 DNA의 일부분과 동일한 염기 서열로 이루어진 짧은 단일 가닥 DNA로, 2종의 프라이머가 표적 DNA의 시작과 끝에 각각 결합한다.
> (다) 1993년 노벨 화학상은 중합 효소 연쇄 반응(PCR)을 개발한 멀리스에게 수여된다. 염기 서열을 아는 DNA가 한 분자라도 있으면 이를 다량으로 증폭할 수 있는 길을 열었기 때문이다.
> (라) 주형 DNA란 시료로부터 추출하여 PCR에서 DNA 증폭의 바탕이 되는 이중 가닥 DNA를 말하며, 주형 DNA에서 증폭하고자 하는 부위를 표적 DNA라 한다.
> (마) DNA 중합 효소는 DNA를 복제하는데, 단일 가닥 DNA의 각 염기 서열에 대응하는 뉴클레오타이드를 순서대로 결합시켜 이중 가닥 DNA를 생성한다.

① (가) - (다) - (나) - (라) - (마)
② (가) - (나) - (다) - (라) - (마)
③ (다) - (가) - (라) - (나) - (마)
④ (다) - (가) - (마) - (라) - (나)

23 다음의 상황에 어울리는 한자성어로 가장 적절한 것은?

> 환경에 따라 사람이나 사물의 성질이 변함을 이르는 말.

① 橘化爲枳 ② 牽强附會
③ 巧言令色 ④ 靑出於藍

24 다음 토론에서 '반대 측' 발언자에 대한 평가로 적절한 것은?

사회자: 찬성 측의 입론 잘 들었습니다. 다음은 반대 측의 반대 신문을 시작하겠습니다. 시간은 2분을 드리겠으며, 30초 남았을 때 종을 쳐 알려드리겠습니다. 반대 측 반대 신문 시작해 주세요.
반대 측: 찬성 측에서는 청소년기의 미용 목적의 성형 수술을 금지해야 한다고 말씀하셨는데요, 이는 인간에게 주어진 행복 추구권을 침해하는 것이 아닌가요? 이에 대해 어떻게 생각하시는지요.
찬성 측: 물론 인간의 행복 추구권은 침해되어서는 안 됩니다. 그러나 청소년기는 아직 신체적, 정신적 성장이 이루어지는 시기이며, 성형 수술은 돌이킬 수 없는 결과를 가져올 수 있어 오히려 행복 추구권을 해할 가능성이 있습니다. 그래서…
반대 측: 네, 여기까지 듣겠습니다. 청소년이 신체적, 정신적 성장이 이루어지는 시기라고 하셨는데요, 그럼 신체적, 정신적 성장이 마무리된 청소년이라면 미용 목적의 성형 수술이 가능하다는 말씀이신가요?
찬성 측: 아니요, 그런 뜻이 아닙니다. 저희 의견은…
반대 측: 시간 관계상 여기까지만 듣겠습니다.
사회자: (종을 친다.)
반대 측: 결국 찬성 측은 청소년을 미성숙한 존재로만 인식하고 행복을 추구할 수 없다고 주장하시는 것이군요. 맞나요?
찬성 측: 저희는 그런 말을 한 적이…
반대 측: 됐습니다. 다음 질문 하겠습니다.
사회자: 반대 신문 시간 종료되었습니다.
찬성 측: 찬성 측 숙의 시간 요청합니다.
사회자: 알겠습니다. 숙의 시간 2분 드리겠습니다.

① 입증의 부담을 해결하기 위해 논증하고 있다.
② 지나치게 말을 끊어 역효과를 불러일으키고 있다.
③ 토론의 전략을 잘 사용하여 능숙함이 돋보인다.
④ 논리적인 질문 사용으로 찬성 측을 논박하고 있다.

25 다음 중 반의어가 적절히 연결되지 않은 것은?
① 나는 인권 존중을 주창하는 단체에 加入했다. ↔ 脫退
② 나의 제안은 그에 의해 보기 좋게 拒絕을 당했다. ↔ 承諾
③ 그는 공직자로서 儉約이 몸에 밴 생활을 했다. ↔ 浪費
④ 사진 속의 아이들은 영양 缺乏으로 빼빼 말라 있었다. ↔ 缺如

제1과목 국어

01 다음 중 음운변동에 대한 올바른 진술은?

① '낚는'에서는 음운의 '교체' 현상만 일어난다.
② '핥아'에서는 음운의 '탈락' 현상만 일어난다.
③ '훗일'에서는 음운의 '축약', '탈락' 현상이 일어난다.
④ '닫혀'에서는 음운의 '축약', '첨가' 현상이 일어난다.

02 다음 밑줄 친 단어 중 수사가 아닌 것은?

① 이 더하기 <u>삼</u>은 오이다.
② <u>첫째</u>, 친구들을 아끼고 사랑하자.
③ 아버지에게는 위로 누나가 <u>셋</u>이나 있다.
④ 그 집안의 <u>둘째</u>는 성실하기로 이름이 난 사람이다.

03 다음 문장에 사용된 단어의 개수로 알맞은 것은?

> 공무원이 깨끗해야 나라가 깨끗하다.

① 5개
② 6개
③ 7개
④ 8개

04 밑줄 친 부분의 예에 해당되지 않는 것은?

> 문제 의식은 허위 의식을 폭로하는 행위로 연결된다. <u>허위 의식이란 복잡한 현실을 짐짓 단순화시키고, 더럽고 잘못된 현실을 짐짓 아름답게 꾸며서 그럴듯하게 정리해 놓은 거짓된 현실 인식을 말한다.</u> 허위 의식은 대체로 아름다운 수사(修辭)의 낱말들로 꾸며져 있어서 사람을 홀리거나 속인다. 속이 더럽고 부끄러울수록 허위 의식은 깨끗하고 떳떳한 낱말들을 동원한다. 자유, 발전, 행복, 정의, 평화 등을 앞세워 자유를 제한하고, 전체적 발전을 늦추며, 행복을 깨뜨리고, 정의를 흐리며, 평화를 파괴한다. 이럴 때 문제 의식이 요청된다. 문제 의식을 갖춘 사람은 정직이라는 말로 단장된 허위 의식의 거짓된 속셈을 꿰뚫어 본다. 문제 의식에 투철한 사람은 자유를 앞세우는 억압의 행태를 알아차린다. 그는 정의를 큰 소리로 외치는 불의를 투시할 줄 안다. 그는 평화를 강조하는 폭력을 누구보다도 날카롭게 관찰하고 있다.

① 남성들이 전통을 내세우며 여성들을 차별한다.
② 강대국이 세계화를 내세우며 자기 잇속을 챙긴다.
③ 독재자가 사회 안정을 명분으로 비판자들을 탄압한다.
④ 교통 경찰이 안전을 강조하며 법규 위반자를 단속한다.

05 뉴스를 전하는 기자의 태도로 가장 적절한 것은?

앵커: 한 설문 조사 결과 여성 10명 가운데 7명이 외모가 인생의 성패를 좌우할 수 있다고 답한 것으로 나타났습니다. 이철수 기자의 보도입니다.

기자: 찍어 바르고, 칠하고, 다듬고, 끼고, 쓰고, 여성들의 외모 가꾸기는 끝이 없습니다. 열세 살에서 마흔세 살의 여성 2백 명을 대상으로 한 한 설문 조사에서 응답자의 68%가 외모가 인생의 성패를 좌우할 정도로 중요하다고 답했습니다. 또 10명 가운데 8명은 외모 가꾸기를 멋이 아니라 생활의 필수 조건으로 꼽았습니다.

인터뷰1(20대 여성): "외모가 인생에서 100 가운데 80정도는 되는 것 같아요. 또 얼굴이 잘 생겼으면 실수해도 봐주고… 취직도 쉽잖아요."

기자: 일상 생활에서도 외모가 큰 영향을 미치는 것으로 나타났습니다. 10명 가운데 7명이 외모에 신경을 쓰면 다른 사람들이 더 친절하게 대해 준다고 답했고, 과반수 이상이 또래 여성을 보면 우선 외모부터 비교하게 된다고 응답했습니다. 또 하루 평균 외모 가꾸기에 투자하는 시간은 53분, 거울 보는 횟수는 8.3회로 조사됐습니다. 최근 미국 시사주간지 타임마저 한국 성인의 10%가 성형 수술을 받을 정도라며 외모 지상주의로 치닫는 우리 사회의 단면을 표지 기사로 다룰 정도입니다.

인터뷰2(의사): "더 이상 고칠 부분이 없는데도 특정 부위를 고쳐달라고 우리 병원을 찾아오는 환자들이 많습니다."

기자: 외모가 인생을 좌우할 정도로 중요하다고 말하는 여성들, 어쩌면 겉모습만 중시하는 비뚤어진 인식이 만들어낸 우리들의 일그러진 자화상인지도 모릅니다.

① 문제 상황을 해결할 수 있는 구체적 대안을 모색하고 있다.
② 사회 현상에 대해 우려를 표하면서 경각심을 불러일으키고 있다.
③ 사회 현상의 다양한 측면을 제시하여 시청자의 이해를 돕고 있다.
④ 상반된 주장 중에서 한 쪽의 주장만을 집중적으로 부각시키고 있다.

06 다음 시에 대한 감상으로 적절하지 않은 것은?

어머님,
제 예닐곱 살 적 겨울은
목조 적산 가옥 이층 다다미방의
벌거숭이 유리창 깨질 듯 울어 대던 외풍 탓으로
한없이 추웠지요, 밤마다 나는 벌벌 떨면서
아버지 가랭이 사이로 시린 발을 밀어 넣고
그 가슴팍에 벌레처럼 파고들어 얼굴을 묻은 채
겨우 잠이 들곤 했었지요.

요즈음도 추운 밤이면
곁에서 잠든 아이들 이불깃을 덮어 주며
늘 그런 추억으로 마음이 아프고,
나를 품어 주던 그 가슴이 이제는 한 줌 뼛가루로 삭아
붉은 흙에 자취 없이 뒤섞여 있음을 생각하면
옛날처럼 나는 다시 아버지 곁에 눕고 싶습니다.

그런데 어머님,
오늘은 영하(零下)의 한강교를 지나면서 문득
나를 품에 안고 추위를 막아 주던
예닐곱 살 적 그 겨울밤의 아버지가
이승의 물로 화신(化身)해 있음을 보았습니다.
품 안에 부드럽고 여린 물살은 무사히 흘러
바다로 가라고,
꽝 꽝 얼어붙은 잔등으로 혹한을 막으며
하얗게 얼음으로 엎드려 있던 아버지,
아버지, 아버지……

— 이수익, '결빙(結氷)의 아버지'

① 어머니를 청자로 한 대화체를 사용하여 친근감을 느끼게 하고 있다.
② '아버지'와 '나'의 관계를 '얼음'과 '물'의 관계에 빗대어 표현하고 있다.
③ 과거와 현재의 대비를 통해 상황에 대한 문제 의식을 드러내고 있다.
④ 성인이 된 화자가 유년기의 기억을 떠올리며 고백하듯이 이야기하고 있다.

07 〈보기〉의 조건에 맞게 광고문을 작성하려고 한다. 가장 적절한 것은?

〈보기〉
• 조건
 - 대조적인 이미지를 사용하여 선명한 인상을 남긴다.
 - 구매 행동을 촉구하는 내용은 직접 드러내지 않는다.

① 들꽃처럼 피어오르는 그리움, 눈앞에 아른거리는 고향길 그저 하얀 안개일 뿐이었습니다. △△ 디지털 카메라! 그리움이 색을 찾았습니다. △△ 디지털 카메라!
② 고객의 불편함이 사라집니다. 과학과 의학의 만남, 친절하고 정확한 의사 진단, 첨단 과학이 만든 렌즈, 안경점의 신개념 서비스가 시작됩니다.
 ○○ 안경점! ▽▽ 은행 옆 ○○ 안경점!
③ V! 승리는 하나, ◇◇ 컴퓨터! 인터넷 선이 필요 없습니다. 기다릴 필요가 없습니다. 편리함, 속도의 정복자, ◇◇ 컴퓨터! 당신을 정복자로 만듭니다.
④ 마른 잎처럼 건조한 봄 햇살 이슬비 같은 촉촉한 피부! 외출이 두려운 당신에게 드리는 ♡♡ 화장품!
 메마른 봄, 촉촉한 당신의 피부, 당신의 외출이 당당해집니다.

08 〈보기〉의 밑줄 친 내용을 설명하기 위해 활용할 수 있는 사례로 가장 적절한 것은?

〈보기〉
동음이의(同音異義) 관계에 있는 용언들은, 그 기본형은 같지만 다양한 어미를 결합시켜 활용을 해 보면 <u>하나는 규칙, 다른 하나는 불규칙 활용을 함으로써 두 용언의 활용 형태가 서로 달라지는 경우가 있다.</u> 이를 통해 동음이의 관계의 두 용언이 각각 서로 다른 단어임을 좀 더 명확하게 확인할 수 있다.

① 친구가 병이 <u>낫다</u>.
 형이 동생보다 인물이 <u>낫다</u>.
② 아기가 배가 고파 <u>울다</u>.
 벽에 바른 벽지가 <u>울다</u>.
③ 어머니가 생선을 <u>굽다</u>.
 할머니가 허리가 <u>굽다</u>.
④ 아이가 떼를 <u>쓰다</u>.
 고운 말을 <u>쓰다</u>.

09 외래어 표기가 옳은 것만을 모두 고른 것은?

ㄱ. coffee shop: 커피숍
ㄴ. supermarket: 슈퍼마켙
ㄷ. jazz: 째즈
ㄹ. mania: 마니아
ㅁ. flute: 플루트

① ㄱ, ㄴ
② ㄷ, ㄹ
③ ㄱ, ㅁ
④ ㄹ, ㅁ

10 띄어쓰기가 옳은 것은?
① 행복했던 그 때를 생각하면 지금도 가슴이 뛴다.
② 파가 한손 정도가 남았으니 부침개를 부쳐 먹자.
③ 박 씨는 아동 문학가겸 수필가로 많은 저서를 남겼다.
④ 그 선수는 두 시간 육 분 십오 초로 마라톤 대회 신기록을 수립했다.

11. 다음 작품에 대한 설명으로 적절하지 않은 것은?

우는 거시 벅구기가 프른 거시 버들숩가
　이어라 이어라
漁어村촌 두어 집이 닛 속의 나락들락
　至지匊국悤총 至지匊국悤총 於어思ᄉ卧와
말가흔 기픈 소희 온갇 고기 뛰노ᄂ다

년닙희 밥 싸두고 반찬으란 쟝만 마라
　닫 드러라 닫 드러라
靑청蒻약笠립은 써 잇노라, 綠녹蓑사衣의 가져오냐
　至지匊국悤총 至지匊국悤총 於어思ᄉ卧와
無무心심흔 白백鷗구는 내 좃는가 제 좃는가

物믈外외예 조흔 일이 漁어父부 生생涯애 아니러냐
　빈 떠라 빈 떠라
漁어翁옹을 욷디 마라, 그림마다 그렷더라
　至지匊국悤총 至지匊국悤총 於어思ᄉ卧와
四ᄉ時시興흥이 ᄒ가지나 秋츄江강이 은듬이라

간밤의 눈 갠 後후에 景경物믈이 달랃고야
　이어라 이어라
압희는 萬만頃경琉류璃리 뒤희는 千천疊텹玉옥山산
　至지匊국悤총 至지匊국悤총 於어思ᄉ卧와
仙선界계ㄴ가 佛블界계ㄴ가 人인間간이 아니로다
　　　　　　　　－ 윤선도, 어부사시사(漁父四時詞)에서

① 청각과 시각이 조화를 이루고 있다.
② 원경에서 근경으로 시상을 전개하고 있다.
③ 화자는 어옹을 그리며 풍류를 즐기고 있다.
④ 눈 덮인 자연의 아름다움을 선계와 불계에 비유하고 있다.

12. 다음 글에 대한 설명으로 적절하지 않은 것은?

　유명한 인류 언어학자인 워프는 "언어는 우리의 행동과 사고의 양식을 결정하고 주조(鑄造)한다."고 하였다. 그것은 우리가 실세계를 있는 그대로 보고 경험하는 것이 아니라 언어를 통해서 비로소 인식한다는 뜻이다. 예를 들면, 무지개색이 일곱 가지라고 생각하는 것은 우리가 색깔을 분류하는 말이 일곱 가지이기 때문이라는 것이다.
　우리 국어에서 초록, 청색, 남색을 모두 푸르다고 한다. '푸른 바다', '푸른 하늘' 등의 표현이 그것을 말해 준다. 따라서, 어린이들이 흔히 이 세 가지 색을 혼동하고 구별하지 못하는 일도 있다. 분명히 다른 색인데도 한 가지 말을 쓰기 때문에 그 구별이 잘 안 된다는 것은, 말이 우리의 사고를 지배한다는 뜻이 된다. 이와 같은 이론은 '언어의 상대성 이론'이라고 불리워 왔다.
　그러나 실제로는 언어가 그만큼 우리의 사고를 철저하게 지배하는 것은 아니다. 앞에서 말한 색깔의 문제만 해도 어떤 색깔에 해당되는 말이 그 언어에 없다고 해서 전혀 그 색깔을 인식할 수 없는 것은 아니다. 진하다느니 연하다느니 하는 수식어를 붙여서 같은 종류의 색깔이라도 여러 가지로 구분하는 것이 그 한 가지 예다. 물론, 해당 어휘가 있는 것이 없는 것보다 인식하기에 빠르고 또 오래 기억할 수 있는 것이지만 해당 어휘가 없다고 해서 인식이 불가능한 것은 아니다.
　언어 없이 사고가 불가능하다는 이론도 그렇다. 생각은 있으되, 그 생각을 표현할 적당한 말이 없는 경우도 얼마든지 있으며, 생각은 분명히 있지만 말을 잊어서 표현에 곤란을 느끼는 경우도 흔한 것이다. 음악가는 언어라는 매개를 통하지 않고 작곡을 하여 어떤 생각이나 사상을 표현하며, 조각가는 언어 없이 조형을 한다. 또, 우리는 흔히 새로운 물건, 새로운 생각을 이제까지 없던 새말로 만들어 명명하기도 한다.

① 워프는 우리가 언어를 통해서 현실을 인식한다고 본다.
② 음악이나 조각은 언어 없이 사고가 가능함을 보여준다.
③ 어떤 색을 나타내는 해당 어휘가 없다면 그 색을 인식하는 것은 불가능하다.
④ '푸른 바다', '푸른 하늘' 등의 표현은 우리의 사고가 언어의 지배를 받는다는 것을 의미한다.

13. 다음 글의 내용과 일치하지 않는 것은?

'내일 지진이 일어난다'는 예보는 정보로서의 가치가 높지만, '내일 해가 뜬다'는 예보는 그 가치가 낮다. 쉽게 말해, 무엇이 나올지 뻔한 쪽보다 예측하기 어려운 쪽의 정보가 더 높은 가치를 지닌다는 얘기다. 사건을 예측하기 어려운 불확실성을 엔트로피라 할 때, 사건을 예측하기 어려울수록 엔트로피는 커지고, 그럴수록 정보의 가치도 커진다. 이제 이를 예술에 적용해 보자.

미국의 수학자 버코프는 $M=\dfrac{O}{C}$라는 공식을 제시했다. 여기서 M은 '미의 척도'를, O는 '질서'를, C는 '복잡성'을 가리키는 약자이다. 말하자면 미(美)란 질서와 복잡성의 함수란 얘기다. 다시 말해, 아름다움은 예측 가능성[네그 엔트로피(neg entropy)]과 예측 불가능성[엔트로피]의 함수 관계에 있다는 것이다. 정보 이론에서는 미(美)를 '엔트로피와 네그 엔트로피의 최적의 관계'로 규정한다. 말하자면 일탈과 질서, 예측 불가능성과 예측 가능성이 적절한 비례를 이루고 있을 때 사물은 가장 아름답다는 얘기다.

하지만 정보에는 미적 정보만 있는 것이 아니라, '의미 정보'도 있다. 미적 정보는 앞의 버코프 공식에서 '복잡성'에 해당한다. 반면 의미 정보는 '질서'에 해당한다. 작품이 불확실할 때 우리는 '미적 쾌감'을 느끼고, 작품이 질서 정연하고 예측 가능할 때 우리는 작품의 '의미'를 이해한다. 따라서, 미적 정보는 엔트로피와 일치하고, 의미 정보는 네그 엔트로피와 일치할 수 있다. 가령 당신이 지금 여러 서체로 된 서예 작품을 보고 있다고 하자. 거기엔 인쇄 활자처럼 분명한 작품도 있고, 마구 흘려 써서 무슨 글자인지 알아보기 힘든 것도 있다. 활자처럼 분명한 작품은 무슨 뜻인지 쉽게 알 수 있으나 별로 미적 쾌감은 주지 못한다. 여기에선 의미 정보가 미적 정보보다 우세하다. 반면 마구 흘려 쓴 작품에서는 서체가 주는 쾌감은 있어도 도대체 무슨 글자인지 알아보기가 힘들다. 여기에서는 미적 정보가 의미 정보보다 우세하다. 즉, 글자꼴이 분명할수록 의미 정보가 증가하고, 글자가 자유로이 제 꼴을 벗어날수록 미적 정보가 증가한다.

이렇게 보면 고전 예술과 현대 예술의 차이가 어디에 있는지 드러난다. 의미를 중요시한 고전주의 예술에서는 대상의 형태가 가장 중요했다. 색채는 단지 대상의 형태를 분명히 드러내는 수단일 뿐이다. 하지만 현대 예술에서는 대상의 형태가 사정없이 파괴된다. 형태와 색채는 대상에서 해방되어 자유로운 구성을 이룬다. 결국 고전 예술은 의미 정보를 추구한 반면, 현대 예술은 의미 정보를 단순화하는 가운데 미적 정보를 강화하는 방향으로 나아가고 있다고 할 수 있다.

① 작품에 미적 정보를 늘리면 복잡성이 증가한다.
② 작품이 질서 정연하면 그 의미를 이해하기가 쉽다.
③ 현대 예술의 동향은 의미 정보를 강화하려는 추세이다.
④ 정보 이론에서는 미(美)를 질서와 복잡성의 함수로 본다.

14. 호칭어와 지칭어가 잘못 사용된 것은?

① 일흔의 고령인 시어머니는 <u>시누이</u>를 업신여겼다.
→ 남편의 누나나 누이동생.
② <u>올케</u>가 죽은 후 오빠는 더욱 말수가 적고 우울한 성격으로 변했다.
→ 아버지의 여자 형제를 가리키거나 부르는 말.
③ <u>동서</u> 시집살이는 오뉴월에도 서릿발 친다
→ 자매의 남편 사이나 형제의 아내 사이에 서로 가리키거나 부르는 말.
④ 영희는 형제가 많은 집으로 시집을 가서 <u>아주버니</u>를 모시느라 오래도록 고생을 했다.
→ 남편과 항렬이 같은 사람 가운데 남편보다 나이가 많은 사람을 가리키거나 부르는 말.

15. 높임법에 대한 설명으로 알맞지 않은 것은?

① '할아버지께서 책을 읽으신다.'는 서술의 주체를 높이고 있다.
② '어려운 일을 아버지께서 직접 처리하셨습니다.'는 서술의 객체를 높이고 있다.
③ 높임법은 높이는 대상이 누구인가에 따라 상대 높임, 주체 높임, 객체 높임으로 나뉜다.
④ 높임법은 말하는 이가 어떤 대상에 대하여 높임의 태도를 나타내는 문법 기능을 말한다.

16. 밑줄 친 한자 표기가 잘못된 것은?

① 우리 할아버지는 <u>과거(過去)</u>에 경찰이셨다.
② 그 법률은 <u>공포(恐怖)</u>와 더불어 곧 시행되었다.
③ 감독은 선수 <u>관리(管理)</u>를 위해 개별 면담 시간을 가졌다.
④ 할머니께서는 검정고시로 중학교 <u>과정(課程)</u>을 마치셨다.

17 다음 글의 전개 순서로 가장 자연스러운 것은?

(가) 또한 신화는 인류의 보편적 속성에 기반하여 형성(形成)되고 발전되어 왔지만 그 구체적인 내용은 각 민족마다 다르게 나타난다. 즉, 나라마다 각각 다른 지리·기후·풍습 등의 특성이 반영되어 각 민족 특유의 신화가 만들어지는 것이다.
(나) 그래서 인류 역사에서 풍부한 신화적 유산을 계승(繼承)한 민족이 찬란한 문화를 이룬 예를 서양에서는 그리스, 동양에서는 중국에서 찾아볼 수 있다.
(다) 그런데, 신화는 단순한 상상력으로 이루어지는 것이 아니라 창조적 상상력으로 이루어지는 것이며, 이 상상력은 또 생산적 창조력으로 이어졌다. 오늘날 우리 인류의 삶을 풍족하게 만든 모든 문명의 이기(利器)들은, 그것의 근본을 규명(糾明)해 보면 신화적 상상력의 결과임을 알 수 있다.
(라) 신화란 신(神)이나 신 같은 존재에 대한 신비롭고 환상적인 이야기, 우주나 민족의 시작에 대한 초인적(超人的)인 내용, 그리고 많은 사람들이 믿는, 창작(創作)되거나 전해지는 이야기를 의미한다. 다시 말해 모든 신화는 상상력에 바탕한 우주와 자연에 대한 이해이다.

① (라) - (가) - (다) - (나)
② (라) - (가) - (나) - (다)
③ (라) - (나) - (다) - (가)
④ (라) - (다) - (나) - (가)

18 다음 글에 대한 설명으로 적절한 것은?

한국인의 행동을 규정지었던 〈소학〉이나 〈내훈〉에서는 '비록 비어 있되 찬 것처럼 하며, 사람이 없되 있는 것처럼 하라.'고 가르쳤다. 방에 들기 전에 반드시 헛기침을 하라 했고, 문 밖에 신 두 켤레가 있는데 말소리가 없으면 결코 들어가서는 안 된다고 했다. 이것은 예리한 판단력으로 상황을 꿰뚫어 보는 '통찰(洞察)'에 해당된다. 한말(韓末)의 미국인 선교사 게일(J.S. Gale)이 지적했듯이 한국인은 기침으로 백 마디 말을 할 줄 안다.
통찰의 원인으로는 한국인이 정착 농경민이었음을 들 수가 있겠다. 농경은 파란이 없는 규칙적인 작업을 요구하기에 사람끼리 서로 말이 없어도 영위할 수가 있었다. 또한 대지와도 무언의 대화로 안정된 생활을 할 수가 있었다. 그런데 유럽은 정착보다는 이동이, 안정보다는 전쟁이 많았던 생활 환경 때문에 정확한 의사의 교환이 필요했다. 곧 변화가 심하고 위급한 상황에서는 통찰에 의한 의사 소통이 발달되기 어려웠다. 이렇게 해서 생겨난 유럽의 언어는 정확한 의사 전달을 중시하는 면이 있다.
상호간의 조화나 안정을 위해서는 통찰보다 더 좋은 미디어가 없다. 상대를 먼저 배려하고, 거기에 맞는 대화와 행동을 취함으로써 친밀한 인간 관계를 형성할 수가 있다. 하지만 현대인의 생활권이 넓어지면서부터 서구식의 정확한 의사 소통을 필요로 하고 있는데, 전통적인 통찰의 습성은 이에 부합하지 못하고 많은 실수나 손해, 오해를 빚기도 한다. 따라서 우리는 통찰이라는 의사 소통의 문화를 살려 나가되, 때에 따라서는 정확한 의사 전달을 해야 할 필요가 있다.

① 농경 사회에서는 정확한 의사의 교환이 필요했다.
② 통찰은 위급하고 변화가 심한 상황에서는 발달되기 어렵다.
③ 정착보다는 이동이 많은 사회는 통찰의 의사 소통이 필요했다.
④ 우리는 전통적인 통찰의 의사 소통 문화보다는 정확한 의사 전달을 할 필요가 있다.

19 속담과 한자 성어가 바르게 연결되지 않은 것은?

① 渴而穿井: 목마른 놈이 우물 판다.
② 見蚊拔劍: 모기 보고 칼 빼기
③ 鯨戰蝦死: 고래 싸움에 새우 등 터진다.
④ 堂狗風月: 쏘아 놓은 화살이요 엎질러진 물이다.

20 맞춤법에 어긋난 것은?

① 감기약을 먹은 효과가 <u>금세</u> 나타났다.
② 나는 삼촌에게 빨리 결혼을 하라고 <u>부추기곤</u> 했다.
③ 어머니는 며칠째 몸도 못 <u>추스리고</u> 누워만 계신다.
④ 그는 여러 논문을 <u>짜깁기하여</u> 보고서를 작성하였다.

21 ㉠에 드러난 문제 해결 방식과 가장 유사한 것은?

> 성악설에 대해서는 많은 오해가 있다. 즉 성악설은 '인간을 멸시하는 이론'이라고 보는 것이다. 그러나 성악설이 모든 인간은 악하다고 주장한다고 해서 모든 사람이 언제나 비합리적이라는 것도 아니고, 그것이 악과 불의를 위한 이론인 것도 아니다. 모든 사람이 언제나 비이성적이라면 이 세상에 남는 것은 무질서와 혼돈뿐이며, 아무런 철학도, 심지어는 성악설 자체도 펼 수 없을 것이다. ㉠<u>성악설은 오히려 이 세상의 악을 물리치기 위해 악의 실체를 정확히 인식하고 대처하자는 데서 나온 것이다.</u>

① 해충이 일으키는 피해를 막으려면 먼저 해충의 습성을 알아야 한다.
② 범죄의 발생을 줄이기 위해서는 소외 계층의 안정된 삶을 보장해야 한다.
③ 상대가 나를 괴롭히더라도 그를 감싸안으면 언젠가는 진심을 알게 될 것이다.
④ 자동차의 증가를 막기 위해서는 세금을 많이 부과해서 자동차 구입 욕구를 억제해야 한다.

22 다음 글에서 '동물의 의사 표현 방법'으로 언급되지 않은 것은?

> 동물들은 어떤 방법으로 의사를 표현할까? 먼저 시각적인 방법부터 살펴보자. 남미의 열대 정글에 서식하는 베짱이는 우리나라의 베짱이와는 달리 머리에 뿔도 나 있고 다리에 무척 날카롭고 큰 가시도 있다. 그리고 포식자가 가까이 가도 피하지 않는다. 오히려 가만히 서서 자신을 노리는 포식자에게 당당히 자기의 모습을 보여준다. 이 베짱이는 그런 모습을 취함으로써 자기를 건드리지 말라는 뜻을 전하는 것이다. 또 열대의 호수에 사는 민물고기 시칠리드는 정면에서 보면 마치 귀처럼 보이는 부분이 있는데, 기분 상태에 따라 이 곳에 점이 나타났다 사라졌다 하면서 색깔이 변한다. 이 부분에 점이 생기면 지금 기분이 안 좋다는 의사를 드러내는 것이다.
>
> 모습이나 색깔을 통해 의사를 표현하는 정적인 방법도 있지만 행동을 통해 자신의 의사를 표현하는 동적인 방법도 있다. 까치와 가까운 새인 유럽산 어치는 머리에 있는 깃털을 얼마나 세우느냐에 따라서 마음 상태가 다르다고 한다. 기분이 아주 좋지 않거나 공격을 하려고 할 때 머리털을 가장 높이 세운다고 한다.
>
> 소리를 이용하여 자신의 의사를 표현하는 동물들도 있다. 소리를 이용하는 대표적인 방법은 경보음을 이용하는 것이다. 북미산 얼룩다람쥐 무리에는 보초를 서는 개체들이 따로 있다. 이들은 독수리 같은 맹금류를 발견하면 날카로운 소리로 경보음을 내어 동료들의 안전을 책임진다. 그리고 갈고리모양나방 애벌레는 다른 애벌레가 자신의 구역에 침입하면 처음에는 노처럼 생긴 뒷다리로 나뭇잎을 긁어 진동음으로 경고 메시지를 보낸다. 침입자가 더 가까이 접근하면 입으로 나뭇잎을 긁어 짧고 강한 소리를 계속 만들어낸다.
>
> 냄새를 통해 자신의 의사를 전달하는 방법도 있다. 어떤 동물은 먹이가 있는 장소를 알리거나 자신의 영역에 다른 무리가 들어오는 것을 막기 위한 수단으로 냄새를 이용하기도 한다. 둥근꼬리 여우원숭이는 다른 놈이 자신의 영역에 들어오면 꼬리를 팔에 비빈 후 흔든다. 그러면 팔에 있는 기관에서 분비된 냄새를 풍기는 물질이 꼬리에 묻어 그 침입자에게 전달된다.
>
> 동물들은 색깔이나 소리, 냄새 등을 통해 자신의 의사를 표현한다. 그러나 동물들이 한 가지 방법만으로 자신의 의사를 표현하지는 않는다. 상황에 따라 우선적으로 선택하는 것도 있지만 대부분의 경우에는 이것들을 혼용한다.

① 행동을 이용하는 방법
② 냄새를 이용하는 방법
③ 보호색을 이용하는 방법
④ 모습이나 색깔을 이용하는 방법

23 다음에 나타난 '구보'의 심정과 유사한 정서를 담고 있는 것은?

> 구보는 다시 밖으로 나오며, 자기는 어디 가 행복을 찾을까 생각한다. 발 가는 대로, 그는 어느 틈엔가 안전지대에 가 서서, 자기의 두 손을 내려다보았다. 한 손의 단장과 또 한 손의 공책과─물론 구보는 거기에서 행복을 찾을 수는 없다.
> 안전지대 위에, 사람들은 서서 전차를 기다린다. 그들에게, 행복은 알 수 없다. 그러나 그들은 분명히 갈 곳만은 가지고 있었다.
> 전차가 왔다. 사람들은 내리고 또 탔다. 구보는 잠깐 멍하니 그곳에 서 있었다. 그러나 자기와 더불어 그곳에 있던 온갖 사람들이 모두 저 차에 오르는 것을 보았을 때, 그는 저 혼자 그곳에 남아 있는 것에 외로움과 애달픔을 맛본다.
> ─ 박태원, '소설가 구보 씨의 일일'

① 혼자는 아니다. / 누구도 혼자는 아니다. / 나도 아니다. / 실상 하늘 아래 외톨이로 서 보는 날도 / 하늘만은 함께 있어 주지 않던가
② 나는 한 마리 어린 짐승. / 젊은 아버지의 서느런 옷자락에 / 열(熱)로 상기한 볼을 말없이 부비는 것이었다.
③ 공허한 군중의 행렬에 섞이어 / 내 어디서 그리 무거운 비애를 지고 왔기에 / 길―게 늘인 그림자 이다지 어두워 // 내 어디로 어떻게 가라는 슬픈 신호기 / 차단―한 등불이 하나 비인 하늘에 걸리어 있다.
④ 버리고 가는 이도 못 잊는 마음 / 쫓겨가는 마음인들 무어 다를거냐. / 돌아다보는 구름에는 바람이 희살짓는다 / 앞 대일 언덕인들 마련이나 있을거냐.

24 다음은 '건전한 결혼 문화 조성'을 촉구하는 글의 개요이다. 추가할 내용으로 적절한 것은?

> Ⅰ. 서론: 우리의 결혼 문화 실태
> Ⅱ. 본론:
>   1. 과소비적인 결혼 문화의 원인
>   가. 과소비를 추구하는 개인 심리
>   나. 허례허식을 조장하는 사회적인 분위기
>   2. 과소비적인 결혼 문화의 문제점
>   가. 가정 경제에 부담을 줌
>   나. 결혼 본래의 의미 퇴색
>   3. 과소비적인 결혼 문화의 해결 방안
>   가. 사회지도층 및 공직 사회의 솔선수범
>   나. 사회 단체가 주도하는 건전 혼례 실천 운동 강화
> Ⅲ. 결론: 건전한 결혼 문화 조성을 위한 노력의 필요성 강조

① 서론 부분에서 건전한 결혼 문화 조성을 위한 법률 제정의 필요성을 강조한다.
② 본론 1에서 과소비적인 결혼 문화로 인해 계층간 위화감이 조성됨을 지적한다.
③ 본론 2에서 질 높은 무료 예식장을 제공하는 방안을 제시한다.
④ 본론 3에서 언론 매체를 통한 건전 혼례 실천 운동 방안을 제시한다.

25 다음 글의 중심 화제로 적절한 것은?

> 우리말에서는 [흘기, 흥만]이라고 발음이 되는데도 불구하고 '흙이, 흙만'이라고 표기하는데, 이것은 실제 소리와 관계없이 일부러 '흙'이라고 하는 단어의 원래 형태를 고정시켜 표기한 경우에 해당한다. 이렇게 형태를 중시하여 표기하는 것은 단어 사이에 존재하는 의미의 연관성을 명료하게 해 줄 수 있다. 예컨대 '웃어라, 웃더라, 웃는다' 등에서 어간을 '웃-'으로 고정시키는 것은 어간을 실제 소리에 따라 '웃-, 운-, 운-'으로 분화시켜 표기하는 것보다 효율적이다. 특히 우리말과 같이 조사나 어미가 발달한 언어에서는 시각상의 통일을 위한 표기는 우리말의 특질상 거의 필연적인 것이라고 할 수 있다. 이렇게 함으로써 문자는 표음에서 벗어나는 대신 시각상의 통일성이라는 더 큰 이득을 얻을 수 있는 것이다. 이런 관점에서 보면 '소리나는 대로 적되 어법에 맞도록' 쓰는 것을 원칙으로 삼은 우리의 현행 맞춤법은 나름대로 효율적인 문자 정책의 방향을 제시한 것이라고 할 수 있다.
> 시각적 효과의 구현이라는 점에서 볼 때 한글의 음절 단위 표기 방식(소위 '모아 쓰기')도 매우 효율적인 것이라고 할 수 있다. 이 효율성은 우선 글자 모양의 집중성에서 온다. 'ㄲㅗㅊ'이나 'ㄱㅜㄹㅡㅁ'과 같이 음소 단위로 풀어 쓰는 것보다는 '꽃'이나 '구름'처럼 음절 단위로 모아 쓰는 것이 시각적인 집중성을 높여 의미 해독을 쉽게 해 줄 수 있다. 더구나 모아 쓰기 방식은 동음이의어를 분별시켜 주는 일에도 기여한다. '반드시~반듯이', '이미 떠났다~임이 떠났다'와 같은 경우 풀어 쓰기를 통해서는 시각상으로 구분하기 어려운 것도 모아 쓰기를 하면 구분이 가능해진다.
> 음소 문자는 문자 발달 과정으로 보면 최종 단계에 해당하는 것이고 그만큼 많은 장점을 가지고 있는 것이 사실이다. 그러나 그것이 모든 면에서 합리적인 것만은 아니다. 오히려 해당 언어가 가진 특질을 참작하여 적절하게 형태적인 고려를 취하는 것이 문자 표기법이 지향해야 할 이상이기도 하다.

① 한글의 구성상 특질
② 우리말 표기법의 원리
③ 문자 표기법의 이상적인 방향
④ 음소 문자와 음절 문자의 차이

제1과목 국어

01 밑줄 친 말이 어법에 맞는 것은?
① 김치를 <u>담아</u> 먹는 집이 줄고 있다고 하네.
② 작가는 <u>꼬릿말</u>을 달아 책을 쓰게 된 경위를 설명하였다.
③ 어머니가 돌아가셨다는 소식을 들은 그녀는 얼굴이 <u>노래졌다</u>.
④ 종수는 꿈에서 <u>또아리</u>를 서리서리 튼 구렁이를 보았다고 한다.

02 다음에 제시된 의미와 가장 가까운 속담은?

> 제격에 맞지 않음을 비유적으로 이르는 말.

① 가게 기둥에 입춘
② 기둥보다 서까래가 더 굵다.
③ 가까운 제 눈썹 못 본다.
④ 가난한 집 족보 자랑하기다.

03 띄어쓰기가 바른 것은?
① 우천시에는 행사가 취소됩니다.
② 눈에서 멀어지니 마음 마저 멀어지는 것 같다.
③ 쉴대로 쉰 밥을 먹었으니 탈이 날 수밖에 없지.
④ 이 절은 지금으로부터 육백 년 전에 지어진 건축물이다.

※ 다음 글을 읽고 물음에 답하시오.

(가) 1970년대 이후부터 세계적으로 '적정기술(Appropriate Technology)'에 대한 활발한 논의가 있어 왔다. 넓은 의미로 적정기술은 인간 사회의 환경, 윤리, 도덕, 문화, 사회, 정치, 경제적인 측면들을 두루 고려하여 인간의 삶의 질을 향상시킬 수 있는 기술이다. 좁은 의미로는 가난한 자들의 삶의 질을 향상시키는 기술이다.

(나) 적정기술이 사용된 대표적 사례는 아바(Abba, M. B.)가 고안한 항아리 냉장고이다. 아프리카 나이지리아의 시골 농장에는 전기, 교통, 물이 부족하다. 이곳에서 가장 중요한 문제 중의 하나는 곡물을 저장할 시설이 없다는 것이다.

(다) 이를 해결하기 위해 그는 항아리 두 개와 모래흙 그리고 물만 있으면 채소나 과일을 장기간 보관할 수 있는 저온조를 만들었다. 이것은 물이 증발할 때 열을 빼앗아 가는 간단한 원리를 이용했다. 한여름에 몸에 물을 뿌리고 시간이 지나면 시원해지는데, 이는 물이 증발하면서 몸의 열을 빼앗아 가기 때문이다. 항아리의 물이 모두 증발하면 다시 보충해서 사용하면 된다.

(라) 적정기술은 새로운 기술이 아니다. 우리가 알고 있는 여러 기술 중의 하나로, 어떤 지역의 직면한 문제를 해결하는 데 적절하게 사용된 기술이다. 1970년 이후 적정기술을 기반으로 많은 제품이 개발되어 현지에 보급되어 왔지만 그 성과에 대해서는 여전히 논란이 있다. 이는 기술의 보급만으로는 특정 지역의 빈곤 탈출과 경제적 자립을 이룰 수 없기 때문이다. 빈곤 지역의 문제 해결을 위해서는 기술 개발 이외에도 지역 문화에 대한 이해와 현지인의 교육까지도 필요하다.

04 (가)~(라)의 중심 내용으로 적절하지 않은 것은?
① (가): 적정기술의 개념
② (나): 항아리 냉장고가 나오게 된 배경
③ (다): 항아리 냉장고에 적용된 원리
④ (라): 적정기술의 전망

05 '항아리 냉장고'와 유사한 사례로 가장 적절한 것은?
① 인공위성과 전자 지도를 활용해 모르는 길을 쉽고 정확하게 찾아갈 수 있도록 한 내비게이션
② 엔진과 전기모터를 상황에 따라 사용함으로써 유해 가스를 적게 배출하도록 만든 자동차
③ 가운데가 빈 드럼통에 줄을 매달아 굴려 차량 없이도 많은 물을 옮길 수 있도록 한 물통
④ 발광 다이오드를 사용함으로써 두께를 줄이고 화질을 개선한 텔레비전

※ 다음 글을 읽고 물음에 답하시오.

"아이고 형님 오셔요."
아내의 인사하는 소리가 들리더니 처형이 계집 하인에게 무엇을 들리고 들어온다. 나도 반갑게 인사를 하였다.
"그날 매우 욕을 보셨지요? 못 잡숫는 술을 무슨 짝에 그렇게 잡수셔요."
그는 이런 인사를 하다가 급작스럽게 계집 하인이 든 것을 앗더니 그 속에서 신문지로 싼 것을 끄집어내어 아내를 주며
"내 신 사는데 네 신도 한 켤레 샀다. 그날 청목당혜*를......."
말을 하려다가 나를 곁눈으로 흘끗 보고 그만 입을 닫친다.
"그것을 왜 또 사셨어요."
해쓱한 얼굴에 꽃물을 들이며 아내가 치사*하는 것도 들은 체만 체하고 처형은 또 이야기를 시작한다.
"올 적에 사랑양반을 졸라서 돈 백 원을 얻었겠지. 그래서 오늘 종로에 나와서 옷감도 바꾸고 신도 사고......."
그는 자랑과 기쁨의 빛이 얼굴에 퍼지며 싼 보를 끌러
"이런 것이야."
하고 우리 앞에 펼쳐 놓는다.

(중략)

아내도 웃으며 내 말을 받는다. 이때에 처형이 사 준 신이 그의 눈에 띄었는지 (혹은 나를 꺼려, 보고 싶은 것을 참았는지 모르나) 그것을 집어 들고 조심조심 펴 보려다가 말고 머뭇머뭇한다. 그 속에 그를 해롭게 할 무슨 위험품이나 든 것 같이.
"어서 펴보구려."
아내가 하도 머뭇머뭇하기로 보다 못하여 내가 재촉을 하였다. 아내는 이 말을 듣더니
'작히 좋으랴.'
하는 듯이 활발하게 싼 신문지를 헤친다.
"퍽 이쁜걸요."
그는 근일에 드문 기쁜 소리를 치며 방바닥 위에 사뿐 내려놓고 버선을 당기며 곱게 신어 본다.
"어쩌면 이렇게 맞어요!"
연해 연방 감탄사를 부르짖는 그의 얼굴에 흔연한 희색이 넘쳐 흐른다.
"......"
묵묵히 아내의 기뻐하는 양을 보고 있는 나는 또다시
'여자란 할 수 없어.'
하는 생각이 들며
'조심하였을 따름이다.'
하매 밤빛 같은 검은 그림자가 가슴을 어둡게 하였다. 그러면 아까 처형의 옷감을 볼 적에도 물론 마음속으로는 부러워하였을 것이다. 다만 표면에 드러내지 않았을 따름이다. 겨우, '어서 펴 보구려.'하는 한마디에 가슴에 숨겼던 생각을 속임 없이 나타내는구나 하였다.
내가 무엇을 생각하고 있는지 저는 모르고, 새 신 신은 발을 조금 쳐들며,
"신 모양이 어때요."
"매우 이뻐!"
겉으로는 좋은 듯이 대답을 하였으나 마음은 쓸쓸하였다. 내가 제게 신 한 켤레를 사 주지 못하여 남에게 얻은 것으로 만족하고 기뻐하는도다.

웬일인지 이번에는 그만 불쾌한 생각이 일어나지 아니하였다.
처형이 동서(同壻)를 밉다거니 무엇이니 하면서도 기차를 놓치면 남편이 기다릴까 염려하여 급히 가던 것이 생각난다. 그것을 미루어 아내의 심사도 알 수가 있다. 부득이한 경우라 하릴없이 정신적 행복에만 만족하려고 애를 쓰지마는 기실(其實) 부족한 것이다. 다만 참을 따름이다. 그것은 내가 생각해야 된다. 이런 생각을 하니 전날 아내에게 그런 말을 한 것이 후회가 난다.
'어느 때라도 제 은공을 갚아 줄 날이 있겠지!'
나는 마음을 좀 너그럽게 먹고 이런 생각을 하며 아내를 보았다.
"나도 어서 출세를 하여 비단신 한 켤레쯤은 사주게 되었으면 좋으련만......."
아내가 이런 말을 듣기는 참 처음이다.
"네에?"
아내는 제 귀를 못 미더워하는 듯이 의아한 눈으로 나를 보더니, 얼굴에 살짝 열기가 오르며
"얼마 안 되어 그렇게 될 것이야요!"
라고 힘있게 말하였다.
"정말 그럴 것 같소?"
나는 약간 흥분하여 반문하였다.
"그러면요, 그렇고말고요."
아직 아무도 인정해 주지 않은 무명작가인 나를 다만 저 하나가 깊이깊이 인정해 준다. 그러기에 그 강한 물질에 대한 본능적 요구도 참아 가며, 오늘날까지 몹시 눈살을 찌푸리지 아니하고 나를 도와준 것이다.
'아아, 나에게 위안을 주고 원조를 주는 천사여!'
– 현진건, 「빈처」
* 청목당혜: 흰 바탕이나 붉은 바탕에 푸른 무늬를 놓은 신.
* 치사: 다른 사람을 칭찬함

06 윗글에 대한 설명으로 적절한 것은?
① 인물들 사이의 대결 구도를 통해 주제를 드러내고 있다.
② 빈번한 장면 전환을 통해 사건을 빠르게 진행하고 있다.
③ 과거와 현재를 교차하여 사건에 입체감을 부여하고 있다.
④ 작품 속 서술자가 인물들을 바라보며 느끼는 감정을 드러내고 있다.

07 윗글에서 '신발'의 기능으로 적절하지 않은 것은?
① '나'에게 신발은 '아내'에 대한 안쓰러움과 죄책감을 들게 하는 소재이다.
② '동서'에게 신발은 '처형'에 대한 자신의 사랑을 보여주는 역할을 한다.
③ '아내'에게 신발은 감추어져 있던 물질에 대한 욕망을 나타내는 소재이다.
④ '나'와 '아내'에게 신발은 서로의 사랑을 확인해 주는 매개체이다.

※ 다음 글을 읽고 물음에 답하시오.

> 네가 오기로 한 그 자리에
> 내가 미리 가 너를 기다리는 동안
> 다가오는 모든 발자국은
> 내 가슴에 쿵쿵거린다
> 바스락거리는 나뭇잎 하나도 다 내게 온다
> 기다려 본 적이 있는 사람은 안다
> 세상에서 기다리는 일처럼 가슴 애리는 일 있을까
> 네가 오기로 한 그 자리, 내가 미리 와 있는 이곳에서
> 문을 열고 들어오는 모든 사람이
> 너였다가
> 너였다가, 너일 것이었다가
> 다시 문이 닫힌다
> 사랑하는 이여
> 오지 않는 너를 기다리며
> 마침내 나는 너에게 간다
> 아주 먼 데서 나는 너에게 가고
> 아주 오랜 세월을 다하여 너는 지금 오고 있다
> 아주 먼 데서 지금도 천천히 오고 있는 너를
> 너를 기다리는 동안 나도 가고 있다
> 남들이 열고 들어오는 문을 통해
> 내 가슴에 쿵쿵거리는 모든 발자국 따라
> 너를 기다리는 동안 나는 너에게 가고 있다.
>
> - 황지우, 「너를 기다리는 동안」 -

08 윗글을 읽고 감상문을 쓰고자 한다. 화자의 정서를 반영한 제목으로 가장 적절한 것은?

① 사랑과 기다림
 - 기다림 없는 사랑이 있으랴.
② 아낌없이 주는 사랑
 - 진정한 사랑의 길을 찾아서
③ 사랑의 기쁨과 이별의 아픔
 - 사랑은 덧없는 것
④ 젊은 날의 방황
 - 사랑의 아픔은 우리를 성숙하게 만들어

09 윗글의 표현상 특징과 그 효과로 적절하지 않은 것은?

① 설의적 표현을 통해 독자의 공감을 유도하고 있다.
② 반복을 통해 화자의 정서와 태도를 강조하고 있다.
③ 대화하는 방식으로 대상과의 친밀감을 보여 주고 있다.
④ 음성 상징어를 활용하여 시의 감정적 울림을 폭넓게 해주고 있다.

10 다음 중 표준 발음으로 적절하지 않은 것은?
① 불여우[불려우]   ② 색연필[생년필]
③ 상견례[상결례]   ④ 늑막염[능망념]

11 ㉠, ㉡에 들어갈 한자를 순서대로 바르게 나열한 것은?

> • 외래문화의 (㉠)을 무조건 반대하는 것은 편협한 생각이다.
> • 그 여객선은 (㉡) 인원을 50명이나 초과했기 때문에 사고 피해가 더욱더 컸다.

	㉠	㉡
①	受容	收容
②	受容	收用
③	收用	受容
④	收容	受容

12 밑줄 친 한자성어의 쓰임이 적절하지 않은 것은?

① 나는 그의 잘못을 조목조목 따져 물었으나 그는 <u>言中有骨</u>일 따름이었다.
② 군자는 남과 화목하게 지내되, 결코 남과 <u>附和雷同</u>하지 않는다.
③ 허허벌판이었던 곳에 주택이 빈틈없이 들어섰으니 <u>桑田碧海</u>가 따로 없구나.
④ 날이 갈수록 뛰어난 후배들이 점점 많아져 <u>後生可畏</u>라는 말을 실감하게 된다.

13 다음 밑줄 친 부분에 주체 높임법이 사용된 문장은?
① 어서 집으로 <u>가</u>.
② 할머니께 새해 인사를 드리고 <u>오너라</u>.
③ 지난주에 학교에서 <u>선생님을</u> 뵙고 왔어.
④ <u>아버지께서</u> 걱정거리가 있으신 모양이야.

14 외래어 표기가 모두 맞는 것은?

① 바베큐, 악센트, 불도그, 마니아
② 플래시, 스위치, 힌트, 스케이트
③ 쥬스, 스케줄, 차트, 시추에이션
④ 화이팅, 가스, 카페, 서비스

15 다음 글에 대한 설명으로 적절한 것은?

국제유동성[international liquidity]이란, 한 나라가 국제적으로 허용되는 지불수단 가운데 동원할 수 있는 총액을 의미하는데, 대외채무를 결제할 능력을 판단하는 기준이 된다. 국제적 준비금(international reserves)이라고 한다.
국제유동성 또는 국제적 준비금은 금 보유고, 달러나 유로 등 외국통화자산, 기타 유동성 대외자산 등으로 구성되는데 IMF에서는 이를 금과 외환, IMF 리저브 포지션, SDR 등으로 구분하고 있다.
금은 세계적으로 통용되는 유동자산이지만 경제 규모에 비해 세계적으로 생산량이나 재고 자체가 많지 않아 국제유동성은 대부분 보유 중인 달러화나 달러화 자산의 규모로 결정된다고 할 수 있다.
원래는 무역수지 적자나 경상수지 적자 등으로 국제수지표에 적자가 났다면 이를 어떤 식으로든 충당해야 하는데, 이를 감당하려면 각국은 사전에 충분한 정도의 준비금, 다시 말해 외환보유액을 확보하고 있어야 한다.
준비금이 수입액이나 대외채무 결제액 등에 필요한 것보다 많다면 국제유동성이 원활하기에, 대외교역 촉진이나 경기부양 등 필요에 따라 경기를 활성화할 여유가 있다.
반대로 국제유동성이 부족하면 교역촉진이나 부양책을 쓰기가 어려워 경기가 위축될 소지가 있다.
한국이 외환위기 이후 경쟁국에 비해 많다고 할 정도로 보유 외환을 착실히 늘린 것도 이런 이유에서다.
대외적자가 이어지면 국제유동성이 계속 줄어들고, 마이너스로 떨어질 수도 있는데, 이를 해결하려고 자국화폐를 평가절하해 외자유입을 촉진시키는 방법을 쓸 수도 있다.
미국은 과거 국제수지적자가 심각해지자 1971년에 달러의 금태환을 정지하고 달러를 평가절하한 바 있다.

① 대외적자가 이어지면 자국화폐의 대외 가치를 내린다.
② 금은 생산량이 많아 세계적으로 통용되는 유동자산이다.
③ 국제적 준비금이 많다면 경기부양이 어려워 경기가 위축될 수 있다.
④ 미국이 과거 달러화의 금태환을 정지하자 국제수지적자가 심각해졌다.

※ 다음 글을 읽고, 물음에 답하시오.

㉠<u>모음</u>은 공기가 입안에서 장애를 받지 않고 나오는 소리이다. 국어의 모음은 다음과 같이 모두 21개이다.

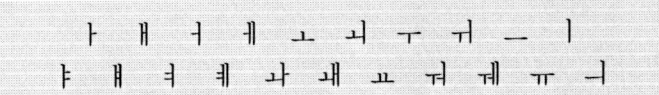

국어의 모음에는 입술 모양이나 혀의 위치가 발음 도중에 바뀌지 않는 모음과 바뀌는 모음이 있다. 'ㅏ'와 'ㅘ'를 각각 발음해 보자. 'ㅏ'를 발음할 때에는 입술 모양이나 혀의 위치가 바뀌지 않지만, 'ㅘ'를 발음할 때에는 입술 모양과 혀의 위치가 바뀐다. 'ㅏ'처럼 발음할 때 입술 모양이나 혀의 위치가 바뀌지 않는 모음을 단모음, 'ㅘ'처럼 발음할 때 입술 모양이나 혀의 위치가 바뀌는 모음을 이중 모음이라고 한다.

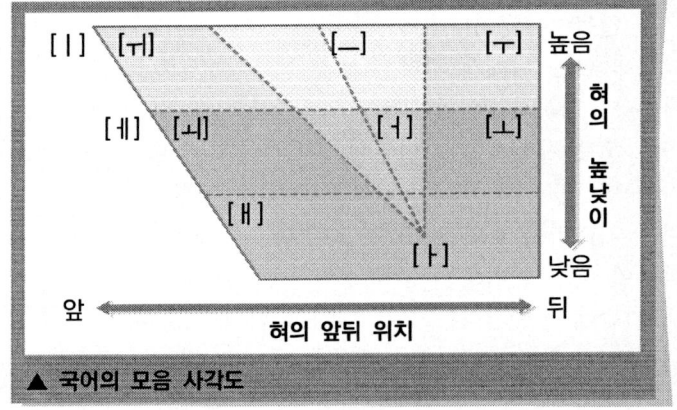

▲ 국어의 모음 사각도

단모음은 10개로, 'ㅏ, ㅐ, ㅓ, ㅔ, ㅗ, ㅚ, ㅜ, ㅟ, ㅡ, ㅣ'가 여기에 해당한다. 단모음은 혀의 앞뒤 위치, 혀의 높낮이, 입술 모양에 따라 다시 나뉜다.
'ㅣ'와 'ㅡ'를 각각 발음해 보자. 'ㅣ'를 발음할 때에는 혀의 최고점이 앞쪽에 있고, 'ㅡ'를 발음할 때에는 혀의 최고점이 뒤쪽에 있다. 소리 낼 때 입천장의 중간점을 기준으로 'ㅣ'처럼 혀의 최고점의 위치가 앞쪽에 놓이는 모음을 전설 모음(前舌母音), 'ㅡ'처럼 혀의 최고점의 위치가 뒤쪽에 놓이는 모음을 후설 모음(後舌母音)이라고 한다.

16 ㉠에 대한 설명으로 적절하지 않은 것은?

① 소리마디를 이루는 필수 요소이다.
② 단모음보다 이중 모음의 개수가 많다.
③ 이중 모음이 단모음으로 바뀌어가는 추세이다.
④ 입안에서 장애를 받지 않고 나오는 울림소리다.

17 위 글을 아래 표와 같이 정리하였을 때, 이해한 내용으로 적절하지 않은 것은?

혀의 앞뒤	전설 모음		후설 모음	
입술 모양 혀의 높낮이	평순 모음	원순 모음	평순 모음	원순 모음
고모음	ㅣ	ㅟ	ㅡ	ㅜ
중모음	ㅔ	ㅚ	ㅓ	ㅗ
저모음	ㅐ		ㅏ	

① 단모음을 세 가지 기준으로 분류하고 있군.
② 전설 모음은 후설 모음보다 소리가 가볍겠군.
③ 'ㅣ, ㅔ, ㅐ'는 입 벌리는 정도에 차이가 있군.
④ 입술 모양을 둥글게 하여 발음하는 것은 4가지군.

18 (가)~(다)의 공통점으로 가장 적절한 것은?

(가)
首陽山(수양산) ᄇᆞ라보며 夷齊(이제)를 恨(한)하노라.
주려 주글진들 採薇(채미)도 ᄒᆞᄂᆞᆫ 것가.
아모리 푸새엣 거신들 긔 뉘 ᄯᅡ헤 낫ᄃᆞ니.
　　　　　　　　　　　　　　　　　－ 성삼문

(나)
집方席(방석) 내지 마라 落葉(낙엽)인들 못 안즈랴.
솔불 혀지 마라 어제 진 달 도다 온다.
아희야 薄酒山菜(박주 산채)ㄹ만정 업다 말고 내여라.
　　　　　　　　　　　　　　　　　－ 한호

(다)
어이 못 오던다 므스 일로 못 오던다.
너 오는 길 우희 무쇠로 城(성)을 ᄡᆞ고 城(성) 안헤 담 ᄡᆞ고 담 안헤란 집을 짓고 집 안헤란 두지 노코 두지 안헤 櫃(궤)를 노코 櫃(궤) 안헤 너를 結縛(결박)ᄒᆞ여 노코 雙(쌍)비목 외걸새에 龍(용)거북 ᄌᆞ물쇠로 수기수기 ᄌᆞᆷ갓더냐 네 어이 그리 아니 오던다.
ᄒᆞᆫ 둘이 설흔 날이여니 날 보라 올 흘리 업스랴.
　　　　　　　　　　　　　　　　　－ 작자 미상

① 주어진 삶에 대응하는 화자의 태도가 드러나 있다.
② 유교적 윤리를 주제로 삶의 방향을 보여주고 있다.
③ 자연물을 통해 삶에 대한 깨달음으로 제시하고 있다.
④ 자연 속에서 안빈낙도를 추구하는 삶의 모습을 그리고 있다.

19 토끼의 말하기 방식이 지닌 특징과 효과로 적절한 것은?

토끼, 다시 여쭈오되,
"소토의 간을 출입하는 곳의 내력을 말씀하오리니, 대저 하늘이 자시(子時)에 열려 하늘이 되옵고, 땅이 축시(丑時)에 열려 땅이 되옵고, 사람이 인시(寅時)에 생겨 사람이 나옵고, 만물이 묘시(卯時)에 나와 짐승이 되었사오니, '묘(卯)'라 하는 글자는 곧 소토의 별명이니, 날짐승, 길짐승의 근본을 궁구하오면 소토는 곧 금수의 으뜸이 되나니, 생초를 밟지 아니하는 저 기린도 소토의 아래옵고, 주리되 좁쌀을 먹지 아니하는 저 봉황도 소토만 못하옵기로, 특별히 품부(稟賦)*하와 일월성신(日月星辰) 삼광(三光)을 받아 간을 출입하는 곳이 따로 있사오니, 대왕이 만일 이 말씀을 믿으시지 아니하실진대 말으시려니와, 그러지 아니 하오시면 소토의 몸에서 적간(摘奸)**하옵소서."
　　　　　　　　　　　　　　　　　－ 작자 미상, '토끼전'

* 품부(稟賦): 선천적으로 타고남. 품수(稟受).
** 적간(摘奸): 사실 관계를 밝히기 위하여 살펴 봄.

① 다른 사람의 말을 인용하여 주장의 신뢰성을 높이고 있다.
② 자신의 경험으로부터 새로운 사실을 유추하여 설득력을 높이고 있다.
③ 자신이 특별한 인물임을 내세워 상대방의 믿음을 얻으려 하고 있다.
④ 자신이 처한 상황의 절박성을 강조하여 상대방의 판단 유보를 유도하고 있다.

20 〈보기〉에 대한 설명으로 적절한 것은?

〈보기〉
㉠ 지금 이 빵을 먹는 사람이 누구니?
㉡ 어제 이 빵을 먹은 사람이 누구니?
㉢ 앞으로 이 빵을 먹을 사람이 누구니?

① ㉠은 말하는 시점 이후에 사건이 일어난 것을 표현하고 있다.
② ㉡에서 현재 시제를 나타내는 문법요소는 '-은'이다.
③ ㉢은 사건시가 발화시보다 앞선 시점임을 나타낸다.
④ ㉠, ㉡, ㉢의 '지금, 어제, 앞으로'는 시간표현의 부사어이다.

21. 밑줄 친 부분의 예에 해당되지 않는 것은?

> 문제 의식은 허위 의식을 폭로하는 행위로 연결된다. 허위 의식이란 복잡한 현실을 짐짓 단순화시키고, 더럽고 잘못된 현실을 짐짓 아름답게 꾸며서 그럴듯하게 정리해 놓은 거짓된 현실 인식을 말한다. 허위 의식은 대체로 아름다운 수사(修辭)의 낱말들로 꾸며져 있어서 사람을 홀리거나 속인다. 속이 더럽고 부끄러울수록 허위 의식은 깨끗하고 떳떳한 낱말들을 동원한다. 자유, 발전, 행복, 정의, 평화 등을 앞세워 자유를 제한하고, 전체적 발전을 늦추며, 행복을 깨뜨리고, 정의를 흐리며, 평화를 파괴한다. 이럴 때 문제 의식이 요청된다. 문제 의식을 갖춘 사람은 정직이라는 말로 단장된 허위 의식의 거짓된 속셈을 꿰뚫어 본다. 문제 의식에 투철한 사람은 자유를 앞세우는 억압의 행태를 알아차린다. 그는 정의를 큰 소리로 외치는 불의를 투시할 줄 안다. 그는 평화를 강조하는 폭력을 누구보다도 날카롭게 관찰하고 있다.

① 남성들이 전통을 내세우며 여성들을 차별한다.
② 강대국이 세계화를 내세우며 자기 잇속을 챙긴다.
③ 독재자가 사회 안정을 명분으로 비판자들을 탄압한다.
④ 교통 경찰이 안전을 강조하며 법규 위반자를 단속한다.

22. 다음은 '세대 간의 갈등'을 제재로 쓴 글이다. 이를 고치기 위한 구상으로 적절하지 않은 것은?

> ＼㉠／ 요즘 청소년 세대와 기성 세대 간에는 많은 갈등이 있다. ㉡그러나 사회의 급속한 변화에 따라 이 갈등의 골은 점점 깊어 가는 경향을 보인다. ㉢물론 이러한 갈등은 하루 이틀 사이의 일은 아니다. ㉣세대 갈등은 사회 내의 두 세대 간의 갈등으로 끝나는 문제가 아니라 그렇지 않아도 여러 가지 갈등 요인을 가진 우리 사회 전체의 단결력을 해쳐 사회 발전에 장애물로 작용할 우려까지 있는 심각한 문제인 것이다. 이러한 문제 의식을 바탕으로, 이 글에서는 세대 갈등의 실상과 원인에 대한 분석을 통해 그 극복 방안을 모색해 보기로 한다.

① ㉠ – '닭 쫓던 개 지붕 쳐다본다.'는 속담을 넣어서 문제의 심각성을 강조하도록 하는 것이 좋겠어.
② ㉡ – '그러나'는 문맥상 어울리는 접속어가 아니므로 '게다가'로 고쳐 뒷 문장과의 연결을 자연스럽게 해야겠지.
③ ㉢ – 전체의 통일성을 해치고 있는 문장이므로 없애야겠어.
④ ㉣ – 문장이 너무 기니까 두 문장으로 나누는 것이 좋을 거야.

23. 다음 대담을 진행하는 사회자의 태도에 대한 설명으로 적절한 것은?

> 사회자: 김 선생님, 선생님께서는 요즘 폭력배가 주인공이 되어 코믹한 액션을 펼치는 소위 '조폭' 영화들은 흥행에 성공하고, 평론가들이 좋다고 평한 영화는 흥행에 실패하는 현상에 대해 어떻게 생각하십니까?
> 평론가: 그런 현상의 근본 원인은, 사람들이 복잡하고 힘겨운 세상살이를 하고 있다는 데 있습니다. 그래서인지 영화를 고를 때 스트레스를 해소할 수 있는 것을 고르게 되는 것이죠. 진지하게 삶의 의미를 성찰하기보다 그저 한두 시간이라도 단순히 즐길 수 있기를 바라는 거예요. 그래서 '조폭' 영화의 흥행 성공이 전 바람직한 현상이 아니라고 봅니다.
> 사회자: 그렇군요. 그런데 '조폭' 영화가 흥행에 성공한 것은 그만큼 우리 영화가 발전한 증거라는 견해도 있습니다. 그리고 영화는 본질적으로 예술이라기보다 오락이 아닌가요?
> 평론가: 사회자도 제가 걱정하는 관객 중 한 분이시네요. 영화란 인간의 삶을 소재로 삶이란 무엇인가, 나의 삶은 가치로운가 등을 성찰하게 만드는 그런 예술입니다. 그런데 요즘 대중들은 영화를 오락으로만 즐기려 해요. 그리고 영화계 사람들이 이를 적극 이용하고 있구요. 이걸 우리 영화가 발전하는 모습이라고 하긴 곤란하죠. 전 '조폭' 영화들은 영화가 아니라고 생각합니다.
> 사회자: 하지만 대중들은 심각한 영화를 보기 싫어합니다. 현실도 괴로운데 영화까지 그 괴로움을 새삼 일깨워준다면 그런 영화를 누가 보러 가겠습니까?
> 평론가: 전 '조폭' 영화가 흥행에 성공하는 것을 보면서 인터넷에 음란물이 넘쳐나는 현상을 떠올립니다. 인터넷은 대중들의 삶의 질을 높일 수 있는 훌륭한 도구라고 봐요. 그런데 대중들은 인터넷을 오락의 도구로만 이해하려 해요. 영화도 마찬가지입니다. 이제는 대중들도 삶을 성찰하는, 진지한 메시지가 담긴 좋은 영화를 외면해서는 안 됩니다.

① 개인적인 경험을 들어 상대방의 입장을 옹호하고 있다.
② 자신에 대한 상대방의 비판에 감정적으로 대응하고 있다.
③ 상대방의 견해에 의문을 제기하여 답변을 유도하고 있다.
④ 상대방의 모호한 태도를 지적하며 명확한 답변을 요구하고 있다.

24 다음 문장이 어법에 맞지 않은 이유로 적절하지 않은 것은?

① 문학은 다양한 삶의 체험을 보여 주는 예술의 장르로서 문학을 즐길 예술적 본능을 지닌다.
→ 주어의 부당한 생략
② 인간은 환경을 지배하기도 하고, 때로는 순응하면서 산다.
→ 공통되지 않은 문장 성분의 공유
③ 요즘 같은 때에는 공기를 자주 환기시켜야 감기에 안 걸리는 거야.
→ 잘못된 연결 어미 사용
④ 이 글을 읽는 여러분에게 먼저 당부하고 싶은 것은 만일 여러분이 주변 환경을 탓하고 있다면 그런 생각은 버리시길 바랍니다.
→ 주어와 서술어가 호응하지 않음

25 다음 글의 전개 순서로 가장 자연스러운 것은?

(가) 현대 사회의 간접적 의사 소통은 시간과 공간의 제약을 뛰어넘어 수많은 사람에게 메시지를 전달하는 대중 매체를 통해 이루어진다.
(나) 이와 같이 대중 매체는 순기능과 역기능을 함께 가지고 있다. 그렇다면 어떠한 방법으로 대중 매체의 역기능을 줄이고 순기능을 강화(强化)할 수 있을까? 이를 위해서는 무엇보다 대중 매체를 통해 문화를 수용하는 사람들 스스로 대중 매체를 감시해야 한다.
(다) 이런 맥락에서 대중 매체가 과연 사람들의 창의성을 북돋우고 문화를 비판적으로 수용할 수 있는 능력 신장에 도움이 되는지를 의심하는 목소리도 높다.
(라) 대중 매체의 영향은 무엇보다 문화면에서 잘 드러난다. 대중 매체가 널리 보급되자 특정한 계층만 누리던 문화를 대중이 누릴 수 있게 되었다.
(마) 그러나 대중 매체를 통해 얻을 수 있는 정보는 똑같은 것이기 때문에 이를 통해 보급되는 문화는 현대인의 개성과 취미를 획일적으로 만들 가능성이 크다.

① (가) - (라) - (마) - (다) - (나)
② (가) - (다) - (라) - (마) - (나)
③ (가) - (라) - (나) - (마) - (다)
④ (가) - (다) - (라) - (나) - (마)

제1과목 국어

01 다음의 외래어를 바르게 표기한 것은?

① fighting: 파이팅
② duet: 듀엣
③ talent: 탈렌트
④ pizza: 핏자

02 〈보기〉의 한자성어, 속담과 뜻이 상통하는 것은?

― 〈보기〉 ―
숭어가 뛰니까 망둥이도 뛴다

① 羊頭狗肉
② 附和雷同
③ 明若觀火
④ 目不忍見

03 다음의 로마자 표기 규정을 참고하여 표기한 것으로 적절하지 않은 것은?

ㄱ. 국어의 로마자 표기는 국어의 표준 발음법에 따라 적는 것을 원칙으로 한다.
ㄴ. 음운 변화가 일어날 때에는 그 결과를 반영해야 한다. 단, 된소리되기는 표기에 반영하지 않는다.
ㄷ. 고유 명사는 첫 글자를 대문자로 적는다.

① 신라 Silla
② 해돋이 haedoji
③ 샛별 saetbyeol
④ 합정 Hapjjeong

04 〈보기〉는 표준 발음법 규정에 관한 내용이다. 〈보기〉를 바탕으로 할 때, 밑줄 친 부분의 발음으로 적절하지 않은 것은?

제12항
1. 'ㅎ(ㄶ, ㅀ)' 뒤에 'ㄱ, ㄷ, ㅈ'이 결합되는 경우에는, 뒤 음절 첫소리와 합쳐서 [ㅋ, ㅌ, ㅊ]으로 발음한다.
[붙임 1] 받침 'ㄱ(ㄺ), ㄷ, ㅂ(ㄼ), ㅈ(ㄵ)'이 뒤 음절 첫소리 'ㅎ'과 결합되는 경우에도, 역시 두 음을 합쳐서 [ㅋ, ㅌ, ㅍ, ㅊ]으로 발음한다.
2. 'ㅎ(ㄶ, ㅀ)' 뒤에 'ㅅ'이 결합되는 경우에는, 'ㅅ'을 [ㅆ]으로 발음한다.
3. 'ㅎ' 뒤에 'ㄴ'이 결합되는 경우에는, [ㄴ]으로 발음한다.
[붙임] 'ㄶ, ㅀ' 뒤에 'ㄴ'으로 시작된 어미가 결합되는 경우에는 'ㅎ'은 발음되지 않는데, 다만 'ㅀ' 뒤에서는 'ㄴ'이 [ㄹ]로 발음된다.

① 이번 일에는 참여하기가 싫소[실쏘].
② 물이 끓나[끌나] 부엌에 가 봐야겠다.
③ 잘 먹지 않던[안턴] 음식이 갑자기 맛있다.
④ 저기 있는 줄을 먼저 끊는[끈는] 팀이 이기는 거야.

05 밑줄 친 말이 어법에 맞지 않는 것은?

① 역사는 결코 케케묵은 과거의 이야기가 아니다.
② 그녀는 직장에서 돌아오면 으레 부모님을 먼저 찾아뵈었다.
③ 아이는 오뚝이를 이리저리 굴려 보며 재미있다는 듯 까르르 웃었다.
④ 친구는 갑작스러운 집안일로 선배 결혼식에 참석할 수 없다며 내 편에 부조를 전해 주었다.

06 다음 〈보기〉를 적용하였을 때, '∼이'와 '∼히'의 표기가 적절하지 않은 것은?

〈보기〉
'∼이'로 적는 경우
- 첩어 명사 뒤
- 부사 뒤
- 'ㅅ' 받침 뒤
- 'ㅂ' 불규칙 용언 어간 뒤
- '∼하다'가 붙지 않는 용언 어간 뒤

'∼히'로 적는 경우
- '∼하다'가 붙는 어근 뒤(단, 'ㅅ' 받침 제외)

① 나날이
② 더욱이
③ 지긋이
④ 솔직이

07 ㉠에 대한 설명으로 적절하지 않은 것은?

1764년에 발간된 체사레 베카리아의『범죄와 형벌』은 커다란 반향을 일으켰다. 형벌에 관한 논리 정연하고 새로운 주장들에 유럽의 지식 사회가 매료된 것이다. 자유와 행복을 추구하는 이성적인 인간을 상정하는 당시 계몽주의 사조에 베카리아는 충실히 호응하여, 이익을 저울질할 줄 알고 그에 따라 행동하는 존재로서 인간을 전제하였다. 사람은 대가 없이 공익만을 위하여 자유를 내어놓지는 않는다. 끊임없는 전쟁과 같은 상태에서 벗어나기 위하여 자유의 일부를 떼어 주고 나머지 자유의 몫을 평온하게 누리기로 합의한 것이다. 저마다 할애한 자유의 총합이 주권을 구성하고, 주권자가 이를 위탁받아 관리한다. 따라서 사회의 형성과 지속을 위한 조건이라 할 법은 저마다의 행복을 증진시킬 때 가장 잘 준수되며, 전체 복리를 위해 법 위반자에게 설정된 것이 형벌이다. 이런 논증으로 베카리아는 형벌권의 행사는 양도의 범위를 벗어날 수 없다는 출발점을 세웠다.

베카리아가 볼 때, 형벌은 범죄가 일으킨 결과를 되돌려 놓을 수 없다. 또한 인간을 괴롭히는 것 자체가 그 목적인 것도 아니다. 형벌의 목적은 오로지 범죄자가 또다시 피해를 끼치지 못하도록 억제하고, 다른 사람들이 그 같은 행위를 하지 못하도록 예방하는 데 있을 뿐이다. 이는 범죄로 얻을 이득, 곧 공익이 입게 되는 그만큼의 손실보다 형벌이 가하는 손해가 조금이라도 크기만 하면 달성된다. 그리고 이러한 손익 관계를 누구나 알 수 있도록 처벌 체계는 명확히 성문법으로 규정되어야 하고, 그 집행의 확실성도 갖추어져야 한다. 결국 범죄를 가로막는 방벽으로 형벌을 바라보는 것이다. 이 ㉠울타리의 높이는 살인인지 절도인지 등에 따라 달리해야 한다. 공익을 훼손한 정도에 비례해야 하는 것이다. 그것을 넘어서는 처벌은 폭압이며 불필요하다. 베카리아는 말한다. 상이한 피해를 일으키는 두 범죄에 동일한 형벌을 적용한다면 더 무거운 죄에 대한 억지력이 상실되지 않겠는가.

① 법률로 엮어 뚜렷이 알아볼 수 있도록 해야 한다.
② 범죄가 유발하는 손실에 따라 높낮이를 정해야 한다.
③ 손익을 저울질하는 인간의 이성을 목적 달성에 활용한다.
④ 지키려는 공익보다 높게 설정할수록 방어 효과가 증가한다.

08 다음 글의 전개 순서로 가장 자연스러운 것은?

(가) 한대(漢代)의 동중서는 하늘이 덕을 잃은 군주에게 재이를 내려 견책한다는 천견설과, 인간과 하늘에 공통된 음양의 기(氣)를 통해 하늘과 인간이 서로 감응한다는 천인감응론을 결합하여 재이론을 체계화하였다.
(나) 자연 현상과 인간사를 인과 관계로 설명하는 동아시아의 대표적 논의는 재이론(災異論)이다.
(다) 그에 따르면, 군주가 실정(失政)을 저지르면 그로 말미암아 변화된 음양의 기를 통해 감응한 하늘이 가뭄과 홍수, 일식과 월식 등 재이를 통해 경고를 내린다.
(라) 이때 재이는 군주권이 하늘로부터 비롯된 것임을 입증하는 것이자 군주의 실정에 대한 경고였다.

① (가) - (다) - (나) - (라)
② (가) - (나) - (다) - (라)
③ (나) - (다) - (가) - (라)
④ (나) - (가) - (다) - (라)

09 위 글의 글쓴이가 구상한 글쓰기 전략으로 적절하지 않은 것은?

원시 시대의 인류는 자연의 온갖 다채로운 현상과 접하면서 어떤 생각과 느낌을 가졌을까? 인류는 그것들을 자신의 독특한 방식으로 표현해 냈다. 원시 인류는 자연과 함께 호흡하고 자연과 일체된 삶을 살았으므로 자연도 그들처럼 살아 있는 실체로 인식했다. 자연계의 현상 하나하나가 모두 실제로 살아 있는 자연이 움직이고, 말하고 화를 내고, 즐거워하는 모습으로 상상되었다. 거인 반고가 죽어 그의 육신이 자연계의 모든 사물이 되었다는 이야기는 거꾸로 우주 만물이 인간의 살아 있는 몸과 다를 바 없다는 원시 인류의 생각을 보여 준다.

이처럼 원시 인류는 자연 현상을 의인화하여 살아 있는 존재의 활동으로 파악했는가 하면 자신보다 뛰어난 능력을 지닌 존재의 신으로 섬기고 숭배하기도 하였다. 한편 세계의 모든 인류는 이처럼 자연 현상을 의인화, 신격화한 이야기 곧 자연 신화를 갖고 있다. 자연 신화 가운데 가장 중요한 비중을 차지하는 것은 해와 달, 별, 바람, 구름, 비 등 천체와 기상에 관한 것이다. 아마 이것은 천체와 기상 현상이 인류의 삶에 가장 심각한 영향을 미쳤기 때문일 것이다.

동방의 신 제준(帝浚)의 아내 희화(羲和)는 중국의 태양신이다. 그녀는 열 개의 태양을 아들로 낳았고, 이들 열 개의 태양은 동방의 끝 양곡이라는 곳에서 매일 교대로 하늘로의 여행을 시작하였다. 양곡은 뜨거운 물이 용솟음치는 계곡이었다. 열 개의 태양은 이곳에서 몸을 씻고 매일 아침 여기에서 자라는 부상(扶桑)이라는 뽕나무 가지에 도착하여 교대로 출발하였다. 즉 뽕나무 위 가지에서 한 개의 태양이 출발하면 아래 가지에서 아홉 개의 태양이 차례로 기다리고 있었다. 뽕나무를 떠난 태양은 하늘을 한 바퀴 돌아 황혼 무렵에 서쪽 끝 우연(虞淵)이라는 연못과 몽곡(蒙谷)이라는 계곡을 거쳐 다시 양곡으로 되돌아 왔다.

열 개의 태양은 요 임금 때 이 규칙을 어기고 동시에 모두 떠오른 적이 있었다. 그러자 초목과 곡식이 타 죽고 강물이 말라붙는 등 지상 세계는 그야말로 불바다가 되고 말았다. 결국 영웅 예(羿)가 요 임금의 요청에 의해 활로 아홉 개의 태양을 맞추어 떨어뜨리고 나서야 이 소동은 진정되었다.

해와 달이 여러 개 있어서 인류에게 재앙을 끼쳤다가 결국 하나만 남기고 모두 제거된다는 사일(射日), 일월 조정(日月調整) 신화는 비단 중국에만 있는 것은 아니다. 우리나라, 대만 등 동아시아 여러 지역에 있다. 이를 통해 우리는 가뭄과 같은 고대의 극심한 기상 재해를 극복하고자 하는 인류의 의지를 읽을 수 있다.

아울러 태양의 아들이 운행의 법도를 어겨 지상에 피해를 주었다가 격추된다는 이야기는 그리스 로마 신화에서도 유사한 형식으로 발견된다. 이를 통해 볼 때 아들의 경거망동으로 인한 죽음은 고대 가부장 사회에서 아들의 부권(父權)에 대한 도전을 경계하는 메시지로 들리기도 한다.

① 자연 현상과 관련된 일이 일어나게 된 이유를 설명하자.
② 화제를 제시할 때 주의 환기 수법을 사용하여 독자의 호기심을 유도하자.
③ 자연 현상에 대한 인류의 태도가 시대별로 어떻게 다른지 구체적으로 보여 주자.
④ 자연 현상에 대한 인식이 개별 민족의 특수한 사례가 아닌 인류의 보편적 사례임을 밝히자.

10 다음 글의 내용 전개 방식을 바르게 설명한 것은?

우리의 전통 가옥인 초가집 지붕의 선과 형태를 생각해 봅시다. 자연스러운 곡선으로 마치 주변의 야산을 옮겨다 놓은 듯한 낯익은 형태감을 지니고 있습니다. 이처럼 우리 주변에서 흔히 볼 수 있는 자연의 선과 형태가 생활 속에서 나타나게 되었고, 자연스럽게 미의식에도 커다란 영향을 미쳐 작품에도 그러한 선과 형태가 나타나게 되는 것이지요.

우리의 따뜻한 정서가 살아 있는 조선 백자도 마찬가지입니다. 중국의 자기처럼 '대칭과 완벽'의 아름다움을 찾을 수는 없지만, 보름달을 닮았다고 하여 '달 항아리'라는 예쁜 이름을 갖게 된 백자는 넉넉한 곡선과 비대칭의 아름다움, 그러면서도 여유있고 균형 잡힌 형태감으로 우리에게 다가옵니다. 중국의 완벽한 자기(瓷器)나 기교적인 일본의 자기에서는 결코 느낄 수 없는 아름다움입니다.

이러한 아름다움은 우리의 한복에서도 나타나고, 풍속화의 선이나 산수화의 부드러우면서도 때로는 힘찬 선과 형태감, 수수하면서도 때로는 파격적인 민화 등 다양한 분야에서 나타나는 것이지요. 즉, 우리의 정서가 담겨 있는 선과 형태의 전반적인 특징은 '부드러움'이었으며, 자연과의 조화를 드러내는 아름다움이었던 것입니다.

① 예시를 중심으로 하되, 대조와 묘사가 부분적으로 나타난다.
② 분류를 중심으로 하되, 비교와 대조가 부분적으로 나타난다.
③ 대조를 중심으로 하되, 분석과 유추가 부분적으로 나타난다.
④ 서사를 중심으로 하되, 예시와 묘사가 부분적으로 나타난다.

11 띄어쓰기가 바르지 않은 것은?

① 나도 언니만큼 요리를 잘할 수 있다.
② 사죄는커녕 적반하장 격으로 나오다니!
③ 옆집 아주머니가 돌아가신지도 이미 오래되었다.
④ 네가 나에게 베푸는 만큼 나도 너에게 베풀겠다.

12 〈보기〉에서 설명하고 있는 훈민정음 글자의 운용법은?

―〈보기〉―
ㅇ을 입술소리(순음)의 아래에 이어쓰면 입술 가벼운 소리(순경음)이 된다고 규정하고 있다. 이 글자들은 만들어진 글자를 응용하여 만든 것이므로 기본자에는 포함되지 않는다.

① 병서법(竝書法)
② 부서법(附書法)
③ 연서법(連書法)
④ 성음법(成音法)

13 이 글을 읽은 뒤의 반응으로 적절하지 않은 것은?

광문(廣文)이라는 자는 거지였다. 일찍이 종루(鐘樓)의 저잣거리에서 빌어먹고 다녔는데, 거지 아이들이 광문을 추대하여 패거리의 우두머리로 삼고, 소굴을 지키게 한 적이 있었다.
하루는 날이 몹시 차고 눈이 내리는데, 거지 아이들이 다 함께 빌러 나가고 그중 한 아이만이 병이 들어 따라가지 못했다. 조금 뒤 그 아이가 추위에 떨며 숨을 몰아쉬는데 그 소리가 몹시 처량하였다. 광문이 너무도 불쌍하여 몸소 나가 밥을 빌어 왔는데, 병든 아이를 먹이려고 보니 아이는 벌써 죽어 있었다. 거지 아이들이 돌아와서는 광문이 그 애를 죽였다고 의심하여 다 함께 광문을 두들겨 쫓아내니, 광문이 밤에 엉금엉금 기어서 마을의 어느 집으로 들어가다가 그 집 개를 놀라게 하였다. 집주인이 광문을 잡아다 꽁꽁 묶으니, 광문이 외치며 하는 말이,
"나는 날 죽이려는 사람들을 피해 온 것이지 감히 도적질을 하러 온 것이 아닙니다. 영감님이 믿지 못하신다면 내일 아침에 저자에 나가 알아보십시오."
하는데, 말이 몹시 순박하므로 집주인이 내심 광문이 도적이 아닌 것을 알고서 새벽녘에 풀어 주었다. 광문이 고맙다는 인사를 하고는, 떨어진 거적을 달라 하여가지고 떠났다. 집주인이 끝내 몹시 이상히 여겨 그 뒤를 밟아 멀찍이서 바라보니, 거지 아이들이 시체 하나를 끌고 수표교(水標橋)에 와서 그 시체를 다리 밑으로 던져 버리는데, 광문이 다리 속에 숨어 있다가 떨어진 거적으로 그 시체를 싸서 가만히 짊어지고 가, 서쪽 교외의 공동묘지에다 묻고서 울다가 중얼거리다가 하는 것이었다. / 이에 집주인이 광문을 붙들고 사유를 물으니, 광문이 그제야 그전에 한 일과 어제 그렇게 된 상황을 낱낱이 고하였다. 집주인이 내심 광문을 의롭게 여겨, 데리고 집에 돌아와 의복을 주며 후히 대우하였다.
― 박지원, '광문자전'

① 거지 아이들은 광문을 믿지 않았다.
② 광문은 따뜻한 마음씨를 가진 것 같군.
③ 집주인은 광문의 겉모습만 보고 그를 끝내 믿지 못하였군.
④ 거지 아이들의 오해를 받을 때 광문은 마음이 무거웠겠군.

14 다음 유의어의 대응이 적절하지 않은 것은?

유의 관계의 여러 종류 중에서 국어에서는 고유어와 한자어가 '1:多'의 의미 관계를 맺고 있는 경우가 많다.

	한 단어	대응되는 단어
①	요리(料理)하다.	익히다. 삶다. 데치다. 쑤다.
②	재봉(裁縫)하다.	꿰매다. 박다. 시치다. 감치다.
③	만들다.	제작(製作)하다. 제정(制定)하다. 조성(造成)하다. 결성(結成)하다.
④	머무르다.	주재(駐在)하다. 체류(滯留)하다. 정박(碇泊)하다. 철회(撤回)하다.

15 다음 글의 제목으로 가장 적절한 것은?

칸트의 도덕 철학을 이해하려면 그가 말하는 자유를 이해해야 한다. 우리는 자유를 아무런 방해도 받지 않고 하고 싶은 일을 할 수 있는 상태라고 생각하는 경향이 있다. 칸트의 생각은 다르다. 그가 생각하는 자유는 좀 더 엄격하고 까다로운 개념이다.

칸트의 논리는 이렇다. 다른 동물처럼 쾌락이나 고통 회피를 추구한다면, 우리는 진정으로 자유롭게 행동하는 것이 아니다. 오직 식욕과 욕구의 노예로 행동하는 것이다. 왜 그럴까? 욕구를 충족하기 위한 행동은 우리에게 주어진 어떤 목적을 위한 것이기 때문이다. 나는 허기를 달래려고 이 길로 가고, 갈증을 해소하려고 저 길로 간다. 예를 들어 아이스크림을 어떤 맛으로 주문할지 결정한다고 치자. 초콜릿? 바닐라? 아니면 에스프레소와 바삭한 과자를 얹은 아이스크림? 이는 언뜻 선택의 자유를 행사하는 듯하지만, 사실은 어떤 맛이 내 기호에 가장 잘 맞는지 파악하는 행위이다. 그런데 여기서 나의 기호는 애초에 내가 선택한 것이 아니다. 칸트는 기호를 충족하는 행위를 문제 삼지 않는다. 다만 이때 우리는 자유롭게 행동하는 것이 아니라 외부에서 이미 결정된 내용에 따라 행동할 뿐이라는 점을 지적한다. 바닐라보다 에스프레소와 과자가 들어간 아이스크림을 먹고 싶다는 욕구는 내가 선택한 게 아니라 이미 갖고 있는 욕구일 뿐이다.

사람들은 흔히 천성과 교육이 행동에 미치는 영향을 두고 논쟁을 벌인다. 바닐라 아이스크림을 먹고 싶다는 것은 유전자에 새겨진 욕구일까, 아니면 광고에 자극받은 욕구일까? 칸트가 생각하기에 이 질문은 문제의 핵심을 벗어난다. 내 행동이 생물학적으로 결정된 것이든 사회적으로 훈련된 것이든 진정으로 자유로운 행동은 아니다. 칸트에 따르면, 자유롭게 행동한다는 것은 천성이나 사회적 관습에 따라서가 아니라 내가 나에게 부여한 법칙에 따라 행동하는 것이다.

칸트가 말하는 자율적 행동의 의미를 이해하는 한 가지 방법은 그 반대 개념과 대조하는 것이다. 칸트는 '타율'이라는 말을 만들어 이를 포착했다. 내가 타율적으로 행동한다는 것은 나의 밖에서 주어진 결정에 따라 행동한다는 뜻이다. 이렇게 설명해 보자. 당구공을 손에서 놓으면, 공은 땅에 떨어진다. 이것은 공의 자유로운 행위가 아니다. 공의 움직임은 자연 법칙, 그러니까 중력의 법칙에 지배받는다. 내가 엠파이어스테이트 빌딩에서 떨어진다고(또는 떠밀렸다고) 가정하자. 땅으로 돌진하는 나를 보고 내가 자유 의지로 행동한다고 말할 사람은 없을 것이다. 내 움직임은 당구공처럼 중력의 법칙에 지배 받는다. 이번에는 내가 다른 사람 머리 위로 떨어져 그 사람이 죽었다고 가정해 보자. 나는 그 불행한 죽음에 도덕적 책임이 없을 것이다. 당구공이 높은 곳에서 누군가의 머리 위로 떨어졌다고 해서 당구공에게 도덕적 책임을 물을 수 없는 것과 마찬가지다. 두 가지 경우에 떨어지는 물체, 즉 나와 당구공은 자유롭게 행동하는 것이 아니다. 둘 다 중력의 법칙에 지배받는다. 여기에는 자율이 작용하지 않았기에 도덕적 책임을 물을 수 없다.

여기서 자율로서의 자유와 칸트가 말하는 도덕의 연관 관계를 볼 수 있다. 자유로운 행동은 주어진 목적에 걸맞은 최선의 방법을 선택하는 것이 아니라 목적 그 자체를 선택하는 것이다. 다시 말해 인간만이 할 수 있고 당구공은(그리고 대부분의 동물은) 할 수 없는 선택이다.

① 칸트가 말하는 자유의 의미
② 진정한 자유를 찾기 위한 노력
③ 칸트의 도덕 철학이 지니는 특성
④ 동물과 인간을 구별하는 자유의 의미

16. (가)~(라)에 대한 설명으로 적절하지 않은 것은?

(가)
수양산(首陽山) ᄇ라보며 이제(夷齊)를 한(恨)ᄒ노라
주려 주글진들 채미(採薇)도 ᄒᄂ 것가
비록애 푸새엣 거신들 긔 뉘 ᄯ해 낫ᄃ니

(나)
이화우(梨花雨) 훗ᄲ릴 제 울며 잡고 이별(離別)ᄒ 님
추풍낙엽(秋風落葉)에 저도 날 싱각ᄂ가
천 리(千里)에 외로온 쑴만 오락가락 ᄒ노매

(다)
산수 간(山水間) 바회 아래 뛰집을 짓노라 ᄒ니
그 모론 ᄂᆷ들은 운ᄂ다 흔다마ᄂ
어리고 햐암의 ᄯ의ᄂ 내 분(分)인가 ᄒ노라

보리밥 픗ᄂᆞ물을 알마초 머근 후(後)에
바횟 긋 믉ᄀ의 슬ᄏ지 노니노라
그 나믄 녀나믄 일이야 부롤 줄이 이시랴

누고셔 삼공(三公)도곤 낫다 ᄒ더니 만승(萬乘)이 이만ᄒᄅ야
이제로 헤어든 소부(巢父) 허유(許由)ㅣ 냑돗더라
아마도 임천한흥(林泉閑興)을 비길 곳이 업세라

(라)
창(窓) 내고쟈 창(窓)을 내고쟈 이내 가슴에 창(窓) 내고쟈
고모장지 셰살장지 들장지 열장지 암돌져귀 수돌져귀 빅목걸새 크나큰 쟝도리로 쭝싹 바가 이내 가슴에 창(窓) 내고쟈
잇다감 하 답답ᄒᆯ 제면 여다져 볼가 ᄒ노라

① (가)는 고사를 인용하여 화자의 굳은 절의를 부각하고 있다.
② (나)는 하강의 이미지를 가진 시어를 통해 이별의 상황을 효과적으로 제시하고 있다.
③ (다)는 영탄적 어조를 통해 대상의 속성을 예찬하고 있다.
④ (라)는 비애와 고통을 웃음을 통해 극복하려는 해학성이 드러난다.

17. 다음 글을 통해 알 수 있는 내용으로 적절하지 않은 것은?

영감은 아들의 말이 옳다고는 생각하였으나 실상 그 삼사천 원이란 돈이 족보 박는 데에 직접으로 들어간 것이 아니라 ○○조 씨로 무후(無後)한 집의 계통을 이어서 일문일족에 끼려 한즉 군식구가 늘면 양반의 진국이 묽어질까 보아 반대를 하는 축들이 많으니까 그 입들을 씻기기 위하여 쓴 것이다. 하기 때문에 난봉자식이 난봉 핀 돈 액수를 줄이듯이 이 영감도 실상은 한 천원 썼다고 하는 것이다. 중간의 협잡배는 이런 약점을 노리고 우려 쓰는 것이지만 이 영감으로서는 성한 돈 가지고 이런 병신구실 해 보기는 처음이다.

"그야 얼마를 쓰셨던지요, 그런 돈은 좀 유리하게 쓰셨으면 좋겠다는 말씀입니다."

'재하자 유구무언'의 시대는 지났다 하더라도 노친 앞이라 말은 공손했으나 속은 달았다.

"어떻게 유리하게 쓰란 말이냐? 너 같이 오륙천 원씩 학교에 디밀고 제 손으로 가르친 남의 딸자식 유인하는 것이 유리하게 쓰는 방법이냐?"

아까부터 상훈의 말이 화롯가에 앉아서 폭발탄을 만지작거리는 것 같아서 위태위태하더라니 겨우 진정 되려던 영감의 감정에 또 불을 붙여 놓고 말았다. 상훈이는 또 어이가 없어서 얼굴이 벌게진다.

(중략)

"아버님께서는 너무 심한 말씀을 하십니다마는 어쨌든 세상에 좀 할 일이 많습니까. 교육 사업, 도서관 사업, 그 외 지금 조선어 자전 편찬하는데…."

상훈이는 조심도 하려니와 기를 눅이어서 차근차근히 이왕 지사 말이 나왔으니 할 말은 다 하겠다는 듯이 말을 이어 나가려니까 또 벼락이 내린다.

"듣기 싫다! 누가 네게 그 따위 설교를 듣자든? 어서 가거라."

"하여간에 말씀입니다. 지난 일은 어쨌든, 지금 이 판에 별안간 치산이란 당한 일입니까. 치산만 한 대도 모르겠습니다마는 서원을 짓고 유생들을 몰아다 놓으시럽니까? 돈도 돈이거니와 지금 시대에 당한 일입니까?"

상훈이는 아까보다 좀 어기를 높여서 반대를 하였다.
— 염상섭, '삼대'

① 조상훈은 조의관과 달리 돈에 대한 집착이 없는 청렴한 인물이다.
② 조의관은 족보를 중시한 것으로 보아 명분과 형식을 중시하는 인물이다.
③ 족보는 조의관과 조상훈의 가치관의 차이를 드러내주는 중요한 소재이다.
④ 조의관이 족보를 돈 주고 산 것으로 보아 조 씨 집안은 경제력은 있으나 양반 가문은 아니다.

18 다음 밑줄 친 ㉠~㉣에 대한 설명으로 적절한 것은?

- 선생님: ㉠혜수는 어제 뭐 했어?
- 혜수: ㉡저는 할머니 모시고 병원에 다녀왔어요.
- 선생님: ㉢할머니께서 편찮으시니?
- 혜수: 팔을 다치셔서 옷도 제가 ㉣입혀 드려요.
- 선생님: 우리 혜수 참 착하구나!

① ㉠: 말하는 시점이 동작이 일어난 시점보다 앞에 있다.
② ㉡: 문장의 주체와 청자를 모두 높이고 있다.
③ ㉢: 객체 높임법이 나타난다.
④ ㉣: 사동 접미사 '-히-'가 나타난다.

19 다음 시를 읽고 〈보기〉를 참고하여 ㉠~㉣을 이해한 내용으로 적절하지 않은 것은?

복사꽃이 피었다고 일러라. 살구꽃도 피었다고 일러라. 너이 오오래 정들이고 살다 간 집, 함부로 ㉠함부로 짓밟힌 울타리에, 앵도꽃도 오얏꽃도 피었다고 일러라. 낮이면 벌떼와 나비가 날고 밤이면 소쩍새가 울더라고 일러라.

다섯 뭍과, 여섯 바다와, 철이야, 아득한 구름 밖 아득한 하늘가에 나는 어디로 향을 해야 너와 마주 서는 게냐.

달 밝으면 으레 뜰에 앉아 부는 ㉡내 피리의 서른 가락도 너는 못 듣고, 골을 헤치며 산에 올라 아침마다, 푸른 봉우리에 올라서면, 어어이 어어이 소리 높여 부르는 나의 음성도 너는 못 듣는다.

어서 너는 오너라. ㉢별들 서로 구슬피 헤어지고, 별들 서로 정답게 모이는 날, 흩어졌던 너이 형 아우 총총 돌아오고, 흩어졌던 네 순이도 누이도 돌아오고, 너와 나와 자라난, 막쇠도 돌이도 복술이도 왔다.

㉣눈물과 피와 푸른 빛 깃발을 날리며 오너라……. 비둘기와 꽃다발과 푸른 빛 깃발을 날리며 너는 오너라…….

복사꽃 피고, 살구꽃 피는 곳, 너와 나와 뛰놀며 자라난 푸른 보리밭에 남풍은 불고, 젖빛 구름 보오얀 구름 속에 종달새는 운다. 기름진 냉이꽃 향기로운 언덕, 여기 푸른 잔디밭에 누워서, 철이야, 너는 늴늴늴 가락 맞춰 풀피리나 불고, 나는, 나는, 두둥싯 두둥실 봉새춤 추며, 막쇠와, 돌이와, 복술이랑 함께, 우리, 우리, 옛날을 옛날을, 딩굴어 보자.

— 박두진, '어서 너는 오너라'

〈보기〉
이 시는 광복 이전에 써 둔 것을 광복 이후에 발표한 작품으로, 일제 강점으로 인해 삶의 터전을 떠나 뿔뿔이 흩어진 동포의 귀환을 소망하면서 평화로운 과거의 삶을 회복할 것을 힘찬 어조로 노래하고 있다.

① ㉠: 일제의 강압적인 통치로 인해 피폐해진 우리나라를 가리키는 말이로군.
② ㉡: 뿔뿔이 흩어진 동포의 귀환을 소망하는 노랫가락이로군.
③ ㉢: 광복 이후에 남한과 북한이 이념 갈등으로 인해 나뉘어진 상황을 형상화하고 있군.
④ ㉣: 삶의 터전을 잃고 방랑했던 고통스런 과거와 관련이 있겠군.

20 안긴 문장의 종류가 다른 것은?
① 눈물이 비 오듯이 흐른다.
② 그 사람이 범인이었음이 밝혀졌다.
③ 어린이가 그런 일을 하기란 쉽지 않다.
④ 그는 좋은 시절이 다 지나갔음을 알았다.

21 다음 중 가장 어법에 맞고 자연스러운 것은?
① 내가 너에게 하고 싶은 이야기는 힘든 일이 있더라도 잘 극복하길 바란다.
② 민수는 영재와 싸운 뒤로 일체 대화를 하지 않는다.
③ 나래는 근거 없는 낭설에 휘말려 곤혹스러웠다.
④ 그 계획은 가능한 한 빨리 실행되어야 한다.

22 〈보기〉의 내용을 뒷받침할 수 있는 언어의 특성으로 적절한 것은?

〈보기〉
아버지와 아들은 전혀 다른 개체인데 둘 다 남자라고 표현한다.

① 언어의 자의성
② 언어의 추상성
③ 언어의 사회성
④ 언어의 개방성

23 다음 ㉠ '모더니즘적 사고'와 거리가 먼 진술은?

20세기에는 확실히 모더니즘(Modernism)의 시대였다. 모더니즘의 신봉자들은 과학의 진보를 신뢰했고 역사는 발전한다고 믿었다. 또한 미래의 역사는 획일적인 방향성을 갖고 있는 것으로 보았다. ㉠모더니즘적 사고에서는 어느 사회에도 적용되는 유일한 정답이 존재하고, 개인이나 사회의 개별적 특성보다는 전체적 효율이 강조되었다. 그리고 모더니즘적 사고에서는 50평 아파트에 사는 사람이 49평 아파트에 사는 사람보다 조금 더 부유하고 행복한 것으로 인식되었다. 이런 사회에 살고 있는 사람들은 개인들의 삶을 서열화하여 생각하였다. 하지만 이러한 사고는 맹목적인 발전 지향의 동기는 제공해 주지만 목표에 대한 주관적 판단 능력은 제공해 주지 못한다.

① 인류의 미래가 현재보다 나아질 것임은 부인할 수 없는 사실이다.
② 눈부신 과학의 발전 덕분에 인류는 풍요로운 생활을 누리고 있는 것이다.
③ 개인의 발전보다는 사회의 발전이 더 중요하게 취급되어야 한다.
④ 회사 발전을 위해 사원들의 업무 능력보다 인간적 관계가 중시되어야 한다.

24 〈보기〉의 ㄱ~ㄹ에 나타난 음운 변동에 대한 설명으로 적절하지 않은 것은?

〈보기〉
ㄱ. 값 → [갑], 옮기다 → [옴기다]
ㄴ. 잎 → [입], 옷 → [옫]
ㄷ. 굳이 → [구지], 같이 → [가치]
ㄹ. 끓이다 → [끄리다], 쌓이다 → [싸이다]

① ㄱ과 같이 음운 탈락이 일어난 예로 '밖 → [박]'을 들 수 있다.
② ㄴ은 음절의 끝에서 음운이 교체된 예이다.
③ ㄷ은 자음이 모음에 동화되어 음운의 교체가 일어난 것이다.
④ ㄹ은 '끓다→[끌타]', '쌓다→[싸타]'와는 음운 변동 양상이 다르다.

25 밑줄 친 단어의 품사가 같은 것은?
① 심판은 규칙을 <u>잘못</u> 적용하여 비난을 받았다.
그는 모든 원인을 자기의 <u>잘못</u>으로 돌렸다.
② 그 일은 <u>가급적</u> 빨리할수록 좋다.
실내에서 흡연은 <u>가급적</u> 삼가 주시기 바랍니다.
③ <u>저</u>는 잘 모르는 일입니다.
<u>저</u> 사람, 우리 오빠 친구야.
④ 그는 웃고만 있을 <u>뿐</u>이다.
우리 민족의 염원은 통일<u>뿐</u>이다.